军事里的中国史 2

冷兵器研究所 著

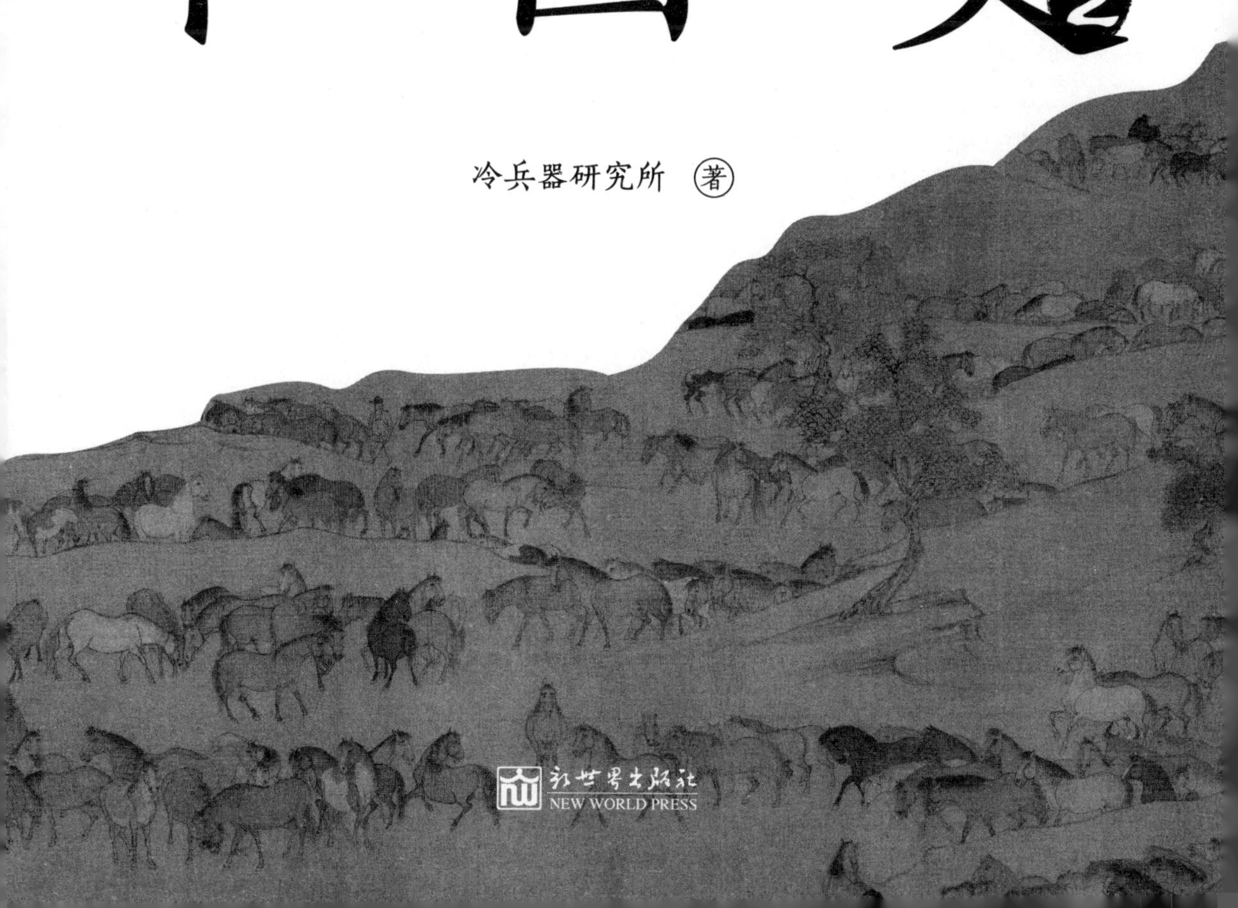

新世界出版社
NEW WORLD PRESS

图书在版编目（CIP）数据

军事里的中国史. 2 / 冷兵器研究所著. -- 北京：新世界出版社，2022.11（2025.1重印）
ISBN 978-7-5104-7576-4

Ⅰ. ①军… Ⅱ. ①冷… Ⅲ. ①军事史—中国 Ⅳ. ① E29

中国版本图书馆CIP数据核字（2022）第 190822 号

军事里的中国史2

作　　者：冷兵器研究所
责任编辑：刘　颖
责任校对：宣　慧
责任印制：王宝根
出　　版：新世界出版社
网　　址：http://www.nwp.com.cn
社　　址：北京西城区百万庄大街 24 号（100037）
发 行 部：(010)6899 5968（电话） (010)6899 0635（电话）
总 编 室：(010)6899 5424（电话） (010)6832 6679（传真）
版 权 部：+8610 6899 6306（电话） nwpcd@sina.com（电邮）
印　　刷：嘉业印刷（天津）有限公司
经　　销：新华书店
开　　本：710mm×1000mm　1/16　尺寸：170mm×240mm
字　　数：264 千字　印张：20
版　　次：2022 年 11 月第 1 版　2025 年 1 月第 4 次印刷
书　　号：ISBN 978-7-5104-7576-4
定　　价：65.00 元

目 录 |

第一章 君臣篇

报君黄金台上意，
提携玉龙为君死

越王勾践逆袭吴国，靠的可不是卧薪尝胆

“卧薪尝胆”是大家耳熟能详的成语，关于这个成语的历史故事大家也都很熟悉——越王勾践在吴王夫差那里受到各种羞辱后，回国卧薪尝胆，成功复仇，灭掉了吴国。但是，就像光靠“头悬梁、锥刺股”不是就能学习好一样，光靠“卧薪、尝胆”这两个动作，可灭不了吴国。那么越王勾践除了卧薪尝胆之外，还做了哪些具体的准备呢？

01

根据《史记·吴太伯世家》记载，周太王之子太伯与仲雍，在文王得天下后到了南方。当时的南方被称为荆蛮之地，兄弟二人遵照当地习俗断发文身，并建立起自己的氏族部落，太伯就自号句吴，建都于梅里（今江苏省无锡东南60里）。

这种记载属于一种传说，很难做精确的考证，也可能是吴国借周天子的血统，求个名分而已。

从春秋中期开始，中原文化不断通过各种形式冲击着南方，特别是晋国与楚国的弭兵会盟以后，楚国感到了吴国兴起于东南的威胁，双方时不时地发生小规模冲突。于是楚国的斗争地域，就由中原心脏地区移向淮河流域与长江下

游地区。

到了春秋后期，吴国在柏举之战中几乎灭了楚国。但是当吴楚鏖战的时候，越国乘虚而入，偷袭了吴国。回国后的吴王阖闾为了报复，发兵与越国在檇李激战，结果自己却重伤而死，即位的夫差在公元前494年败越于夫椒，并乘胜攻入越都。越王勾践仅剩残兵五千栖于会稽山上，不得不向吴求和，并在吴国为奴三年。

回到越国后，勾践开始了政治、经济、军事等各个领域的社会改革。夫椒之战的惨败，三年事吴的奴仆生活，给勾践上了严酷的一课。对于战败，勾践承担了全部的历史责任，而要振兴越国、报仇雪耻，只有对越国进行全面改革这一条路。

所以，勾践以身作则，由此诞生了一个成语——卧薪尝胆。但是光这样做做样子明显是不够的，那么越国和勾践还做了哪些改革和努力呢?

02

第一，重用人才。勾践在夫椒战败、被围会稽之时，深感人才的重要性，于是谋士文种、范蠡才得到重用。当然，不仅是文种、范蠡这样出类拔萃的人物位至将相，得其重用，就是善剑者越女、善射者陈音也都被他妥善安排，适得其位。重用人才，对于越国的成败至为重要，《越绝书》言“越王勾践……任用贤臣，转死为生，以败为成”，《吴越春秋》言“君臣相与谋报吴者二十余年，卒以越霸。诸臣虽与有力，而种、蠡之功居多”。

第二，在内政上广收民心。勾践在内政上实施比较宽松的政策，对此，《国语·吴语》里有记载：“越国之中，吾宽民以子之，忠惠以善之。吾修令宽刑，施民所欲，去民所恶，称其善，掩其恶。……疾者吾问之，死者吾葬之，老其老，慈其幼，长其孤，问其病。……富者吾安之，贫者吾与之，救其不足，裁其有余，使贫富皆利之。”这些宽民措施，无疑得到了人民的广泛拥护。

第三，在外交上注意争取邻国。《国语·吴语》将越国的外交动向也记载了下来："越国南则楚，西则晋，北则齐，春秋皮币、玉帛、子女以宾服焉，未尝敢绝。"这与吴国伐楚、攻齐、压晋形成了鲜明的对比，对外争取了主动，建立了反吴的统一战线。

第四，发展经济。除了上述举措之外，战争最重要的还是钱，所以勾践深知要振兴越国，首要的问题是发展经济。为此，《国语·越语上》中留下了他关于发展经济的记载："非其身之所种则不食，非其夫人之所织则不衣。十年不收于国，民俱有三年之食。"

第五，促进人口增加。为了改变小国寡民的状况以与大国抗争，勾践还实行了奖励生育的政策。《国语·越语上》记载："令壮者无取老妻，令老者无取壮妻。女子十七不嫁，其父母有罪，丈夫二十不娶，其父母有罪。将免者以告，公令医守之。生丈夫，二壶酒，一犬，生女子，二壶酒，一豚。生三人，公与之母，生二人，公与之饩。"在春秋时代，人口增长意味着社会生产力提高，勾践奖励生育的措施使越国人口增加，这在越国后来的发展上，无疑也是一个重要的因素。

第六，军事改革。越国之所以能够转弱为强、反败为胜，离不开成功的军事改革。勾践在敌强我弱的形势下，认识到"越人便于舟"的优势，加强了"舟师"的建设，并在吴越战争中充分发挥了战略配合和战术进攻的作用。战时强调战斗集体的作用和严格的纪律，在战略上采取以屈求伸、守时待机的策略。

03

经过充分的准备，在吴王夫差黄池会盟、力压晋国的时候，勾践抓住时机，突袭了吴都姑苏。

公元前482年春，黄池会盟正在如火如荼地举行，夫差得知越国突袭吴都，却依然选择先力压晋国，当上霸主后再回师江东。

等到夫差回师时，越国已经攻破吴都，并杀了夫差的太子。但由于吴军主力回师，越国此时还无力灭亡吴国。吴国求和之后，勾践退兵，并继续积蓄力量。

这种时候，对于吴国来说，亡国只是个时间问题。如果迁都至江北，经营好自己在江淮的新土地，似乎也是个不错的选择。只不过如果吴国真的定下了这样的战略，就需要在江淮流域重新开垦土地，但齐、晋、越，甚至是曾经的"附属国"都不可能留给吴国充足的时间开发新的江淮地区。因此夫差最终还是选择继续留在苏南平原，与越国一争高下。

只不过连年征战的吴国，内部早已空虚不堪，现在让我们看看夫差在位期间的吴国都干了什么：

公元前494年：吴越会稽山之战，勾践请和。同年吴伐陈。

公元前493年：吴伐蔡。

公元前492年：勾践入吴。

公元前490年：吴放勾践返越。

公元前489年：吴伐陈。

公元前488年：吴鲁会盟。

公元前487年：两次伐鲁，一次伐邾。

公元前486年：建造邗沟，伐齐。

公元前485年：伐齐。

公元前484年：吴齐艾陵之战。

公元前483年：西施入吴，夫差为其建造大量宫殿并送大量珠宝美玉。

公元前482年：黄池会盟。勾践伐吴。

从以上的历史事件中可以看到吴国已经多么虚弱，特别是邗沟的开凿，仅仅一年便贯通了，试问隋炀帝为了修个运河，把偌大国家都修没了，那占地仅有江东一隅的吴国居然一年就修完了邗沟，要耗掉多少国力?

直到此时，夫差才定下了让吴国休养生息的决策，希望吴国有机会“东山再起”，但是没多久，吴楚再次开战——公元前480年，吴楚桐汭之战；公元前479年，吴伐楚。

也就是说，吴国此时就算想休养生息也做不到了。

勾践前次伐吴时，虽然史书里只记载了越国夺走了吴国的船、破坏了太湖的水师基地，但是攻入吴都的越国军队，出于复仇和掠夺的双重目的，对吴国其余物资的掠夺和对吴都的破坏是可以想见的。

04

据《越绝书》记载，春秋时代的水军所使用的船分为大翼、小翼、突冒、楼舡、桥舡等，这说明战船在此时已经有了简单的分类。

水上的行军、阵法、战斗方法，《墨子》中有记载：“并船以为十临，临三十人，人擅弩，计四有方，必善以船为轒辒。二十船为一队，选材士有力者三十人共船……”

有时也需要步卒对水兵，《孙子兵法》下编有水阵一节，就是讲步兵控制渡口和水军登陆后扩大战果的方法。

同时为适应水战需要，阖闾时期，在姑苏附近设有造船的工场，称为“船宫”“舟室”。

另外，吴国修建的运河使江淮流域与中原联系起来，客观上大大便利了南北交通，不但有利于水师作战，而且有利于农田灌溉及经济的发展。

勾践年轻时可能并不懂这个道理，不过在卧薪尝胆以后应该是懂了，特别是等他见识到吴国水师在运河上的作用的时候。

好在越人生活的环境也是靠江、靠海，甚至还有在东海之滨生活的百越族群。这使得越人无论在文化上，还是生活习惯上，对于造船，甚至是打造一支水师的接受度还是比较高的。

终于，在公元前478年，楚国申包胥出使越国（大概率双方是结盟了）之后，越国发动了对吴国的决战，在笠泽之战中全歼了剩余的吴国水师。而失去了最后水师的吴军，等待他们的也只能是亡国的命运。最终夫差再次要求议和未成，于公元前473年自杀身亡，勾践替代吴国成了霸主。

由此可见，吴国的灭亡自然是有其自身的因素，但两国水师力量的倒置也是一个不可忽略的因素。

公元前468年，越国由会稽迁都至琅琊时，《越绝书》记载“有死士八千人，戈船三百艘”，说明越国的造船规模已达“天下之最”。

所以吴国的灭亡，夫差不光低估了勾践，也低估了越人的水军。此后越王勾践成为春秋时期的最后一个霸主，此时，越国东及于海，西与楚邻，北与宋、鲁为界，这是越国分布最广的疆域，越国由此走上了强国的行列。

北周权臣杨坚如何恢复汉家天下，变身大隋皇帝

01

杨坚，隋朝开国皇帝，原本他只是南北朝这一乱世中的北周权臣，后来一统天下，建立隋朝，光复华夏。他是怎么做到的呢？这得从他的老爹说起。

杨坚的老爹，名叫杨忠，北魏人。他名“忠”，其实很不忠。18岁时，杨忠到泰山自费旅游，被路过的南梁军队抓了壮丁。后来梁朝对他还不错，封了官，让他跟陈庆之北伐。

但杨忠无辜被抓，不得不背井离乡，这让他很生气，后果很严重。后来北伐兵败，杨忠回归北魏阵营，多次侵犯南梁。

后来，受东魏军队逼迫，身在西魏的他和独孤信又投奔了南梁，老和尚萧衍不计前嫌，收留了老杨。

三年后，杨忠和独孤信作为南梁和西魏友好的象征，一同被放回了西魏。但等到南梁爆发侯景之乱，老杨打起南梁可是一点不留情面。他连续干翻南梁萧纶、柳仲礼两员名将，直接把南梁首都江陵周边扫荡一空，把江陵打成了一座孤城。

此后于谨奇袭江陵，担任前军的杨忠又立下大功——论起军事才能，杨忠

是要压过于谨一头的。但是于谨在江陵城烧杀抢掠，掳人为奴，作恶多端——“于谨收府库珍宝及宋浑天仪、梁铜晷表、大玉径四尺及诸法物；尽俘王公以下及选百姓男女数万口为奴婢，分赏三军，驱归长安，小弱者皆杀之。得免者三百余家，而人马所践及冻死者什二三”——也是有老杨一份罪过的。

杨忠战功赫赫，又和美男子独孤信、西魏权臣于谨这两个鲜卑大军头建立了亲密的战友关系，这对于其子杨坚来说是重要的政治资本，尤其是杨坚还娶了独孤信的女儿独孤伽罗。

咱们现在论起北周宇文氏的覆灭，不能只看作是汉人对鲜卑人的反抗，当然也不能忽视这一矛盾。当时颇多鲜卑大族支持杨坚篡周，其代表就是杨忠的老战友家族独孤家和于家，他们支持杨坚的原因也很直白——我们不想做鲜卑人了！

这是怎么回事呢?

本来，北魏孝文帝拓跋宏搞汉化，就是想把鲜卑贵族提升为汉人门阀，让他们的基础更稳固，家门更荣耀。可是这样一来，就没照顾到底层鲜卑士兵的利益，这一政策就被“六镇兵变”拱翻了。然而时间一长，新起来的鲜卑勋贵又尝到了汉文化的美妙，想要重走孝文帝的老路。但是北周本朝是“六镇”中的武川镇出身，反汉化属于政治正确，所以独孤家、于家如果想要不做鲜卑人，当然需要一个代言人。

恰巧北周集团开国时是个股份制非常强烈的政权，充满了部落式的民主。经过宇文护、宇文邕、宇文赟三代的剪伐，独孤信、赵贵、宇文直、宇文宪、王轨等胡族勋贵、宗室先后被诛。北周集权是集权了，可汉人门阀寒了心，鲜卑勋贵也破了胆，于是大家便越发怀念摒弃胡汉之分的孝文帝。

02

这时候，鲜卑化汉人杨忠的儿子杨坚，就此趁势而起。由于杨坚的女婿宇文赟暴死，杨坚掌控了朝政，定计招赵王宇文招、陈王宇文纯、越王宇文盛、代王宇文达、滕王宇文逌五王入京，全部圈禁。看起来，天下似乎都落入了杨坚之手？

非也非也，一代枭雄宇文泰还为宇文家留下了一根定海神针，那就是他的外甥——尉迟迥。

说起来，鲜卑勋贵、汉人门阀都支持杨坚，有实力的五王也已被杨坚圈拿，尉迟迥还能掀起什么风浪？殊不知尉迟迥也是平蜀的一代名将，他马上祭出了一招——地方包围朝廷。

宇文集团本身就是关陇地方首领，庞大的疆域都是攻梁灭齐得到的，对东部、南部的控制都不稳固。尉迟迥煽动地方势力起来围攻杨坚，这些人很多是北齐余党，虽然对宇文家根本没什么忠诚可言，可是想要灭掉杨坚、裂土分茅的欲望却是实实在在的。

在这些人里，尉迟迥拥兵十余万，王谦号称拥兵十余万，沛郡席毗罗拥兵十万……南边的司马消难兵力少点，不过他还有陈朝的援军。

一时间四方皆叛，杨坚的关中沦为风雨飘摇中的一座孤岛。换你上，你怎么办？怕是只有闭上眼睛等死吧。

杨坚却不慌不忙。他知道王谦“性恭谨，无他才能”，就先忽悠王谦，说你个傻小子离我最近，占了益州，我马上让梁睿带20万大军收拾你。

20万，这是《梁睿本传》中的兵力数目，而看《王谦传》则是“隋文即以梁睿为行军元帅，便发利、凤、文、秦、成诸州兵讨之”。要知道王谦叛乱，“所管益、潼、新、始、龙……等十八州及嘉、渝、临、渠、蓬……十州之人多从之”。而梁睿的五州兵力，满打满算也就两三万人，可见杨坚当时是真拿不出兵来了。

但是王谦却被吓到了，没敢采用谋士提出的“亲率精锐，直指散关”的上策，而是死磕明明可以绕过去的坚城利州，被利州刺史豆卢勣挡了四十多天，黄花菜都凉了。后来梁睿过去收拾顿兵坚城的疲兵，以少胜多，势不可当，那都是后话了。

说完西路王谦，再说南路的司马消难。司马消难是北齐降臣，手上兵力有限，主要靠当地少数民族，“北至商洛，南拒江淮，东西二千余里，巴蛮多叛”，杨坚派去平叛的王谊到了当地，搜山检水，与这群少数民族打成了拉锯战。

03

要说最有看头的，还是东边的尉迟迥和席毗罗这两路。

本来尉迟迥还勾结了突厥人，奈何于谨的儿子幽州总管于翼支持杨坚，把突厥和尉迟迥的联系切断了。于谨的孙子于仲文（于寔之子）更是千里杀出重围，从叛军中投奔杨坚，为此他的三子一女都被尉迟迥杀害了。由此可见，于谨生前没少说杨忠的好话，他的子孙都对杨忠的儿子杨坚崇拜得不得了。

杨坚让当时的汉人门阀领袖、京兆韦氏家主韦孝宽当讨伐军的主帅对付尉迟迥。韦孝宽虽然威望高，却只会守城，加上年纪大了，打仗不咋行，不过杨坚就是要借他的威望来团结汉族门阀。同时为了防备韦孝宽对北周宇文家还有效忠之心，杨坚让自己的心腹高颎到前线，辅助韦孝宽。

杨坚另一个心腹杨素，率先击败洛州刺史宇文胄，攻取虎牢关，打开大军出关中的通道。韦孝宽则率领主力与尉迟迥的儿子尉迟惇大战。

高颎至军中，在沁水上搭建桥梁。尉迟惇见这阵势，在沁河上游纵火筏想烧掉桥梁，高颎则命人填土以阻火筏。

尉迟惇布阵二十余里，想等韦孝宽军半渡而击之。不料，韦孝宽却将军队略后退，然后鸣鼓齐进。军队一过河，高颎下令焚掉桥梁，以绝士卒后退之心。因此，士兵作战时一往无前，尉迟惇大败。可以说，韦孝宽老朽已经没多少本事了，此胜全靠小高颎奇谋百出。

韦孝宽乘胜追击，尉迟迥在邺城以南合兵13万与韦孝宽合战，随后尉迟迥弟弟的儿子、青州总管尉迟勤又率5万人马自青州而来，三千铁骑先到，切向韦孝宽的侧翼——这尉迟迥用兵也是极有章法。

韦孝宽虽然手握全军主力精锐，但本事不济，并不能击败尉迟迥，反而被摁着打。关键时刻，杨坚的另一位特派员宇文忻（与宇文皇族同姓但并非同一族）定计，让士兵射击在城外搬着板凳吃瓜子的围观群众，高颎、李询也带兵参与到袭击群众当中，可怜的围观群众四散奔逃，冲击尉迟军的屁股，宇文忻马上派出大嗓门的别动支队，大叫“尉迟军败了”，结果尉迟军就这样一地鸡毛地转胜为败，一溃千里……

04

当然，我们不能忽略小于——于仲文在黄河以南的贡献。之所以有援兵从山东青州赶到支援尉迟迥，而没有河南兵力赶过去，就是因为于仲文带着少量兵力就把河南的檀让和席毗罗收拾了，不然的话，这两人要是切断了韦孝宽主力的后路，后果将不堪设想。

于仲文以寡击众——杨坚的主力都在韦孝宽那儿了——大破檀让数万大军。于仲文在蓼堤时，诸将都说：“我军从远方来，人马疲劳，不可立即决战。”于仲文却令三军立即吃饭，摆阵大战。

破敌以后，诸将都请教道：“此前，我军疲劳，按道理不可交战，最后反而克敌制胜，这是用的什么计？”于仲文笑着说：“我所率领的将士，都是华山以东地区的人，他们善于速战速决，不应该打持久战。趁势进军，我们所以能克敌制胜。”

随后于仲文一路有如神助，击曹州、成武、沛县、金乡，如同砍瓜切菜一般，从河南杀到淮北，不仅彻底收拾了檀让，还解决了淮北的席毗罗。

说起来，南陈援兵是真没用，徐州总管源雄不理会尉迟迥的号召，并出兵击退了南陈毕义绪、曹孝达等部的进攻。席毗罗本想配合陈军再次攻打徐州——在叛军原计划里，切断韦孝宽后路有檀让就够了，结果两路大军被一员初生牛犊不怕虎的小将全部收拾了……

于仲文千里横行，所向披靡，有当年刘秀麾下“房日兔”耿弇平定青齐之威。可惜一战成名之后，于仲文晚年乏力，在高句丽战场表现惨淡；而当年耿弇对战隗嚣时也兵败陇坻，与之相类。不过流星光华，一瞬足矣。

尉迟迥最终被杨坚亲信李询攻破城池（李询是陇西李氏家主李穆之子），自杀身亡。而在蜀中磨叽四十多天攻打利州的王谦也被梁睿收拾了。司马消难煽动的一帮少数民族被平定后，司马消难没了兵力，也只能逃到南陈境内。

席卷全国的一场大乱，就此平定。

此战杨坚居中指挥，天下仿佛沙盘推演一般，用人滴水不漏，风轻云淡平定叛局。要知道，倘若任何一路失败，让叛军攻陷长安，天下无疑又会如同董卓之乱时那样天崩地裂，重归乱世。

05

大战略家杨坚的手段，当然不止处理一个尉迟迥之乱。他接受北周静帝宇文阐禅让建隋之后，开始南下攻陈。

杨坚篡周建隋，也算顺应了大批不想继续做鲜卑人、希图全面汉化的鲜卑勋贵的意愿。此后，杨坚还做了两件很重要的事，一是取消胡姓，恢复汉姓；二是灭陈后赞美南陈乐曲“此华夏正音也”，然后用各种水磨功夫把分裂数百年的南北弥合起来，洗荡胡化之风。

要说弥合南北，就不得不提杨坚生前就定好的“修京杭大运河”“灭高句丽收复辽东”的计划。他将爱子杨广派到江都任扬州总管，也是他招抚江南人心的重要手段。只可惜杨广继位后对于杨坚高瞻远瞩的决策执行得过于急切，让一个如花盛世彻底化作了浮云。

当然杨坚也是有毛病的，比如有人说他猜忌，文化程度不高，杀了些功臣，定下的法度很苛刻，等等。

还有个有关杨坚“吝啬”的谣传，说杨坚在发生灾荒之后从不肯开仓赈灾，还让百姓出关中找粮食吃。

事实并非如此。

开皇五年（585年），“命司农丞王亶，发广通之粟三百余万石，以拯关中，又发故城中周代旧粟，贱粜与人。买牛驴六千余头，分给尤贫者，令往关东就食。其遭水旱之州，皆免其年租赋。”

开皇十二年（592年），“有司上言：‘府藏皆满，无所容，积于廊庑。’帝曰：‘朕既薄赋于民，又大经赐用，何得尔也？’对曰：‘入者常多于出，略计每年赐用，至数百万段，曾无减省。’于是更辟左藏院以受之。诏曰：‘宁积于人，无藏府库。河北、河东今年田租三分减一，兵减半功，调全免。’时天下户口岁增，京辅及三河地少而人众，衣食不给，帝乃发使四出，均天下之田，其狭乡每丁才至二十亩，老少又少焉。”

而所谓“不肯开仓赈灾”，说的是开皇十四年（594年）的事。这一年，由于民间管理的义仓粮食被百姓支取殆尽，无粮可支，才把义仓收归官有。同时，黄河在三门峡地区有砥柱，运粮入关中极为困难，因此在关东的洛口、回洛粮食储备充足，赈济较易。

要知道，开皇五年发三百余万石赈灾，尚且需要百姓去关东就粮，开皇十四年大旱，隋文帝更是不得不亲自带着百姓出关就食，“见口赈给，不以官位为限”。

结果后来李世民评论此事时却说：“隋开皇十四年大旱，人多饥乏。是时仓库盈溢，竟不许赈给，乃令百姓逐粮。隋文不怜百姓而惜仓库，比至末年，计天下储积，得供五六十年。炀帝恃此富饶，所以奢华无道，遂致灭亡。”

然而，《旧唐书·志第二十九·食货下》中却又说“隋开皇立制，天下之人，节级输粟，名为社仓，终于文皇，得无饥馑”，意思是说，因为杨坚建立了社仓制度，所以他在位时老百姓就没遭受过大的饥荒。

这，就很尴尬了吧……

总之，杨坚确实是个鲜卑化的汉人，如他这样再造华夏的，也只有近千年后的明太祖朱元璋了。再说了，杨坚的天下又不是轻松捡来的。杨坚治国，让百姓“得无饥馑”，放在1400多年前，已经算是非常优秀的政治家了。

土木堡埋了50万明军，其实是朱瞻基挖的坑？

电视剧《大明风华》火了，在前几集中，还是皇孙的朱瞻基表现得睿智而又老到，顶着“好圣孙”的名号登场，在野心勃勃的二叔朱高煦、三叔朱高燧面前表现得游刃有余。历史上，朱瞻基也确实算是一代明君，他在位的时期与他爹朱高炽在位的时期一起被后世称为“仁宣之治”。但他也有一些“不良业绩”，除了斗蛐蛐之外，还在北方防线的布置中挖了一个大坑，导致明军在土木堡之战时全军覆没。

01

在明成祖朱棣逝世以后，屯驻在帝国边境的明朝边军因为战斗力的下降，渐渐失去了主动进攻的姿态，在明宣宗朱瞻基的时候，明朝逐步开始在北方建设边境防御体系。

也是奇怪，朱瞻基舍得放弃安南（越南），对蒙古的态度却始终比较强硬。朱瞻基在位期间，四次巡视北方边境，并且大修边堡。

朱瞻基对于宣府地区的布局基础，是立足于明军一定的野战能力优势，其以宣府为中心辐射燕山以南各地，并且拱卫京师。

朱瞻基在某些问题上看得还是很深远的，他觉得各个卫所互不隶属，一旦出现点什么情况必将被各个击破，于是他选择了在宣府设置都司，对于宣府镇地带的各个卫所进行统一调度。

正统朝以前，蒙古人对于边境是以袭扰为主，比较有压力的是辽东地区，宣府一带则很容易为人所忽视。朱瞻基自然是对自己对于宣府的布置十分满意，当朱瞻基巡视到这里时，还很满意地认为："时宣府为朝廷北门，阳武侯薛禄、都督谭广相继守之，为各边最……"

或许是朱瞻基高估了他死后明军的战斗力，也低估了蒙古人的实力，朱瞻基布置都司及广建军堡的前提，是明军之间有在野战中相互支援的能力，以宣府镇城为主大加修建军堡，在防御的同时可以兼顾日后的进攻。但他对各卫所与军堡之间的联系并不重视。在当时，整个宣府镇的纵深地区各个军事据点之间少有墩台连接各处，给日后蒙古人的长驱直入创造了良好的条件。

02

朱瞻基对于宣府的布局，在他逝世后全面失败，归根结底是明军的战斗力渐渐不行了，他的布置自然也没能有多大的效果。明军战斗力急剧下降是发生在朱瞻基在位的宣德年间，也是在这时，明朝赖以为根基的卫所制度开始有崩坏的趋势。

明朝初年，实际上的兵马并没有账面上那么多，卫所制度以"都司—卫—所"为基础，卫所军分为屯军和守军，屯军专事农业生产，守军则专心操练御敌。一般这种比例在内地和边境不一。内地多是十分之一二操练，十分之八九屯田；边地则是十分之三四操练，十分之六七屯田。因为战屯比例在各地不相同，所以在明朝账面上的兵马并不代表真正的战兵，战兵要在原有的基础上打上很大的折扣。

明朝的卫所制度是以屯田为主的，在洪武年间做全国推广的初衷是减轻国家的军饷支出负担，同时保持庞大的军队。但这样的政策，在宣德年间遭到了严重的破坏。

宣德年间，侵占军屯的现象在大明境内愈演愈烈，无论是在边境还是内地，由于军官、豪强、勋贵的不断侵占，屯军无力供给，纷纷选择逃亡，屯田数量跳崖式下降。在边境，这种情况更为严重，负责操练的军士由于无须负责供给逃亡较少，这也导致了原本应有的战屯比例彻底失衡。屯兵少而战兵多，战兵操练之余还要参与种地，无法专心操练，明军的战斗力自然而然也就下来了。

战屯比例的失衡带来了军士的逃亡。刘定之的《否泰录》中，记载了土木堡参战的兵马足有五十万，其实这不过是账面上的数字。正统十年（1445年）中进士，授兵科给事中的叶盛在后来写的《水东日记》中，提到了土木堡之战前夕，五军都督府并锦衣卫的缺员接近一半。虽然部分京军需要前往边地卫戍，但不可否认，逃亡也是京营人数严重缺额的原因。此时明军的三大营，不仅战斗力不行，连人数也失去了优势。

03

明廷与也先决裂以后，也先在边境不断击败明军。年轻的皇帝朱祁镇仓促之间亲率京中战力不强、人数也不多的军队出关迎击。当亲征军进入大同以后，听闻瓦剌大军尽数退回塞外，明军自宣府地区回师，却被也先率军突袭，明军惨败，朱祁镇被俘。

这就是著名的土木堡之战。《明史·本纪第十·英宗前纪》在描绘土木堡之战时，虽然只用了短短几行字，但这场战役的大败几乎是明朝防御体系和军事体系同时失败的集中体现。

当明军大军抵达大同准备撤退时，其实已经清楚地知道瓦剌大军的合围意图，走宣府地区而归，而不选紫荆关，是朱祁镇仍然想利用宣府地区多山不利于骑兵野战的特点，在野战中打败瓦剌军，再不济也能全身而退。

但由于宣府地区没有建成一个有完整防御体系的军镇，瓦剌大军在宣府北路的独石、云州、永宁等地予取予求时，亲征大军竟毫不知情。而瓦剌军则利用明朝在宣府地区信息传递滞后的特点，迅速切断明军亲征大军的取水地水源桑干河，之后也先和阿剌知院大军合拢，将亲征大军彻底击溃。

如果明军战力尚强、兵额足数，尚且有可能在大同、宣府镇城达到阻滞一路大军，支援明军亲征军，进而挫败瓦剌合拢围攻的目的。然而土木堡之战时的明军既不能野战力敌，也没条件采取人海战术，加上宣府地区高估了明军防御体系，即便没有王振“助攻”，这场战役的失败，也几乎无可避免。

同样被敌军围困，朱祁镇比刘邦、杨广差在哪里?

尽管古代帝王富有四海、大权在握，风光无限，但作为皇帝，其承担的风险也是巨大的。有时候，他们会直面惨烈的战场，一着不慎就可能满盘皆输。上文说到朱祁镇在土木堡惨败被俘，其实在他之前，汉高祖刘邦也曾在白登山被围困七天七夜，隋炀帝杨广在雁门遭敌军围困时被逼得号啕大哭。但不管怎样，刘邦、杨广虽一度陷入极其危险的境地，终归都能全身而退，为何朱祁镇却无法逃脱，最终被俘呢?

01

刘邦、杨广之所以能脱离重围，有一个重要原因是他们在敌人阵营中有外援，在关键时刻，外援起到了至关重要的作用。

楚汉争霸时，匈奴就已拥有较强的实力，待刘邦建立大汉之后，匈奴就成了汉朝的心腹大患。汉高祖七年（前200年），刘邦亲率32万大军北伐匈奴，由于轻敌冒进，刘邦所率领的前锋部队被匈奴大军困在白登山。

冒顿单于使用诱敌的办法，将刘邦的前锋部队一步步引入包围圈，待合围之后，刘邦便是插翅也难逃。在危急时刻，陈平给刘邦出了个主意，建议其以重金贿赂冒顿单于的王后阏氏。

除此之外，使者还给阏氏送上汉朝美女图，言下之意，如果阏氏不帮忙，汉军会给冒顿单于送上汉朝的美女，汉朝美女的容貌那是没得挑的，如此一来，就可能动摇她阏氏的地位。

收到金银珠宝后，阏氏便劝说冒顿单于撤军，理由就是汉军仍十分强大，且援军很快就到，如果和汉军死磕，不仅会两败俱伤，双方还会不死不休，这样一来，我们享乐的日子就到头了。冒顿单于十分喜欢阏氏，在阏氏三番五次的劝说下，冒顿单于决定放刘邦一马。

当然，这并不是冒顿单于退兵的全部理由。当时，冒顿单于和韩王信达成盟约，共同出兵进攻汉军，可是韩王信的军队迟迟不到，让冒顿单于生出了疑心，一旦韩王信违背盟约，那就是背后的一大隐患。

除此之外，汉军队列整齐，援军即将到来，要想攻下几十万汉军也是难上加难，所以，在综合考虑利弊后，冒顿单于才决定撤军。

此次出征，刘邦毕竟带了32万大军，如果不是他轻敌冒进，即便不能赢，也不会输得那么惨。当时天气寒冷，汉军被围困多日，粮草不济，刘邦急需解决眼前的困境。终于，在阏氏的帮助下，刘邦得以解围。

隋大业十一年（615年），杨广被围困在雁门郡，周边的41座城池被突厥攻下了39座。尽管城内还有15万隋军将士，但由于准备不足，粮草仅能供给20天。换言之，如果不及时解围，这15万隋军不仅无法成为战斗力量，反而会成为一个大麻烦。

是时，杨广3次征伐高句丽无果，心灰意冷之间才决定北巡边塞，却不料再遇危机，被始毕可汗围困。

在这紧要关头，还是敌阵中的外援起了作用，她就是义成公主。义成公主在开皇年间嫁入突厥，启民可汗去世后，义成公主成为始毕可汗的妻子。

杨广一方面想办法号令天下之兵勤王，另一方面寄希望于义成公主劝说始毕可汗撤军。义成公主很聪明，她谎称北方有警，并说隋军的援军很快就到，始毕可汗这才撤军。

刘邦尚且是开国之君，而杨广此刻已是穷途末路（3年后他就身死国灭了），杨广面对的情况比刘邦更为凶险，如果没有义成公主相救，杨广很可能会死在雁门郡。

而且，对比匈奴和汉朝的矛盾、突厥和隋朝的矛盾，瓦剌和明朝的矛盾更难化解。朱元璋一路从南打到北，把元朝的势力赶出了中原，一定时间内双方的矛盾可谓不死不休。

所以，朱祁镇亲征时，在瓦剌这边几乎没有内应。里应外合是解围的最佳策略，在内部，朱祁镇不通军事，胡乱指挥；在外部，敌人狡诈多端，明军缺少外援，于是朱祁镇就成了历史上少有的被俘皇帝。

02

我们都知道，明朝有“不和亲，不赔款，不割地，不纳贡”的基本国策，但事实上，明朝也曾经有过和亲的政策，也会和周边的国家互市结盟，只不过相比其他朝代，明朝的性格更刚烈。

嘉靖年间的大臣王廷相就曾说过：“前辈有云，我朝祖宗以来有三美政，皆前代所不及。不与夷虏和亲，一也；不使外戚与政，二也；不以论谏杀言官，三也。”

刘邦拥有雄才大略，且不拘小节，明知不敌匈奴，在白登之围后，便与匈奴和亲。刘邦此举并非软弱，而是为了积攒力量，以待时机。事实证明，正是因为和匈奴关系的暂时缓和，才有了后来的文景之治，到了汉武帝时期，汉朝才有了相当的实力和匈奴一较高下。

对于突厥，隋朝同样采取了拉打结合的策略，派公主和突厥可汗和亲的政策也一直在实施，双方的矛盾也得以缓解。

可是，朱祁镇在位时，北方的瓦剌一直有复辟的想法，尽管当时明朝实力还很强，但这并没有让元朝残余势力放弃对中原的幻想。倘若明朝也采取和亲的对策，或许土木堡之变不会败得那般惨烈。

03

刘邦被围困在白登山时，已经完成了汉朝的统一，其积累的斗争经验早已非常人可比。除此之外，刘邦胸怀天下，不仅知人善任、唯才是举，更有容人之量，所以众谋臣、将士才愿意为其效死力。

在被围困时，刘邦并不慌乱，因为在楚汉争霸中他可是好几次差点死在项羽手中，其全局观和战场应变能力远在朱祁镇之上。

杨广虽说好大喜功、自命不凡，但杨广的威望同样是在尔虞我诈、凶险万分的权力场上磨炼出来的。

为了夺下皇位的继承权，杨广可以多年不近女色，只与萧妃住在一起。前太子杨勇被废也是在杨广、杨素等人一手操作下办成的，除此之外，杨广还亲自统兵灭了南陈。

在第二次征伐高句丽时，杨广吸取了第一次的作战教训，征集骁果军，如果没有杨玄感叛乱，辽东城必定会被攻下，高句丽很可能被灭。

杨广被困在雁门郡时，即便已经万分危急，他还是马上遣使向义成公主求救，并鼓励士兵道："努力击贼，苟能保全，凡在行陈，勿忧富贵，必不使有司弄刀笔破汝勋劳。"

在杨广的鼓励下，隋军无不以一当十，奋力死战。尽管杨广的心理防线几近崩溃，但他仍能完成这一系列措施，很明显，杨广的各方面素质也远在朱祁镇之上。

朱祁镇被俘的时候年仅22岁，他没有上过战场，也没有指挥作战的经验，况且他身边还有一个指手画脚的太监王振，朱祁镇对王振的话言听计从，导致军队在战略上出现失误，落入了瓦剌的包围圈。

在此次战役中，朱祁镇没有发挥丝毫积极作用，直至被敌人所俘。即便王振要承担主要责任，朱祁镇也难辞其咎。换言之，朱祁镇没有意识也没有能力解决眼前的问题，在同等条件下，如果换成一位有能力的君主，结局会大不相同。

成吉思汗：来看金朝是如何被我蒙古步步蚕食的

成吉思汗西征，是改变世界历史的大事件。但成吉思汗西征之际，并没有减少对中原的关注，而是派大将木华黎继续南征金朝。

早年，木华黎征战辽东时，当地女真人尚不知成吉思汗，以为木华黎就是蒙古人的国王，皆以国王称呼他。换了其他人，这无疑是犯了大忌，但成吉思汗表现出了超凡的度量，干脆任命木华黎为国王。

1217年，西征前夕，成吉思汗封木华黎为太师国王，赐九斿白纛，授予全权，代表成吉思汗南征中原汉地。本文就来说说，与蒙古西征同时进行的蒙古南下。

01

金朝兴起于辽东白山黑水之间，后来步步向南扩张，灭辽侵宋，统治中心逐步向南迁移，从辽东迁到燕京。金朝的版图犹如一只舒展双翼的雄鹰，一翼在中原，一翼在辽东，心脏地带在燕京。

成吉思汗决定先侵占辽东，斩断金人右翼，削弱其国力，然后再南下中原。蒙古崛起之初，南攻金朝，金人节节败退。金北边千户耶律留哥趁机叛乱，集结契丹人，企图借助蒙古人的力量，恢复契丹人往日的天下。

1212年，金上京（今黑龙江阿城）、泰州（今吉林洮安一带）守兵换防，耶律留哥趁机叛乱，次年称王，恢复辽国国号，契丹人闻风前来归附，达数十万众。金派蒲鲜万奴率40万大军前去围剿耶律留哥，不敌，大败而归。耶律留哥遂占领辽东全境，他拒绝群臣劝进称帝，北上觐见成吉思汗，接受册封，被授予虎符金印，封辽王。

蒲鲜万奴眼看征讨耶律留哥不成，回去难逃惩处，干脆叛金，于东京称王，改国号东夏。成吉思汗得知后，派木华黎为主将前往征讨，蒲鲜万奴不敌投降（后趁成吉思汗西征复叛，1233年，窝阔台汗派皇子贵由灭之）。

木华黎南下伐金之际，蒙古的精锐之师都被成吉思汗带去西征，留给木华黎的兵力相对较弱，使得南征困难重重。本次作战的主力部队由汪古部1万人、蒙古探马赤军（主要来自弘吉剌部、札剌儿部）1.2万人组成，外加部分契丹人、汉人组成的“杂牌军”，军力总共约10万。

经过蒙古的几番沉重打击，金朝元气大伤，但依然不失为一个大国。成吉思汗率主力西征，对金来说，无疑是恢复元气、重整国力的良好时机。然而，金朝君臣此时却做了一个愚蠢的决策，他们自知打不过蒙古，便转过身来集中优势兵力南下攻击南宋。

早在1206年，即成吉思汗称汗建国的当年，南宋韩侂胄主导开禧北伐，旋被金人挫败。在金人施压下，韩侂胄被南宋小朝廷斩首，传首金国，宋金签订嘉定和议，宋向金纳贡三十万两岁币。

蒙古异军突起后，南宋朝廷有人开始主张联合蒙古，牵制金国，向金提出废除岁币。金内部也有人提议同意南宋要求，与宋和解。

当时，金人西面与西夏连年征战不休，北面蒙古又咄咄逼人，金军接连失败，如果还与南宋对立，三面树敌，无疑是将自己置于危险之地。

但金宣宗拒绝与宋和解，企图通过侵宋扩大疆土，想把从蒙古那里失去的，在南宋那里补回来。

于是，在成吉思汗西征期间，金人北部的边境压力骤减，金宣宗遂从1217年至1223年，连年发动对南宋的战争。直到金宣宗去世，新帝哀宗即位，想改变国策与宋盟好，然积怨太深，为时晚矣。

02

金人南迁汴京（今开封）后，更加腐化堕落，军纪败坏，经常扰民，抢夺平民土地。与此同时，蒙古军也时常南下劫掠，不过蒙古人最初并没有占据城池的意识，往往大肆抢劫一番后就扬长而去。

就这样，蒙古人走后，金人再返回，一来二去，老百姓遭受双重盘剥。为了自救，许多人开始组织武装自保，其中既有地主武装，也有农民义军，势力大小不一，在河北、山东一带一度出现群雄割据的局面。这些地方势力没有固定立场，只求自保。他们游离于蒙古、金、宋三国之间，时而降蒙，时而归金，时而投宋。

木华黎与金作战多年，他逐渐明白，想弱化对方的抵抗，必须改变蒙古人攻城、屠城、掠夺的行为。他将重点放在招募这些地方武装上，只要这些人归降，阻力无疑会减少很多。

攻占太原后，木华黎下令招募当地人继续耕种庄稼，做长期驻守的打算，渐渐有不少地方势力来投靠蒙古人，成了木华黎的同盟军和偏师部队。

金人很快也意识到了这一点，开始放弃以往的围剿手段，对这些地方武装采取招抚政策，亦笼络了不少人。

在蒙古和金朝的操纵之下，这些武装团伙开始打代理人战争。在归降者与敌人作战之时，蒙古人往往会及时给予支援；反观金朝方面，由于自顾不暇，除了给予头衔和征税的权力外，根本做不到后勤支援。金人招募的地方团伙多数各自为战，且不说无法形成一支统一的力量，关键时刻还相互拆台。蒙古人步步紧逼，金人招架无力。

经过数年策反、招降、征伐，木华黎已占领金朝黄河以北的大部分地区。无奈之下，1220年七月，金宣宗只好派使者乌古孙仲端携国书远赴中亚，向成吉思汗求和，称愿与蒙古约为兄弟之国，金主愿尊成吉思汗为兄，遭到拒绝。

次年，乌古孙仲端再次万里西行，求见成吉思汗，乞求议和。双方形势对比，蒙古人显然占据上风，成吉思汗本不愿意理会金人使者，后经不住其苦苦哀求，便说："河朔之地，木华黎已经全部占领，关西数城（指凤翔等地，木华黎当时正在攻打）尚未攻下，可割让于我，我可以册封你们主子为河南王，望不要违背。"如此苛刻的条件，金人自然不愿答应，和谈破裂。

03

1222年年终，木华黎派三千人马防守潼关金军，他亲自攻打凤翔，攻城月余，仍未攻破。此时蒙古军已人困马乏，疲惫不堪，根本无力继续攻战，木华黎只好返回。

1223年春，蒙古军渡过黄河，行至闻喜县（今属山西运城），木华黎染病不起。数年之内，木华黎攻占辽东、辽西、河北、山东多地，此次南下中原，他志在攻克汴京，一举灭金，但看来壮志难酬了，他便满怀遗憾地对众将说："我披坚执锐四十载，东征西战，此生无憾，唯恨没有攻占汴京，以后就靠你们多加努力了！"没多久，木华黎便去世了。

木华黎去世当年年底，金宣宗也去世了，金哀宗完颜守绪继位。木华黎之子孛鲁根据成吉思汗的遗命，子承父业，继续主持对金的战争。

双方最高统帅换人，蒙金战争将进入新的阶段。

金哀宗一改金宣宗时期的策略，想与夏宋两国言和后，集中兵力对付蒙古人。他下令在宋金边境张贴榜文，宣布金不再南侵，还派使者到西夏去修复外交关系。与此同时，他还派人加紧拉拢境内各地武装，严实、李全、张林等人先后投靠金廷。

在朝廷内部，金哀宗起用胥鼎、张行信、完颜合达等一批有识之士，金朝庙堂之上出现一股清新之气。金朝采取的一系列措施，使蒙金之间的战争格局悄然发生了改变。

04

蒙古军在木华黎死后进攻受挫，很快发生了武仙叛变事件。

趁着蒙金交战、北方大乱之际，武仙纠集了一帮人马，逐渐做大。后来他归降了蒙古，木华黎安排他与史天倪一起镇守治理真定（今河北正定县），一来二去，六年时间过去了。

由于史天倪很早就归降了蒙古，且深受木华黎器重，武仙总觉得被他压制，心中很不痛快。后来不知从哪里得来消息，听说史天倪要对自己下手，武仙整日惶惶不安。

金人趁机暗中和武仙搭上线，1225年，武仙杀死史天倪，率真定投降金朝。

武仙的反叛，在河北、山东一带引起震动，引发示范效应。许多本已投靠蒙古的势力纷纷反水，改投金人，河北诸郡反叛者十有八九。

在山东，蒙古、金、南宋三方犬牙交错，各种势力错综复杂。看到河北生变，李全攻陷益都（今山东青州市），还将蒙古元帅张琳押解到楚州，交给金人。归降南宋的彭义斌趁机扩充势力，对蒙古、金人发起反击，本已投靠金朝的严实一看形势不对，立刻投降了彭义斌。

金人一看形势有变，也立刻趁势而动，发起反击，很快收复了平阳，没多久，太原也被武仙占据。

此时，木华黎之子孛鲁临危受命，沉着应对，得知史天倪弟弟史天泽拒绝降金，在与金人艰难周旋，便派三千蒙古精甲兵前往支援。史天泽有了蒙古的支援，加上为兄报仇心切，立刻反击，很快攻克了中山（今河北定州）、无极

（今河北无极县）、赵州（今河北赵县），节节胜利，武仙一看形势不妙，逃往开封。

彭义斌、严实得知武仙失利，率军前来支援，占据了真定，孛鲁命孛里海前来攻打。严实本是反复无常之辈，一看蒙古人来势汹汹，便阵前倒戈，投入蒙古人的怀抱，对彭义斌反戈一击，彭义斌战败被杀。

1226年年底，孛鲁领兵进入山东，围困益都李全。次年夏，城中粮尽，突围失败、走投无路的李全只好归降了蒙古。蒙古众将觉得李全是被逼无奈、形势所迫才投降，并非出自真心，不如除掉他。但孛鲁倚重李全威望，力排众议，释放李全，并委派他主持山东事务，果然没多久，山东平定。

眼看就要失去的河北、山东之地又重新纳入蒙古的势力范围，自此，蒙古人占领了黄河以北的广大区域，金朝被压缩到黄河南岸，苟延残喘，灭亡不过是时间问题罢了。

孛鲁平定河北、山东之时，成吉思汗已西征归来，开始谋划消灭西夏。木华黎父子经营多年，成功在中原站稳脚跟，牵制了金人的绝大多数兵力，无暇西顾，使得成吉思汗灭夏时没有后顾之忧，也为以后灭金奠定了基础。

吴三桂的发家史

在第一本《军事里的中国史》中，曾探讨过吴三桂引清军入关的真相，在那一时刻，吴三桂做出的这个决定，可以说是明亡清兴转折点中至关重要的一个决定，是决定之后中国200多年历史走向的关键。

那么，吴三桂作为做出这一关键决定的重要人物，到底是如何一步步走到这个关键位置的呢?

01

吴三桂祖上是江苏高邮人，明初的时候，吴三桂的族人随着明军进入辽东。但吴家在吴三桂之前并没有出什么名人，吴家的兴旺也全靠的是吴三桂的父亲吴襄。

吴襄的发迹始于天启二年（1622年）中武进士。当时明朝的辽东正处于边患严重的时期，武人的地位也随之上升——在过去即便是中了武进士也不会迎来什么大的人生改变。

古代素有“穷文富武”的说法，吴襄能中武进士，可见家里的生活水平不会太差。再加上此时不同往日，大明王朝内忧外患，需要大量的军事人才，何况吴襄还是辽人。当时帝师孙承宗正提出“以辽人守辽土，以辽土养辽兵”的战略，吴襄中这个武进士简直是正当其时。

吴襄回到辽东之后很快就融入了辽东将门的上层圈子，并娶了辽西第一将门祖大寿的妹妹。在后面的岁月中，吴襄也跟着祖大寿水涨船高，一步步做到了总兵官的位置。

吴襄官越做越大，但官做得大不代表就真的很能打。在长山之战中，吴襄带的解围大凌河的军队被后金军击败，此战中吴襄先逃跑，导致张春以下诸将三十三人都被活捉。崇祯一怒之下将吴襄削职，但没过多久，吴襄又通过平定登州兵变恢复了官职。

吴襄虽然打仗不行，但在经营家族势力上却是一把好手。吴家本来就是辽西的豪强，在吴襄进入官场之后更是大张旗鼓地扩张自己的势力，大肆侵吞军屯——当时辽东明军将领侵吞军屯已经成为众所周知的事。

吴三桂的舅舅祖大寿的府邸让朝鲜使者叹为观止，不禁感叹："就是朝鲜的贵族都不如祖大寿宅邸豪华。"但吴襄不同，吴襄虽然也侵吞军屯，但他却把这些钱全部拿来培养自己的私兵。吴襄自己穿的是粗布褐衣，而这支私兵却穿"纨罗纻绮"；吴襄自己吃的是粗茶淡饭，而手下的私兵却吃"细酒肥羊"。即便是朝廷有时欠饷，自己这支私兵却依旧能衣食无忧。吴襄还将侵吞军户的田地分给自己的私兵，每个家丁都有数百亩庄田。就这样，一支对吴家绝对忠心的私兵，在崇祯末年的时候已经有三千人的规模，都是由吴襄的子弟以及子弟的诸兄弟、亲属组成。

吴襄知道要保持家族势力不下坠，就需要家族中不断产生人才，所以吴襄对自己的儿子教育很用心。在吴襄的儿子中，最优秀的就是吴三桂。

02

吴三桂仪表堂堂，有一双大耳垂，鼻子很高，还有一双明亮的大眼睛，用现在的话说就是颜值特别高，再加上健壮的身材，吴三桂活脱脱就是一个大帅哥。

吴三桂不但长得帅，个人能力也超群，骑射武功无所不精，尤其善使大刀，而且他为人还相当机警。

吴三桂不但具备一个边郡青年特有的武艺，而且十分喜欢读书。从少年时起，吴三桂每天鸡鸣之时就披衣起床，开始读书，晚上一直读到半夜才休息。吴三桂具备成功人士都具有的精力充沛的特点，虽然吴三桂睡眠很少，但“终日无惰容”。

父亲吴襄和舅舅祖大寿都很喜欢吴三桂。少年时期吴三桂就出入军营，很年少时就成了辽东明军的下级军官。在舅舅祖大寿的提携下，吴三桂的官位也越来越高。

崇祯五年（1632年），吴三桂已经是游击将军了，而这一年他才20岁。在这一年平定登州之乱中，吴三桂跟随父亲吴襄大破孔有德的叛军。战场上骁勇善战的吴三桂此时又再次迎来好运，朝廷派到关宁军中的监军高起潜对这位将门虎子吴三桂青睐有加，将其收为义子。

靠上了高起潜这棵宫里的大树，吴氏父子并没有就此停止自己的脚步。崇祯十二年（1639年），吴三桂被任命为团练总兵。

吴三桂任总兵，是由蓟辽总督洪承畴提名，约辽东巡抚方一藻共同推荐，经总督关宁两镇御马监太监高起潜同意，并由他向朝廷报告，经崇祯批准。除了最后的批准人崇祯，前面三个人都与吴三桂有十分亲密的关系。

在方一藻巡抚辽东时，吴三桂即“拜其门下”，成了方一藻的学生。光成为学生还不够，吴三桂还与方一藻的儿子方光琛“缔盟为忘形交”。可见吴三桂不但骁勇善战，同时还继承了父亲吴襄高水平的社交能力。方一藻是明朝在辽东地区最重要的文官，搭上方一藻这条船，吴三桂在辽东肯定不会受委屈。

蓟辽总督洪承畴刚来辽东，按理说与吴氏父子不应该产生什么关系。但吴三桂故技重施，再次用拜师这一套，成为洪承畴的学生，与洪承畴联系在一起。吴三桂知道光拜师没用，还得进入洪承畴的核心圈子。洪承畴征战南北，最重要的助手就是自己的幕僚。洪承畴最信任的幕僚叫谢四新，这个人极为博学，吴三桂立刻花心思与之交往，就这样，吴三桂也融入了洪承畴的圈子。

洪承畴推荐吴三桂，其实也并不只是出于私心。辽东将门盘根错节，在之前的宁远之战中，辽东将门坐视总兵官金国凤战死就是前车之鉴。要想整顿辽东军队，最好的办法就是选拔其中的优秀人才来参与整顿，吴三桂无疑具备这方面的条件。吴三桂素有敢战之名，家族势力又遍布辽东，很容易获得辽东将门的信任。

吴三桂也不负洪承畴厚望，在很短的时间里就训练出一万精兵。这支精兵成为吴三桂后来搅动明末风云的基干力量。

03

吴三桂在成为总兵官之后，也用实际表现证明洪承畴没有推荐错人。崇祯十三年（清崇德五年，1640年）五月十八日，明兵与清兵在杏山（今辽宁凌海杏山）附近的夹马山发生了一场遭遇战。

吴三桂在与清军的交手中不落下风，虽然损失了副将杨伦、周延州及参将李得位等官佐，但也重创了清军，甚至惊动了在沈阳的皇太极。

皇太极在六月十五日先发一万精兵增援前线，十七日、十八日又“发披甲兵”。虽然在明面上说是“发兵换班”，但是在档案中也留下了一个“因杏山上阵损伤故”的注脚，可见这一战清军打得并不轻松。

随着洪承畴的整军备战，辽东明军也变得越发积极起来。这时决定明清命运的松锦之战爆发了，吴三桂在这一战中更是大放异彩。

七月八日夜，吴三桂指挥马步兵五百自松山奇袭锦州附近的清兵镶蓝旗营地，迫使清军移营。3天后，吴三桂又与曹变蛟等在杏山城下大破清军，清军退守义州。

在崇祯十四年（1641年）初，投运粮草救援锦州的行动中，吴三桂更是将智勇双全发挥到了极致。当时锦州三面被围，明军都不敢往锦州运粮，但若锦州粮尽势必造成锦州不攻自破。

洪承畴就召集辽东巡抚丘民仰、总兵吴三桂商议运粮之事。从这个商议人员就可得知，吴三桂已经是辽东明军极为重要的人物，地位高于其他的总兵。

当时正好赶上春节，与汉族一样，女真人也有过春节的习俗。深谙辽东情形的吴三桂提出，运粮的时机就是现在，趁着春节清军放松警惕，完全有机会兵不血刃地将粮食运进锦州城。

洪承畴决定采纳吴三桂的建议，并将运粮的任务全权交给吴三桂执行。正月初二、初三这两天，吴三桂就筹集了3400辆骡车和1.5万石大米。正月初六，吴三桂亲自带队开始向锦州运粮。

果然如吴三桂所料，锦州城外的清军完全没有戒备，所有人都在大营里舒舒服服地过年。次日中午，明军运粮队就成功进入了锦州。吴三桂赶紧让人卸货，当晚二更就带着人车撤回了宁远。此次运米，往返“并未遇警，绝无疏失”。

一直到正月初九，清军才有所察觉，这时吴三桂的军队早就走远了。当清军统帅多尔衮出动部队去追击的时候，迎接他们的却是明军的炮火。事后多尔衮被皇太极严厉斥责，在晚年多尔衮还说“松山之役，我颇劳心焦虑，亲自披坚执锐……我之体弱精疲，亦由于此”。这次运粮的危险程度、组织难度都是极大的，而吴三桂却很完美地完成了这个任务，足见其能力之强。

虽然明军此次运粮成功了，却并没有彻底解围锦州。到了三月，清兵严密包围了锦州，“填壕毁堑，声援断绝”。为解锦州之围，四月下旬，洪承畴挥师进至松山与杏山之间。四月二十五日，明清双方在乳峰山东西石门处展开了一场激战。

这一战中，吴三桂又一次表现优异，他和清军连打了十多阵，士气如虹，打得清军节节后退，还阵斩清军骑兵10人，为明军赢得了松山之战的前哨战。

04

明军势头正好，来自京师的干预却将明军送入了险境。

身在北京的兵部尚书陈新甲，以旷日持久、靡费粮饷为由，力主速战速决，并指责洪承畴出关“用师年余，费粮饷数十万，而锦围未解，内地又困”。崇祯的决策也在陈新甲的鼓动下发生改变，任命马绍愉、张若麒为兵部职方主事、职方郎中，“出关赞画”军事，督促洪与清兵决战。

洪承畴只得放弃自己的方略，于七月二十六日正式誓师援锦，二十八日进兵，次日抵达松山城。

洪承畴不知道的是，皇太极这时也来到了前线。皇太极得到洪承畴率大军援锦的消息，决定倾国中之兵，亲临前线指挥。

皇太极火急火燎疾驰六昼夜，于八月十九日到达松山附近的戚家堡。皇太极察看地势后，发现明军有个致命的问题，前重后轻，主力攒集在一起，可以将其合围歼灭。但是明军和清军兵力几乎相等，要合围明军必须利用工事。

皇太极命令全军下营，就地掘壕。清军这时强大的土工能力成为这场战役制胜的关键。清军仅用了一天，就掘壕三重，每道壕深8尺，宽丈余，“断绝松山要路”，切断了明军后勤线路，将明八镇兵围于松山城附近。

在全军被围的关键时刻，吴三桂却让他的恩师洪承畴大跌眼镜。八月二十一日晚，吴三桂与王朴最先带兵溃围而逃。松锦之战失败的命运就此注定。

现在很多观点都责备吴三桂抛弃自己的上司兼恩师洪承畴，独自一人跑路。殊不知在之前的两天时间里，明军组织了多次突围，但都被清军挡了回去。由于事起仓促，明军只带了3天粮草，如果二十二日再没有突围出去，接下来就只有死路一条。

所以洪承畴在二十一日晚上的决策是全军拼死一战，往前打，突破清军防线攻到锦州。而这时崇祯派来的监军张若麒却建议回宁远就粮。不得不说，张若麒在其中起了极大的破坏作用，张若麒这个方案一提出，很多明军将领就一门心思想着撤回宁远。所以在二十一日晚上，明军内部实际上思想已经混乱了，散会不久，王朴第一个率军跑路。

吴三桂作为辽东的地头蛇，参加完会议就知道没机会赢了。回到军营就找部属来商议突围之事。这时有一新降的蒙古人献计说："敌人诡计多端，肯定会在小路上设置埋伏堵截我们突围。如果我们反其道行之，走大路突围的机会就比较大。"吴三桂决定用蒙古降人之计，从大路突围。结果最先跑路的王朴损失惨重，而吴三桂却从大路突围而出，军力大体保存完好。皇太极也不禁对身边的人说："吴三桂果是汉子！得此人归降，天下唾手可得矣。"

最后，在松山的明军八镇总兵逃了六镇，在所有逃跑的明军中，能把实力保存完整的还就是吴三桂一个。据宁前道石凤台向朝廷密报：吴三桂的"兵丁尚多，还能整搠兵马，誓拯封疆"。战后，崇祯也不得不只是处决王朴了事，同为逃将的吴三桂反倒被升为提督。

松锦之战不但是明朝历史的转折点，而且是吴三桂个人的转折点。在此之前，吴三桂的形象还是忠心报国，骁勇善战；而在此战之后，吴三桂却变成了一个养兵自重，精于算计，只知利己的乱世军头。

于是，当历史来到1644年时，吴三桂也再次做出了最利己的选择……

如果没有吴三桂借兵，李自成有机会打赢清军吗？

吴三桂在1644年山海关之战时引清军入关，这最终导致了李自成的大顺军被击败，爱新觉罗家族从此入主中原，建立了清王朝。

可能有人会发出这样的疑问：如果是在较为公平的态势下，李自成是否有跟清军一战的实力呢？或者说，大顺政权有没有击败清军的可能？本文就来聊一下这个问题。

01

1642年，对于大明帝国来说是风雨飘摇的一年。这一年二月二十七日，李自成攻陷襄城，斩杀明三边总督汪乔年，获马两万匹，击降陕兵数万人，威震河洛。在攻陷襄城的第二天，松山陷落，旷日持久的松锦之战落下帷幕。

1642年，明朝的衰亡急剧加速，两大反明势力却同时迈向顶峰。同年冬，清军开始第五次入塞，也是正式入关前的最后一次入塞。此次入塞的清军数目根据明朝获得的情报得知为“往西犯抢的东鞑子，每牛鹿挑披明甲鞑子十名，披暗甲鞑子二十名，约有两万余骑，其西夷不知数目”，兵力总数在三四万人。

这次入寇，清军势如破竹。十一月，清军由阿巴泰率领，由墙子岭青山口攻入，向关内大举进犯，随即攻陷三河县及明朝京师的东边门户蓟州。

是年闰十一月初，清军分道直趋山东，陷漕运重镇临清及北直隶阜城、景州、河间等处，又自临清分五路骚扰山东、苏北。

十二月，清兵陷临淄、阳信、滨州、兖州、泰安、青州、鱼台、武城、金乡、单县、沭阳、沂州、丰县，包围海州。复陷滕县、赣榆、峄县、郯城；另部则趋河南，自长垣至曹、濮。

1643年正月，清军攻开州（今河南濮阳）及滑县，又趋东昌（今山东聊城）。

二月，清军陷武定、莱阳，山东总兵刘泽清败清兵于安丘。

三月，清兵取道彰德（今河南安阳）陷顺德府（今河北邢台），北上掠诸县，另部又自山东德州、乐陵直掠庆云、南宫，最后经宝坻县出关。

在这一帆风顺的南下过程中，清军只在一支农民军的手里吃了一次大亏。

1643年正月，清军攻陷海州，但不久之后却发现自己陷入了一支陌生队伍的包围。这支部队“带半青半红帽口”，打起仗来“先用炮打，后用箭射，又用刀砍，一番退了，一番又上”，把一路骄横的清军杀得躲在海州城不敢出来，还解救了之前被清军俘获的难民。

这些难民惊奇地发现，这支部队和明朝的官军完全不同，每名被解救的百姓都赏钱五十文，并很体贴地对这些难民说“你们百姓被掳来，家里父母想望，拿了钱就快回去吧”。这些难民经过打听才知道，这支军队是农民军袁时中小袁营的部队。

这支农民军兴起于河南大旱之时，1640年，袁时中聚集数万饥民起义，攻陷开州，成为当时河南众多农民军中的一支。但是这支部队与其他农民军不同，这支小袁营的士卒“健壮彪悍”，作战时非常勇敢，军纪还特别严明。在其他几支农民军被明军剿杀之后，小袁营与李自成会合，纵横于中原。但在1642年，由于两人互相猜忌，最终分道扬镳。此刻正在淮北活动的小袁营正好与南下清军相遇，爆发激战。最终以小袁营小胜一局，清军撤军而宣告结束。

02

如果这一年是李自成与入寇的阿巴泰正面相遇，会鹿死谁手呢？

讨论李自成与阿巴泰的战力对比，光用袁时中的例子来看，并不是特别恰当。因为根据明朝方面战后的汇报可知，袁时中在海州对战的清军并不是最精锐的满洲八旗，而是蒙古部队。

蒙古部队在纪律性和组织程度上来说较八旗军更差。但是通过这一轮交战来看，清军中蒙古部队的战斗力要弱于农民军中小袁营的战斗力，否则不会被小袁营逼进海州。

而小袁营的战斗力和李自成直属军队比又如何呢？

对于袁时中和他的小袁营，李自成的态度是一直想将其收为己用。在1643年清军出关两个月之后，李自成就派归附自己的文人刘宗文前去招降袁时中。结果袁时中直接将刘宗文绑了送给明朝御史，以这件事为标志，双方矛盾已经不可调和。

李自成派部将“一只虎”李过领骑兵千余合步兵两万余人，攻击小袁营。这时小袁营有马步三万。按理说小袁营在兵力上还占据优势，又是以逸待劳，应该有打赢的把握。结果却是小袁营失利，袁时中五月二十四日在杞县被俘杀，其部众万余人归降。可见到了这个时候，李自成的战力已经完全胜过袁时中的小袁营。这就意味着，李自成军在战斗力上至少强于清军外藩蒙古部队。

1643年的李自成军队正是巅峰之时，在刚刚过去的一年中，李自成先破襄城，七月再在朱仙镇大破十多万明军，九月攻取开封，十月又在柿园之战中大破孙传庭带领的秦兵主力。如果他在这个时候与清军相遇，将是一场极为精彩的双雄对决。

03

清军在松锦之战中战胜了明军边军主力，此战之后明军再无与清军进行决战的条件。

而清军此时也实现了技术装备的全面超越，光在锦州就存有西洋炮100位。清军将领曾放出豪言“将炮一百位摆作一排，凭他那个城池怎么当得了三四日狠攻”。

在兵种配备上，作战时以披坚甲、持长矛大刀等长兵者为前锋，以披轻甲、善射者在后面掩护。在进攻时，精兵留在马上相机接应，以重兵向敌军发起冲击。

与同时代的军队相比，清军以更严明的纪律而著称。作战时军法严厉，死兵披两层铠甲，配备两匹战马冲在最前面，前面虽死后面继续冲锋，不许停止观望，弓箭手都要求抵近到二三十步才齐射。

在武器装备上，清军也强调精益求精。根据《武备要略》记载：“就炼造箭甲一事言之，奴之炼铁也，始以石灰，继以马粪，淬以药水，或淬以猪羊之血。每一甲片以八两为率，五人持锤，冷端继下，不令偏胜，炼至三两而止。验以顿跌，一跌而高起尺言者入用。听其声而煞煞者为不足，嗤嗤者为已拈，丁丁而清亮者为合式。甲主坚，箭主锐，既成而试之，挽以钧石之弓，箭不挫锋，甲不顿痕，受上值。非是则杀无赦。”

这就造就了清军在17世纪能拉起一支“精兵四万，人马披坚甲，马首两旁皆夹长枪对阵冲突”的具装骑兵。在1643年，清军已经是整个东亚最强悍的部队，几乎点满了所有的技术点，攻城有火炮，野战有步骑兵。

04

李自成的农民军此时也不逊色。李自成军队的核心是边民和投降的边军，这些人生长在边地，善骑射，机动能力极强。《流寇志》记载“流寇以马为家，大头领有六七十骑，或百骑。小头领亦二三十骑”，在机动能力上与当时的清军相比丝毫不逊色。

李自成在野战时喜欢用“三堵墙”战术。三堵墙战术要求临阵列马三万，名三堵墙，前者返顾，后者杀之，战久不胜，马兵佯败诱官兵，步卒长枪三万，击刺如飞，马兵回击，无不大胜。

三堵墙战术和清军的战术一样强调纪律性，可见当时的两支部队都是以战场纪律严明而著称。

当然李自成的农民军在普通冷兵器的精良程度上不如清军。根据《甲申核真略》记载：“（李自成军）甲皆用绸，多至二十层，服之轻便，而矢不能入。然以当虏矢，则洞胸穿腹矣。”可见农民军在盔甲质量上是无法与清军相提并论的。

但农民军也有在一年多的时间里五覆明师的战绩，频繁的战斗使其迅速成长，武器装备相较于清军并不存在太大的落差。

在火器上，农民军在攻城战中，“攻城多以铁骑外围，步兵强弓、鸟枪连发，守者不敢外瞰”。在二攻开封时所用的火炮威力也很大，“飞铁熔铅，四面如织，空中作响，如鸷鸟之凌劲风”“大炮小铳昼夜击打，城墙如筛，守俾者不敢露影……甫露首，辄中弹死”。在朱仙镇大战中，李自成也有使用火炮攻击左良玉军。

可见李自成的农民军在火器上也并不是门外汉，但在重炮数量和火器存量上，李自成的农民军明显不能与清军相提并论。李自成的火器主要是以缴获明军的为主，自己生产的数量并不多。而清军此时已经在重炮数量上彻底压倒了明军，光锦州一地就有上百门西洋大炮。

05

但如果我们假设第五次入寇的清军与李自成的农民军相遇，就会发现除了上述因素之外还有一个因素不得不考虑，那就是兵力数量。

1643年前后，李自成对军队进行整编，分为标营和左右前后五营。标营领兵百队，左右前后四营领兵一百三十余队，共二百三十余队。每队马兵五十，厮养小儿三十或四十有差，步兵每队一百或五十人有差。总计马步兵六万，马骡二万。而李自成的同盟军——“曹操”罗汝才的军队有马兵五哨，每哨三千人，步兵三四万，并厮养不下四五十万人。

可以说，此时李自成的农民军能在中原战场集结不下十万的精锐战兵。这十万战兵在战斗力上强于清军中的外藩蒙古，可能弱于八旗精锐。但清军在历史上攻陷蓟州之后兵分两路，兵力再次被削弱。

再加上李自成身处河南，拥有内线作战的优势，自己能快速集结主力进行会战。反之，清军由于深入中原腹地，引以为豪的红衣大炮不可能长距离随军深入。一路上与各地反清武装的交手，也将造成清军的损耗。如果历史上李自成真的与第五次入寇的清军相遇，清军失利的可能性极高。

即便是真实历史上，此次清军入寇也并没有表面那么光彩。1643年，入寇大军突然失去了音讯，皇太极急得团团转，担心阿巴泰的大军被明军围在关内，派出一拨又一拨的哨探来到明朝边外打探消息。

在返回盛京之后，虽然清朝官方宣称“敌人惊怖，我军所向，彼莫能支，纵横冲突，如入无人之境”，而作为第三方的朝鲜人却在《沈馆录》中记载：“大概今番之役（指壬午之役），得不补失。城门内外，哭声连屋。以此推之，则死亡甚多之说，似非虚语。……（清）军兵久在饥困之时，或得食物水饮，则食必生疾，饮或即死，以此殒命甚多。”

可见，清军并没有自身宣传中那么风光。若是真的与处在顶峰期间的李自成主力会战，只怕损失会远大于此。

在真实历史上，李自成在柿园之战胜利后，和罗汝才准备攻击左良玉，但为了确保南下无后顾之忧，李自成挥师北上，仅用两天的时间就击败了保定总督杨文岳。而此时清军刚刚进入山东境内。

如果李自成在此时暂缓南下进攻左良玉，很有可能就在河南与清军相遇。但历史在这时却走向了另一个方向，李自成南下击败左良玉，在襄阳建立政权。接下来一年之内连下陕西三边，最后在1644年东进，灭了明朝。

清军与李自成到底是没有在1643年相遇，当一年之后两军再相遇时，形势却截然相反，李自成以两面受敌的态势在山海关与陌生的清军仓促相遇，最终与主宰天下失之交臂。

收复台湾前，郑成功在厦门的15年里都在忙些啥？

关于明末民族英雄郑成功，很多人更熟悉的是他收复宝岛台湾的壮举，而对于他在收复台湾前的抗清经历却知之甚少。其实在收复台湾前，“海贼王”出身的郑成功就以海岛为基地开展抗清行动。这种“以岛攻陆”的军事体系，实用价值到底如何呢？本文就分几个层次来说说明末清初的郑家军如何使用海岛中的厦门、金门二岛。

01　明代厦、金二岛的军政区域及地理位置

明初，为了加强沿海地区的统治，同时也为了防御倭寇，洪武二十年（1387年）由名将周德兴（朱元璋老乡）在福建开始设置永宁卫，永宁卫中的中左（厦门）所和金门所就是在此时设置的。

到了嘉靖年间，沿海地区常年处于抗倭第一线，所以厦、金二岛当地居民自然都“民风彪悍”，且精于海战。

随后明廷又在万历二十五年（1597年）增设澎湖游兵，天启元年（1621年）增设“福建游击中左所”，均驻扎厦门。从此厦门成为海防军事重镇。

厦门、金门二岛的地理位置正好处于闽南与粤东一带岛屿的中心位置。从此处出发，南下可经广州、澳门到达交趾、占城等贸易地，北上可达长江口，

入长江后更可去武汉、成都等陆地中心城市。

后期郑家军控制台湾海峡后，航线控制范围增加到了北上可通日本、朝鲜，南下可通吕宋等地区。

02　郑芝龙时代的厦、金二岛

郑家军始于郑芝龙，天启元年（1621年），他在澳门当葡萄牙语翻译。天启三年（1623年），他在日本通商时被海商李旦收为义子，次年又与另一海商颜思齐拜了把子。

天启五年（1625年），李旦死后，郑芝龙兼并了其部众，并与颜思齐“合流”，企图推翻德川幕府。事败后逃到台湾，并在此重新建立根据地。不久后，颜思齐病死，郑芝龙再次兼并了其部众。至此，郑家军雏形已经显现了出来。

到了崇祯元年（1628年），明朝各地已经战火不断，根本无暇顾及东南沿海的各种海盗势力，而郑芝龙很早就看到了厦门的重要地位。

当年六月，郑芝龙向厦门官员许心素行贿，想在厦门开展贸易。结果，行贿的钱进了许心素自己的腰包以后，他玩起了“黑吃黑”。

郑芝龙盛怒之下与当地明军开战，在厦门湾斩杀了许心素之后就占领了厦门。从此时开始，直到郑成功去世，厦门一直是郑家军的重要据点。

而根本无法剿灭各海盗势力的福建巡抚熊文灿最终只得采取招安的方法，与郑芝龙达成“默契”：让郑芝龙去剿灭海盗。所以郑芝龙摇身一变成了明朝的“福建海上游击队”。

此后的他率部众相继消灭了李魁奇、刘氏兄弟、钟斌等海盗势力，随后又在金门的料罗湾击溃了海商刘香与荷兰人组成的“联军”，并在3年后彻底消灭了刘香。

至此，郑家军成了名副其实的海上霸主，并且占领了澳门、南澳、诏安、云霄、铜山、海澄、厦门岛、金门岛及安海等沿海岛屿及城镇港口，而这些“以点连线”的海岛，也成了郑家军日后的生命线。

03　郑成功起兵的第一阶段

但是这样的局面也随着郑芝龙的降清发生了变化，好在他的儿子郑成功举起了反清的大旗。郑成功此时的目标很明确：反清复明。

事实上，在起兵之前，郑成功曾多次劝阻郑芝龙投清，并分析形势说：“福建之地可凭险设伏，海上贸易可供粮饷，以此地可召天下。”

以沿海为根据地，开展海上贸易，然后再相机进取中原，在当时来看，这也是唯一可行的方略。之后郑成功与清军多年的拉锯战也证明了这一点。

先让我们看看郑成功在领兵之初的战绩：

顺治四年（1647年）七月，郑军攻漳州海澄未克。八月，攻泉州未克。

顺治五年（1648年）三月，郑军攻同安，攻克后继续攻泉州未克，清军趁势又攻下同安城。

顺治六年（1649年）十月，郑军攻克漳州漳浦县、云霄县。十一月，攻漳州府未克。

顺治七年（1650年）正月，郑军攻广东汕头未克。

此阶段的郑成功起兵三年有余，但根据地只有南澳岛一隅，兵力、粮饷均严重不足，所以有这样“寸土未得”的战绩也并不意外。

但自从有了厦、金二岛以后就不一样了。当时的厦、金二岛被郑彩和郑联占领，郑成功采取了施琅的计策，于中秋节秘密带兵到厦门暗杀了郑联。郑彩见此，只得交出了自己的兵权，郑成功势力大增。

04　郑成功时代的厦、金二岛

郑成功占领厦、金二岛后，军队编制上沿袭明制：设五军，五军之下设镇，每镇五协；每协五正领，十副领；每副领管十班，班设班长（每班五十人），每十班中，步兵六人，弓箭手四人。其中左右虎卫镇是郑成功的“近卫军”，也是最精锐的部队。

行政方面，也仿效明制设了吏、户、礼、兵、刑、工六部官（但未设立“尚书”职位）。随后为招纳明遗臣、士绅和抚恤阵亡将士家属，又设储贤、育胄二馆。另外还将厦门改为“思明州”，并设立知州事。

经济方面，厦门港原本在郑芝龙时代就是当时全国最大的对外贸易港口，巨额的“洋税”使郑家早就富甲一方，并且凭借多年在日本的人脉关系，重新开启了与日本的贸易，于是郑成功建立了以厦门为中心，东起日本，西至交趾、占城，南达台湾、吕宋等地的庞大贸易网，开启了以商养战之路。

军政、粮饷等问题解决后，郑成功开始设置演武亭（今厦门大学运动场）操练兵马。从《从征实录》记载来看，他经常亲自督操，著名的铁人军就在此时形成。

在演武亭旁还设置了演武池，以供训练水师之用。而水师兵士之选拔更甚陆师，其基本条件为水兵手执械，游水时水只能淹至腰间，不能齐胸。所幸水师中大部分是郑芝龙旧部，有数十年的海上生活斗争经验，一向倚海为长城，又尤以漳、泉、潮、惠一带沿海人士居多。

而就在得到厦、金二岛之后，郑家军的战略也发生了变化。因为从此时开始，对于粤东潮惠、闽南漳泉等沿海城镇的攻击可朝发夕至，甚至江南沿海都处在了其攻击范围之内。

自此，郑清两军开始了艰苦的拉锯战。

05　郑成功起兵的第二阶段

同样我们也来看一下郑成功起兵第二阶段的战绩：

顺治八年（1651年）二月，郑成功奉永历诏入粤勤王。三月清军偷袭厦门，劫掠后撤走。五月，郑军攻克海澄县，磁灶大捷。十二月，郑军攻克漳浦县小盈岭。

顺治九年（1652年）三月，郑军攻克漳州海澄、长泰县。五月攻打漳州府，经多次攻城未克，只得长期围困，至十月粮尽，只得撤围。

顺治十年（1653年）五月，清军攻打海澄，双方攻守多日，战况惨烈，清军未能攻克。

顺治十一年（1654年）年初起，清廷企图招降，遭郑成功拒绝。十月，郑军再次攻打漳州府，清军守将刘国轩（日后郑军的重要将领）开城投降。漳州府攻克后，郑军攻泉州未克。

顺治十二年（1655年）七月，郑军第一次北伐，攻克舟山。同年十一月，爱新觉罗·济度领兵南下。

顺治十三年（1656年）正月，清军收复福建沿海城镇。三月攻厦门，被郑军击退。四月，郑军攻广东揭阳未克。五月，海澄守将降清，随后郑军收复海澄未果。七月第二次北伐，连续攻克福州、台州、温州等沿海县城，但均未久占。

顺治十四年（1657年）三月，郑清两军激战于福州闽安县，未分胜负。十一月，郑军攻打宁德，斩杀清军主帅阿克襄。

顺治十五年（1658年），郑成功凭借积蓄了十多年的力量，终于开始了最大规模的北伐。但这次在舟山的海上遭遇了风暴，众多船只被毁，郑军只得在舟山修理船只，直到顺治十六年（1659年）五月才再次踏上征程。八月，郑军已至南京城下，本来胜利在望了，没想到郑成功居然中了清军的缓兵之计，北伐最终功亏一篑，只得再次返回厦门。

至此，郑成功再未有过北伐，在起兵抗清的十多年里，前三年在无根据地的情况下“屡败屡战”，有了厦、金二岛之后总算有能力与清廷展开拉锯战，其间虽然偶有斩获，但终究未有大胜。

那么这种以海岛为根据地发动战役的利弊到底如何呢？

06　海岛战略的攻守利弊

从战略上来说，若能全盘控制中国沿海的岛屿与海湾，并将岛屿“链接”起来，以拱卫厦、金二岛，那么至少在明末清初的这段时间里“自立乾坤”也不是不可能。至少清廷曾经多次招降过郑成功，究其原因无非就是顺治年间的清廷根本无力发动大规模海战。

反观此时的郑家军，得海岛之利后，进攻时就“以舟代步”，这样进军速度比陆地上快得多，且行踪不定。每次攻击都能“快、准、狠”。防守时，厦、金二岛虽靠近陆地，但二岛可谓是当时真正的海上堡垒，且有潮汐风期相助，得此地利，易守难攻之势显而易见。

除此之外，掌握了这些“沿海外围”的海岛，还能靠海上贸易自给自足，所以终郑成功之世，除顺治八年（1651年）入粤勤王被清军偷袭和顺治十三年（1656年）海澄守将降清外，其余清军的海上攻击都以惨败而收场。

但是海岛攻守有利也有弊。厦、金二岛虽有地利，岛上却只是弹丸之地，毫无战略纵深，所以郑成功一直在沿海漳泉二州与清军反复拉锯，就是给二岛建立外围“屏障”。“屏障”若失，那就只有海战一搏；海战再败，清军便可将其长期围困，三藩之乱时清军反攻阶段的海坛、崇武海战便是个例子。

所以就海岛攻守战略而言，郑军虽多有小胜，却从无大胜。小胜容易是因为漫长的海岸线，处处都可攻其不备。大胜难则因为“以岛攻陆”只可攻一隅之地，若要继续扩大战果，还需有庞大的陆军对已攻占的地区长期占领。

而郑家军根本无力发动大规模陆战，南明也“气数已尽”，无论是大西余部李定国，还是大顺余部夔东十三家，皆无力策应。

最终郑成功虽然敢于北伐，奈何孤军难有成就。南京城下兵败之后，郑成功只得再次撤回厦门，而清廷还趁势夺回了漳泉二州。

那么漳泉二州等“战略屏障”如被清廷收复，又该如何保卫厦、金二岛呢？

07 海岛攻守战术的典范：搏杀厦门海

事实上，海岛的攻守，无非就是海战与登陆战，攻守双方都需要以正确的战术来应对。

顺治十七年（1660年），郑成功北伐失败，清廷趁势南下。当年正月，顺治命镶黄旗战将章佳·达素为安南将军，号称统领水陆20万大军，企图一举歼灭郑家军。五月，漳泉二州被清廷攻克，清军调集沿海大小船只近千艘，随后兵分三路。一路由福建总督李率泰、黄梧（郑军旧将）统领，率水师从海澄出发，攻打郑军水师基地厦门港；一路由达素、施琅（郑军旧将）统领，从同安出发，在厦门岛北部的高崎赤山坪登陆；同时又调广东水师许隆、苏利部前来助攻。

反观郑军，在北伐中损失很大，只有大小战船500余艘，陆师更是在南京城下伤亡惨重，水陆两军仅剩不到7万人。无论是兵力还是战船都连清军的一半还不到，所以郑成功非常清楚，清军一旦登陆，凭自己手上的陆师根本无法在陆战中取胜，唯一可做的就是海战一搏。

为此，他的作战部署是：陈鹏（开战前被清军策反）率领所有陆师坚守在北部滩头，抗击北部同安方向前来登陆的清军；郑泰率领小部水师从金门出发，进至诏安东山一带海面，拦截从广东来的清军水师；郑成功本人亲自率水军主力扼守厦门海，迎击清军李率泰、黄梧统领的清军水师主力。并将本方战船在厦门海峡内外展开纵深排列：陈尧策、周瑞率大船20艘为前军，并将船队队形一字排开，以阻挡清军进入厦门港内；陈辉率一部藏于鼓浪屿东面，马信、洪旭、林顺、周全斌等率后军主力扼守厦门港，自己则将指挥所设在了鼓浪屿日光岩（原址民国时改为西林别墅，1962年改为郑成功纪念馆）。

五月十日上午8时，惨烈的海面搏杀开始了。此时的郑军水师处于潮汐逆流阶段，清军水师在顺流下由黄梧率领，攻势凶猛。而且黄梧率领的船队中有将近100艘带撞击角的大船，这样一来，清军就以多船攻郑军一船，再加上清军船只采用“撞击与跳帮”战术，以便发挥登舰之后近身作战的特长，陈尧策和周瑞两将开战没多久就阵亡了。

上午10时，眼见前军部队基本消耗殆尽，郑成功下令陈辉出鼓浪屿东面，侧击进入厦门海峡内的清军战船。郑军趁着海面潮汐逆流已经转弱，开始使用火器，一些清军战船被击中起火。另外还用受损的战船装满火药，当清军战船围上来时，只留一人将其点燃，引起爆炸，以一船代价换取清军多船。清军水师遭此打击后，改变了战术，开始拉开间距，并朝上风方向绕去。

中午12时，潮汐开始转为顺流，在鼓浪屿山顶上指挥作战的郑成功见此情景，立即挥动令旗，调主力船队出击。憋了许久的郑军水师主力开始顺着潮汐发起总攻，并仗着火器优势不断轰击清军战船。郑成功本人也多次换船，赶往第一线，亲自参与了海面搏杀。而清军水兵原是步兵，没经过海上训练，顺风时还可站立，一遇逆风，战船上的清军就头晕目眩，根本无力再战。

下午2时，未遭遇清军水师的郑泰（清军广东水师未如期赶到）也率军赶到了厦门湾，对清军船队完成了合围。兵败如山倒的清军水师，船只不是被毁，就是被俘，战死的清军尸体几乎填满了厦门海。

而陆战结果也一样。在高崎守卫的陈鹏被施琅策反，从同安出发的清军在渡海时未受阻挡。但在清军准备登陆以后接受陈鹏投降时，陈鹏的部下陈蟒突然向清军发起了攻击，而所用的几乎都是火器、弓箭等远程武器，身披重甲的清军在海滩泥沙中行动不便，几乎都成了活靶子。见此情景，陈鹏的“被策反”成了“诈降”，他也加入了攻击，后续清军见此，干脆直接转舵逃回了同安。

至此，南明阶段的最后一场明清之间的战役——厦门湾海战落下帷幕，清军在一天之内全线溃败，阵亡高级将领60余人，号称的20万水陆大军除少部分被活捉和投降外，基本全军覆没。战后，主帅被贬职，清廷无力再发动大规模海战，只得采取海禁。

从战役结果而言，郑成功的海战战术明显强于清军。此战中，双方将领在海战战术上，都将战船和潮汐作为战术的依托，但是这样的战术依托对清军却并不适应，因为任何战术都需要有执行能力的人去完成，而长年以陆战为主的清军明显没有这样的执行能力。

反观另一面，将厦门岛作为大本营的郑军，已经没了外围据点作为战略屏障，那么海战就成了唯一的战术屏障。而单以海战战术来说，郑军大多数兵将都从小生长在海边，其运用、执行能力比清军高得不是一点半点。

但是，即使郑军获得了如此大胜，充其量也只是一次战术胜利，而且也是最后一次了。因为就明王朝整体而言，偌大的江山都已经易主，困守厦门一隅之地的郑成功最终也只得将目光投向了台湾。

顺治十八年（1661年）二月，郑成功亲率2.5万名兵将，分乘百艘战船，从金门出发。他们冒着风浪，越过台湾海峡，在澎湖休整几天准备直取台湾岛，并连续在海战和陆战中击败了荷兰军队，拿下了主要的赤嵌（今台南）城堡。而盘踞台湾城堡（今台湾东平地区）的荷兰人在被围困8个月之后，也不得不向郑成功投降。至此，郑成功从荷兰殖民者手里收复了沦陷38年的中国领土台湾。

第二章 名将篇

一身转战三千里，
一剑曾当百万师

关羽万军之中斩颜良，全是靠个人勇武吗？

汉末三国时期谁最勇武、战斗力最强？这个话题在三国类话题中的关注度和热度都非常高。按传统观点，吕布是公认最强的，这一点在第一本《军事里的中国史》中也有探讨。

除了吕布，另一位被认为是勇武第一的候选人，就是威震华夏的“武圣”关羽了——毕竟他有冲入大军把勇冠三军的颜良斩杀这一傲人的战绩。不光现代，汉末之后的魏晋也常常对关羽的勇武表示认同。

那么问题来了，关羽真的是凭个人勇武，单枪（刀）匹马就在万军之中斩杀了颜良吗？

每每谈及这个话题，有一句史料的引用度是最高的：“羽望见良麾盖，策马刺良于万众之中，斩其首还，绍诸将莫能当者，遂解白马围。”（《三国志·关羽传》）

但需要注意，这个事件的发生是有前提的：“二月，绍遣郭图、淳于琼、颜良攻东郡太守刘延于白马，绍引兵至黎阳，将渡河。夏四月，公北救延。荀攸说公曰：‘今兵少不敌，分其势乃可。公到延津，若将渡兵向其后者，绍必西应之，然后轻兵袭白马，掩其不备，颜良可禽也。’公从之。绍闻兵渡，即分兵西应之。公乃引军兼行趣白马，未至十余里，良大惊，来逆战。使张辽、

关羽前登，击破，斩良。”（《三国志·魏书·武帝纪》）

众所周知，纪传体史料都有美化传主的春秋笔法存在，所以要连同其他人物传记里的记载统合观看。根据《武帝纪》这条史料来看，关羽斩颜良的事实真相，跟单枪匹马冲进成伍成列、戒备森严的军中斩杀了颜良是有很大差距的。

01

理不辩不明，先看地图：

结合前面的史料来看，袁绍使颜良攻白马的原因是为了从黎阳渡河而下，而白马所处的位置几乎夹岸，如此一来，袁绍主力渡河时的安全、日后后军的增援和粮草的运输都在白马的可控范围内，所以要先行拔下这个据点作为保障。

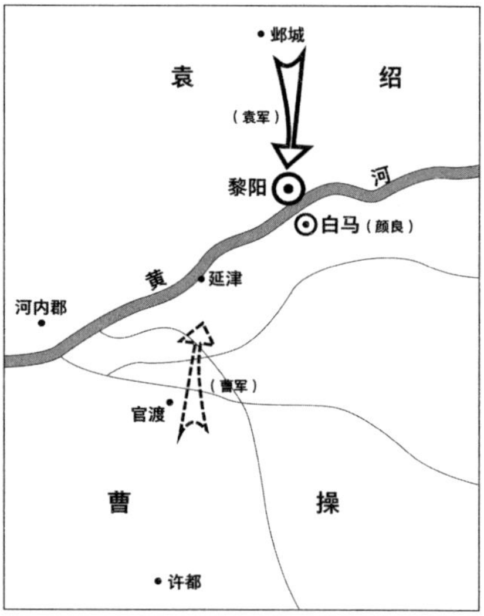

▲袁军欲从黎阳渡河，曹军佯攻延津

▲袁军分兵直插延津对岸与曹军对峙

荀攸建议曹操兵指白马上游的延津，做出要或渡河袭击袁绍后方，或顺河而下与白马守军裹挟颜良军的态势。于是袁绍为了护翼颜良军，选择分兵直插延津对岸与曹操对峙，一是牵制曹操使其无法渡河，二是堵截曹操顺流而下的道路。

这时的颜良军可以说是在袁绍主军的

▲张辽、关羽轻兵急击白马

后方，而白马基本已是彻底被孤立的态势。所以，曹军轻兵急击白马，自然会出乎颜良意料，这也是在围白马而攻的颜良直到曹军已在十余里范围内时他才发现的原因。

颜良发现曹军，自然不会坐等，他当即指挥军队准备迎击。那么，这个时候，这十余里的距离就是颜良军存亡的关键。如果颜良军利用这段距离，组织好迎击态势，收缩围城部队，防止被城内城外同时夹击，那么面对兼行而来的曹操疲军，是有可能撑住的。至少延津的曹操能够轻军前来，那么袁绍的援军也能轻军前来。

对此，曹操迅速做出决定，使张辽、关羽前登，即由张辽、关羽率领骑兵以速度优势先行冲击一下颜良军。汉制一里415米，十余里距离不过四五千米，骑兵奔袭过来只需十来分钟的时间，甚至更短。

本来曹操做出这个决定，目的只是暂时打乱一下颜良军的集结和部署，为后续的作战赢得有利局势。不过戏剧性的是，这一冲，颜良军就崩溃了。

02

其实可想而知，陡然遭袭，仓促应敌，这样的部队战斗力肯定是大打折扣的。

为什么仓促应战的部队会战斗力堪忧？

这首先要明白古代是怎么打围城战的。围城时以点为主，以线为辅，点就是营寨，建设在城门方向，控制主干道，在保证不会被城上的远程武力攻击到的距离布防；线就是壕沟、鹿角以及不间断的巡逻部队。以点为站，巡逻部队通过口令等暗号往来穿梭，不断巡视，然后再在外围散布相当数量的斥候瞻视敌情。

古代围城战也不是一次性让所有的兵都围上去，需要分波次、分阶段、不固定地发动攻击。为什么颜良无法立即把军队都拢起来应对曹操的急袭呢？

我们先要明白白马城有多大：据后世考古发现，白马城遗址位于庆阳市环县芦家湾乡庙儿掌村，城址依山而筑，残高8~15米，南城墙长约580米，北墙长约140米，东墙长约736米，西城墙长约650米，面积约24.84万平方米。

颜良军在24.84万平方米的外围布防，当他派传令军通知这些部队向自己集结，大概需要多长时间？

以我军现行集合时间举例：要求比较高的部队，全连紧急集合3分钟，全营5分钟，全团（按1500~3000人算）10分钟。在高强度训练下的现代部队，1500~3000人集合起来形成战斗力尚且需要10分钟，古代的旧式军队需要多长时间可想而知。

而这只是集结的时间，他们与颜良本阵还有一定的距离，移动过去又需要多长时间？

而曹操发现颜良警觉后，立即派关羽、张辽以骑兵先登冲锋，他给颜良留下的时间是多少？不过10~12分钟。

所以，颜良根本没办法收拢围城部队，他唯一的选择就是将身边的部队集合起来去阻击曹军，然后以此争取更多的时间来等待其他的部队集合后前来布防。

但是，仓促迎战的部队，士气、战力可想而知，他们甚至可能都来不及披甲——部队非战时状态下是不披甲的。比如张绣叛乱前，就是先向曹操谎称部队的军车不足，无法运输甲胄，请求让自己的部队着甲通过曹操的驻军营地，而后突然袭击，这才击破了曹操。

颜良选择身临一线，一为靠前指挥，二为提振士气。但很可惜，他仓促组织起来的部队被关羽、张辽轻易击破，自己也授首阵亡。

03

那么，为什么是关羽杀了颜良？

古代骑兵冲锋，一般不会挤在一起去冲一个点，这样目标单一，敌军也容易防守。他们一般是分成3~4个攻击箭头，比如项羽在垓下之战中仅剩28骑，还分为4队，四向而冲；又比如金兵17骑破宋禁军2000人，17骑分为3队，左右各5骑，中央7骑，中队先进，左右两队再包抄，这是很典型的骑兵战术。后期更复杂的如蒙古军骑兵战法，先用轻骑驰射骚扰，然后等敌军阵形混乱就出重骑冲阵，一次冲阵不能得手，前次两侧驰回，再下一波次重骑冲阵，如此往复，直至破阵。

所以张辽和关羽绝对不可能挤在一起冲一个点，两人肯定是分在不同的队，攻击不同的点，甚至都不可能仅仅分成两个队，必然是多点突击，以求必克。而关羽攻击的这个点，颜良正好在附近，或者如关羽的传记所说，关羽发现了颜良的位置，主动进行了斩首打击。

而且，《徐晃传》也提到徐晃“从破”，则可以肯定曹操没有仅仅指望张辽、关羽一波成功。为保万一，肯定派了徐晃在张辽、关羽之后准备第二次进攻。

总之，战争不是儿戏，更不是街头混混打群架，不可能一声“德玛西亚”（网络游戏用语，意为“冲锋”），所有人一起冲向一个地方。它有前队，有后队，有主攻，有侧击，这些都是有严格的战术操作的。古代对阵，光鼓语就有十几种之多，根据鼓点节奏和频率的不同来向部队下达命令，其他如旗语、号角、鸣金等更是如此。如果只是一起冲上去打就完了，还要这么多繁杂的指令干吗？玩游戏可以鼠标一框，拉上去无脑冲，真实的战争可不行。

综上所述，很明显，从荀攸制订计划之精准，将敌人动向尽在掌握，到曹操施行计划之精妙，声东击西，轻兵急袭如反手之易，以无算迎有算，有算者胜。曹军现而良大惊，颜良之死已是必然。同向对比与颜良齐名的文丑，以利诱之，乱其部伍，一鼓而破，照样阵斩，授首小卒，可见并非必须是关羽才可以做到。

所以，按《关羽传》来说，关羽是率领骑兵突袭了仓促遇敌的颜良军，对颜良来了个斩首打击，导致颜良军崩溃。而按《武帝纪》的说法，则是张辽、关羽的骑兵冲锋，打垮了颜良军，关羽在败军中发现了颜良，过去砍了他。

事实上，关羽斩颜良的这个勇武表现，对于曹军击破颜良军并非不可或缺，只是锦上添花的一笔而已。

不过我们还是要承认，在古代战场上，个人的勇武能发挥很大的作用。比如同时代吕布黑山破张燕、典韦击退布众、许褚护曹渡河，还有张辽逍遥津奋战、曹仁破围救人，都有一个共同点：即在一方势弱的情况下，通过个人勇武来扭转局势，逆袭翻盘，可称之为“挽狂澜于既倒，扶大厦之将倾”。

但个人的勇武对于有组织有准备的正规军队来说，其作用通常是有限的。

张辽威震逍遥津，全因孙权太菜？

三国时期，让“孙十万”一战成名的合肥之战，一直是许多三国历史和军事爱好者们津津乐道的战役。不过对于整个第二次合肥之战的评价，很多人都往往简单地将其评价为张辽勇武过人，而孙权就是个“菜鸡”，那么事实真的是这样吗？

01

首先需要明确一个常被忽视的问题，那就是真实历史上的整个合肥之战和《三国演义》中的“张辽威震逍遥津”还是有差别的。

逍遥津之战，严格来说只能算是张辽、孙权合肥之战的一部分。整个合肥之战实际上经历了四个阶段，第一阶段是孙权带兵抵达合肥，然后遭遇张辽突袭；第二阶段是孙权指挥围城；第三阶段是孙权撤军；最后一个阶段是张辽对孙权再次发动突袭，也就是赫赫有名的逍遥津之战。

另外，我们常说张辽是“张八百”，并不是张辽真的就带着八百人冲出去，直接把孙权的十万大军打到崩溃。甚至如果真的深扒一下张辽的战绩，虽然在孙权围城前的突袭中，他一举“冲垒入，至权麾下”，但也不是真的干掉了孙权，造成的伤亡相较于孙权的十万大军来说，也仅仅只是九牛一毛的程度。

不过，倒也不是说这一战对于合肥守军没有任何意义，毕竟这一战让合肥城内的守军士气大振，同时也一定程度上挫败了孙权军队的士气。加上孙权军队“会疫疾”的情况，使得孙权仅仅围城十余日，便选择退兵而走。

换言之，其实真正给孙权一方带来重大损失的，还是孙权在撤军时发生的逍遥津之战。

不过就算如此，逍遥津之战也不是像《三国演义》中说的，张辽、乐进带兵把孙权十万军队包围。当时张辽敢于出击的最大原因，实际上是孙权自己军队在撤退时，主力和孙权等高级指挥将领之间出现了严重的脱节。根据《三国志·凌统传》记载：“时权彻军，前部已发，魏将张辽等奄至津北。”

结合后面孙权等人在遭到张辽袭击后，“权使追还前兵，兵去已远，势不相及”的情况判断，整个逍遥津之战的完整情况，很有可能是孙权带领凌统、甘宁、吕蒙等高级将领亲自殿后，以确保主力部队安然撤退时，这支负责殿后的将领团因不明原因与主力部队发生了脱节，导致张辽趁机出击，试图将孙权的殿后部队吃掉。而且从整个逍遥津之战的情况来看，可能孙权带的这些留在津北的兵力还要少于合肥守军，以至于张辽能够一边攻击，一边迂回到孙权军队后方，拆除了孙权撤退必经的桥梁。

有关逍遥津之战其实很多人还有两个误区，第一个是：并没有证据证明，张辽在逍遥津之战中，知道孙权也在殿后的军队中，以至于在战后还要询问被俘吴兵才得知孙权也在其中，“言不早知之，急追自得，举军叹恨”。第二个是：孙权在战斗中，也并非真的是个窝囊废，张辽在不知情的情况下，对孙权就有“向有紫髯将军，长上短下，便马善射”的评价。

总的来说，在这场合肥之战中，张辽因为精准的时机把握和大胆的作战方针，让他在合肥城下大放光彩。而对于孙权来说，虽说在张辽偷袭时他被打得“走登高冢，以长戟自守”，后面又有逍遥津之战的惨败，但从实际损失来看，由于他及时撤军，反倒损失不大，而这也保证后来他和曹操的濡须之战能够以平手的结局结束。

02

说到这，可能会有人好奇，最后的逍遥津之战，肯定是孙权的指挥失误导致的结果，这没话可说，但之前孙权还被张辽的八百人给撵到了山上，这到底是孙权自己太菜还是张辽太猛？这个问题可以说是整个合肥之战中，最具有军事讨论价值的地方。

这样的战例，除了张辽这一次之外，还有很多，比如在接下来几乎是经典复刻的濡须之战中，甘宁对曹操的百骑劫营便是如此。另外还有一些比较类似的，比如明末的松锦之战后期，明军将领曹变蛟趁清军移动营地，对皇太极大帐进行的夜袭。国外战争中也有这样的战例，比如1676年到1681年的第一次俄土战争中，易卜拉欣·帕夏率领奥斯曼军队远征莫斯科和哥萨克联军控制下的奇吉林，结果在扎营时也遭到哥萨克人主动出城袭击。

能有这样一抓一大把的战例，一定程度上说明了这种战术存在某种非常普遍的可行性。究其原因，倒不是说自古中外都不乏猛人，而是对于几乎所有国家地区的军队来说，从行军状态往驻扎状态转换，或者是像松山围攻战那样进行营地移动时，整个军队就像褪壳时的螃蟹一样脆弱。

对此，古人甚至还有一个专门用来描述军队这种状态下的成语——立足未稳。古代军营驻扎时，虽说一些重体力工作可以由征调的民夫之类来完成，但考虑到设立容纳上万甚至几万士兵的营地，而且还是要为了长期围城战做准备的营地，所需要的工作量虽然不比建造一座城市，但也绝不是一时半会儿就能完成的。

不仅防御工事的建造需要时间，还涉及大军每队士兵自己的营地位置和物资分配，这些对于上到主将，下到基层军官，都是工作量极大、需要消耗大量精力的事情。至于士兵们，军队行军的疲劳和物资分配等问题，都会导致他们出现注意力涣散的情况。在这种种因素的影响下，军队对于突袭的防备机制减弱，就在情理之中了。

不过，能不能袭营是一回事，效果会怎么样就是另一回事了。为了追求突袭的突然性，守城方肯定不可能携带太多的兵马。除非守城方的士气极端低落，想要将突袭的效果最大化，就只有一个办法，那就是对敌方的重要设施进行破坏或者对主将进行斩首战。当然，就算是敌军在“立足未稳”的情况下，这样的要害之处还是会被优先保护，因此这种突袭就像前面举的这些例子一样，大部分都还是在心理上震慑敌军，同时提升己方的士气。

不过这种心理战的成果究竟有多大的作用，其实也要分情况。如果敌方像孙权打合肥那样，根本没打算长期作战，只是想捞一把就跑，那这种心理上的震慑还是比较有效的。但如果敌方像皇太极围攻松山那样，已经做好要死磕到底的准备，那这样的突袭所能带来的心理优势，在长期围困中还是很容易被抹平的。

更关键的是，虽说有理论上的可行性，劫营这种事风险依然非常巨大。在行动中，将领必须要有非常好的作战节奏和时机把握能力，毕竟不管之前攻城方处于什么状态，一旦遭到劫营，除非本身就已经出现严重问题，否则军队的指挥系统都会迅速运转起来开始迎敌。在这种情况下，就要求指挥劫营的将领必须在尽量少的损失下，获得一定战果后迅速跑路。一旦劫营部队出现重大损失，或者是指挥劫营的将领战死，就会给城内的守军带来重大打击。

除了围城战开始之前，另一个实行劫营作战战术的好机会，就是像张辽的逍遥津之战时那样，在围城一方决定放弃围城，准备撤军离开之时。

究其原因，这一时期的围城战在指挥调度方面，不仅要面对和建造营地时同样的混乱，而且要处理各个方向围城部队的调度，确定撤退顺序，安排断后部队，这些都是工作量极大且难度极高的。尤其是最后的断后部队布置，如果对城中守军现存战力没有清楚的评估，就很容易在最后阶段被守军反戈一击。

考虑到这一时期围城方因为长时间的围城战，大多会出现士气低迷的情况，这一阶段的劫营所能达到的效果，往往可谓是成“吨”的伤害。

总的来说，合肥之战中张辽的勇猛的确值得称道。但正所谓“谋事在人，成事在天”，张辽的成功也是在种种巧合下所达成的，所以因为这件事就说东吴一方的人都不行，就有点矫枉过正了。

功垂《明史》的女将秦良玉

忠文化是中国传统政治文化的重要组成部分。在中国封建社会政治文化中，“忠”是官员的基本行为准则，直接关系社稷安危。

在明末的众多官员里，有投降李自成、张献忠的，有投降清朝的。有投降以后又“反正”的，也有始终忠于明王朝的，更有一位巾帼女英雄，明知崇祯都已经殉国，却依然忠于明朝，她就是唯一一个被载入正史的女将军：秦良玉。

01

秦良玉出生于万历二年（1574年）。她行军打仗的本领，最早可以追溯到其父秦葵对其所做的针对性教育。

在封建社会，普通家庭的女孩子很少接受教育，即使是大家闺秀，能够“通经史，工词翰”者也寥寥无几，而秦良玉不仅“通经史，工词翰”，而且“习骑射，究韬略”。秦父根据动荡的时局给予孩子们文武相结合的教育，为秦良玉日后的发展奠定了基础。

在中国的封建社会中，历朝历代均强调“忠君”思想的教育。“君”就是皇帝，是仅次于天地的神。秦良玉出生于大明王朝，自幼接受“忠孝贤德”与

“仁义礼智信”等道德思想的熏陶，促成了她根深蒂固的“忠”思想。

万历二十年（1592年），秦良玉嫁给了石砫（今重庆石柱土家族自治县）宣抚使马千乘。婚后，为了应对时局的复杂变化，秦良玉协助丈夫组建白杆兵。

白杆兵是一支以白杆长矛为主要武器的部队，是秦良玉根据当地的地理环境所创制。用结实的白木为杆，长矛矛端有钩，矛末有环。作战时，形成“杆索”，悬崖峭壁瞬间可攀，特别适于山区作战。此外，秦良玉还训练了一支由500名妇女组成的亲兵，被视为白杆兵中的精锐部队。

万历四十一年（1613年），马千乘去世，按子幼妻袭职的旧例，秦良玉承袭宣抚使之职。

从史料来看，秦良玉的一生中，主要突出的军事事迹有三件：一是两次平定土司叛乱，二是与后金的辽东大战，三是与张献忠为首的农民军对抗。

02

万历二十七年（1599年），杨应龙造反，秦良玉随夫出征。

次年正月初二，秦良玉夫妇击破叛军的偷袭，并顺势攻入叛军老巢，连续攻破金筑等七寨。

在破娄山一战中，秦良玉所率白杆兵突入敌军后方，令其猝不及防，大部队趁机掩杀，一举攻克娄山关，继而攻陷敌军据点播州海龙囤。

战后论功行赏，总督李化龙大赞秦良玉机智英勇，赠“女中丈夫”银牌一面。秦良玉夫妇及白杆兵的威名远播。

03

万历四十七年（1619年），明朝倾全国之兵云集辽沈，总兵力应不下十万，在萨尔浒与后金军鏖战。结果惨败于后金，举国震动。

天启元年（1621年），后金包围沈阳，朝廷随即调永顺、保靖、石砫、酉阳各土司兵赴辽阳。秦良玉积极援辽，派遣兄长秦邦屏、弟弟秦民屏率军前去增援，前后共派遣军队六千五百人。而援辽各路军队不下十万，秦良玉在这次战役中虽是以配角的身份出现，但白杆兵表现依然十分英勇，秦良玉的兄长秦邦屏血洒浑河，光荣就义。秦良玉也在之后扼守山海关时做出突出贡献。

由于秦良玉与别部明军在辽东各地的坚守，后金军不得不改道长城入塞。

崇祯三年（1630年），后金占领永平四城，秦良玉奉诏勤王，出家财济饷。

04

还是在天启元年（1621年），永宁（今四川叙永）宣抚使奢崇明叛乱。秦良玉奉命参与平奢战争。

奢崇明派人携重金与秦良玉联络，想请她共同举兵。秦良玉大怒，当即斩了来人，并立即发兵平叛。

当时，部分土司收受了叛军的贿赂，多持观望态度，只有秦良玉率兵奋勇直前。白杆兵突抵重庆南坪关，断了叛军后路，又突袭驻长江、嘉陵江上的叛军水军，尽焚其舟，攻下重庆。

之后，秦良玉赶赴成都，与其他平叛军队共同击毁叛军势力。

05

崇祯七年（1634年）二月，张献忠攻破夔州（今重庆奉节），切断四川、湖北两省交通。秦良玉从石砫带领白杆兵前往阻截，迫使义军放弃夔州，退走湖广。

崇祯十三年（1640年），罗汝才等复犯夔州，听说秦良玉再次出战，夺路而走。在巫山，两军短兵相接，秦良玉大获全胜。罗汝才退守大宁（今重庆巫溪），张献忠前来支援，两军合力再次进攻。

由于明军督师杨嗣昌用心险恶，四川巡抚邵捷春又文弱不谙军事。张献忠利用官兵的矛盾，抓住有力战机，大败明军，秦良玉部也遭受重创。

从此，秦良玉退守石砫。

06

根据这些战例来看，虽然在多次战争中秦良玉都是配角，却立下了赫赫战功。从讨伐杨应龙叛乱之战来看，秦良玉与丈夫作为平叛队伍中的一支，其部仅有三千五百余人。秦良玉在这次平叛中表现英勇，获得“南川路战功第一”的荣誉称号。对刚刚出仕的秦良玉来说，能获此殊荣也是难能可贵的。

秦良玉历经明末几代皇帝，虽封赏不断，但终未得遇明君。在这一缺乏明君的战乱年代，注定了秦良玉的悲情人生，即其赢得了生前身后名，却没能了却君王天下事。

秦良玉及其功绩被载入《明史》，这是其“赢得生前身后名”中最浓重的一笔，作为地方上的一名女性土司被载入正史，这在历史上是绝无仅有的。

秦良玉之所以获得后世史官的青睐，不仅是因为其立下的汗马功劳，更重要的原因是其一生忠于明室，矢志不渝。尤其对秦良玉变卖家产、自筹军饷万里勤王的事迹，崇祯皇帝甚为感动，平台召见，即席赐诗四首，表彰其功，并发出“世间多少奇男子，谁肯沙场万里行”的感慨。

但是秦良玉的整个家族也为此付出了沉重的代价。从《明史》《石砫厅志》《补辑石砫厅志》《马氏家乘》《秦氏家乘》的有关记载来看，在辽东战场，其兄秦邦屏和秦邦翰战死，子马祥麟受伤；在平定土司奢崇明的叛乱时，弟秦民屏又捐躯沙场，民屏之子秦佐明、秦祚明皆重伤；在与李自成的农民军作战的过程中，子马祥麟、儿媳张凤仪相继遇难。

明朝灭亡后，“闻李自成陷北京，庄烈帝殉国，良玉擗踊号泣，气绝者再。旋更衰麻哭临万寿宫，哀动三军，纷纷雨泣”。临死前曾泣：“老妇朽骨余生，先皇帝恩赐，其敢不负弩前驱，以报万一。”说完呕吐而亡。

07

据当地传说，秦良玉性格刚烈，老年后至死不下“玉音楼”，不踏清土一步。秦良玉去世后，埋葬在石砫城东十五里的回龙山。

在回龙山茂密苍松的掩映下，有两座秦良玉墓。一为“东墓”，一为“西墓”，两墓相距数十米。东墓为官墓，专用于政府官员祭祀；西墓为私墓，用于家族祭祀。两墓均坐南朝北，面向北京，隐喻秦良玉誓死效忠明室。

东墓碑题：“明上柱国光禄大夫镇守四川等处地方提督汉土官兵总兵官挂镇东将军印中军都督府左都督太子太保忠贞侯贞素秦太君墓。”之所以封号这么长，是因为南明对秦良玉有多次加封，以期实现光复明朝的诉求。

虽然“忠贞侯”为南明赐封，清朝史官未予以承认，但是，观秦良玉一生，官封“忠贞侯”也是实至名归。

毛文龙与皮岛

对于明末袁崇焕诛杀毛文龙一事是对是错，一直都存在很大的争议。在这里，我们暂且抛开对错是非，仅从客观事实说一说毛文龙其人与其经营的皮岛，对明末辽东战局有何意义。

01

毛文龙（1576—1629），字振南，浙江杭州人。他不光是明末著名的军头，还是当时数一数二的海上商业网络的经营者。他打仗的本事不算超一流，但经商做买卖可算是顶级高手，是和郑芝龙有同样势力的海上枭雄，在浙商里算是前辈。

毛文龙和郑芝龙分别是明末时期中国南北海面上最大的海商玩家，这两个名字带“龙”的家伙是当时真正的“海龙王”。毛文龙的排场一点都不比后来的郑芝龙小，他甚至赢得了“海上天子”的头衔。老郑家发迹走的是荷兰人、日本人的财路，靠的是漳州老乡的帮衬；而毛文龙靠的则是淮浙水手的支持和朝鲜官府的“无私援助”。

毛文龙在军界发家靠的就是淮浙水兵的4条沙船，他靠着4条沙船上的198名士兵和500石粮食大肆收编辽民，利用水上优势在皮岛等地站稳脚跟。天启年间，毛文龙还从明朝政府手中得到了数千淮兵水师的支持。

淮兵水师是当时大明最著名的“水上品牌”，擅长驾驶沙船，他们同乡组成的沙船帮是当时中国海上三大势力之一（另外两个分别是福建海商和广东商人）。淮兵水师在嘉靖时期就以“敢于硬抗倭寇”著称，他们熟悉北方的航路，连吝啬的明朝户部都愿意给他们开出每月4两银子的高薪（比土著水兵的工资高一倍）。

淮兵水师能打仗，航海技术强，就是商业意识比较浓厚、很不服管。明朝政府征召他们到辽东作战时，他们经常逗留不前。别以为扣他们的工资就行，由于淮兵水师航海技术过硬，他们随时能在停留登莱和天津卫期间找到兼职，还有人当起了海上粮商，贩卖粮食到辽东（这是当时最暴利的买卖）。

淮兵水师既能打仗又能赚钱，还动不动就跑得没影，弄得山东等地的巡抚头大不已，但他们和老乡毛文龙很合得来。

毛文龙早年在明军中就以善于搞生产闻名，他还占据了东北亚的海上交通要道——皮岛。毛文龙和淮兵水师联手打造了毛氏海上贸易集团，这个海上贸易集团的经营可以说是平台致富的典范。

先是淮兵水师帮助毛文龙搜集了几十万辽民，让毛文龙从中挑选了数万大军当本钱。接着毛文龙利用明朝和朝鲜两国政府的信息差牟利，并且利用自己是大明将领这一身份，把朝鲜变成了他的粮库。年收入不过20万石粮食的朝鲜政府甚至不得不一年给他14万石粮食，前后总共给了毛文龙集团28万石粮食，弄得朝鲜物价飞涨，民不聊生。

此外毛文龙的部下还“自力更生”，到朝鲜乡下四处抢劫，“毛将军兵遍满一道，祸及鸡犬”“毛船五艘一时卸泊安戎仓，焚掠闾阎，厮杀人民，僵尸遍野，惨不忍见。定州避乱男女万余人，又被毛兵掳掠，投水而生者仅三百云”。靠着从朝鲜弄到的粮食，毛文龙稳定了军心，吸引了更多的辽民，也就能从大明户部要来更多的银子。

毛文龙是玩循环经济的高手，他把皮岛建成了类似于厦门那样的大明经济特区，垄断了中朝贸易和辽东贸易。他推行“招商运米”政策，把持辽东粮食贸易，还把皮岛建成了东北亚最大的人参毛皮交易中心。此外他还直接向朝鲜索取大量铜铁，试图自己铸造钱币。毛文龙还派人在京城活动，试图拿到大量盐引。他还挤占了皮岛贸易商人大量的流动资金，仅仅有据可查的数字就高达90多万两。

毛文龙打仗水平并不算太强，但经营自己的独立王国能力超强，他也因此成了明末辽东地区举足轻重的人物。

02

关于明末袁崇焕与毛文龙的恩怨，网络史圈争论已经持续了接近20年。早期《窃明》等网络小说塑造的忠心耿耿、用兵如神的毛文龙形象，已经被大量史料证伪。然而同情毛文龙的情况仍然普遍存在于明末史爱好者中，不仅仅是初入门的小白，也包括大量高水平的爱好者。这是为什么呢？

这就要说一说毛文龙在辽东半岛经营的皮岛所处的战略位置了。

明末时期，皮岛位于辽东半岛东北侧，接近鸭绿江入海口处，距离后金的早期都城赫图阿拉非常近。比起辽西走廊的关宁军，皮岛东江军更能威胁后金集团的腹心。

但皮岛只不过是个不到20平方公里的小岛，毛文龙孤悬海外，粮秣器甲不足，其军队野战能力又有限，战斗力实际上并不是很足，甚至在《满洲实录》中还出现了三百东江军被3名满洲妇女吓跑的段子：“六月二十七日，大明国毛文龙三百兵入耀州城南芥麦冲，夜进官屯寨，欲越土墙入寨……有青加努、纳岱、迈图三人之妻，竖车辕靠墙为梯，青加努妻手持腰刀，领二妇人率先登墙砍杀，其三百兵受惊，自墙头跳回，俱溃逃……太祖英明汗召见三妇人，嘉奖之，授青加努妻、纳岱妻为备御官，授迈图妻为千总……”

三百东江军偷袭时突然被敌方反击，因为不知对方虚实而显得猝不及防，固然是导致其溃退的重要原因，但也足见东江军的死斗意志不足。

不过，孤悬海外，擅长打游击战、突袭战的东江军确确实实可以威胁到后金的后方村寨，这使其具备了独特的牵制意义。

袁崇焕于天启六年（1626年）八月所上奏章，虽然对毛文龙极尽贬低之能事，但也不得不承认东江军对后金是有牵制作用的，“毛帅虽被创兵折，然数年牵制之功此为最烈”。

03

当然，可能也有人会说东江军就没杀过多少女真人，几乎都是屠杀汉民冒功的。这一说法是真是假？我们接着来分析。

熟悉地理的人都知道，辽东的人口主要分布在辽河流域的平原地带，辽东丘陵的人口密度很低。

努尔哈赤崛起前，明朝汉地与女真地在鸭绿江一线以宽甸六堡为界，往北就是后金的早期都城赫图阿拉。显然，皮岛的位置是非常适合突袭后金腹地，攻入村寨击杀老弱妇孺的。而如果要到辽河平原袭杀汉民冒功，还要翻越整个辽东丘陵才行。

而东江军的实力，按茅元仪《督师纪略》记载，“奴兵动言数十万，精者度可达得五万，彼留一万扼险可得十万之用，文龙男女四十万，而可兵者不满两万。则东江军战兵不过万余人”。可见，东江军战兵仅万余，但在册的兵力却达到数万人，也就意味着参加突袭破击任务的往往多有训练疲弱、器甲不备的辅兵，战斗力较差。

可就战绩论，毛文龙部前后斩首数千级，因此常被质疑为杀良冒功。

事实上，东江军主要是突袭女真村寨，斩获缺乏武备的女真村民，难度确实比野战对决严阵而来的女真战兵要低得多。

孙承宗曾经上奏说：“臣接平辽总兵毛文龙呈解屡获首虏，随行关外道袁崇焕逐一查验三次，首级三百七十一颗，俱系真正壮夷，当阵生擒虏贼四名，俱系真正鞑虏。”可见毛文龙的东江军确实曾经击杀过不少女真人。

而且当时女真男丁都是后备兵员，击杀女真男性民众，扰乱其后方，对明朝方面来说也是有相当大作用的。

04

毛文龙的真正发迹，源于天启元年（1621年）的镇江大捷，当时毛文龙奉辽东巡抚王化贞之命，率领毛承禄、尤景和、王辅、陈忠等197人，深入敌后，收复猪岛、海洋岛、长山岛、广鹿岛等两千余里沿海岛屿，擒获后金守岛军官胡可宾、任光先、何国用等人。

七月十九日，毛文龙得知镇江（今辽宁省丹东市）的后金主力去双山镇压不肯降后金的百姓，城中空虚，遂与生员王一宁商议，以镇江中军陈良策为内应，率一百余人夜袭镇江，擒后金游击佟养真（又名佟养正，努尔哈赤的妻弟，康熙生母的祖父）及其子佟丰年、其侄佟松年等，随后派陈忠等袭双山，擒斩后金游击缪一真等。

此战的实际战果不大，但却很大程度上震慑了后金，使得宽奠、汤站、险山等城堡一度归附明朝，毛文龙因此功得以在皮岛开镇东江。

镇江大捷与袁崇焕的宁远大捷一样，实际歼敌都有限，毛文龙收复的地区由于离赫图阿拉太近，很快被后金反扑夺回，所以其意义更多是象征性的。

由于毛文龙与王化贞交好，镇江之战还遭到了王化贞政敌、大战略家熊廷弼的狠狠批判：“三方兵力未集而文龙发之太早，致使奴恨辽人，焚戮几尽，灰东山之心，厚南卫之毒，寒朝鲜之胆，夺西河之气，乱三方并进之本谋，误专遣联络之成算，目为奇捷乃奇祸耳。”

但不管怎样，毛文龙镇守东江镇的意义主要在于牵制，他接近后金的腹心，随时威胁着八旗兵丁的家人老小，使八旗军在攻击辽西和入关劫掠时兵力受到限制。

而且，若非毛文龙死后东江镇连番内乱，三顺王（孔有德、尚可喜、耿仲明）降清，最后皮岛遭攻陷，东江镇被摧毁，皇太极恐怕还难以倾巢出动，发动松锦之役。仅就此而言，毛文龙被袁崇焕斩杀，着实令人感到同情且惋惜。

05

毛文龙之死对东江军的发展以及明末辽东战局最终走向的影响，也在一定程度上证明了袁崇焕斩杀毛文龙并不是一个最优选择，甚至有一种说法认为这是在“毁掉大明的长城”。

也有人认为，毛文龙被袁崇焕斩杀后，东江镇还维持了八年。有为袁崇焕辩护者便认为东江最后覆亡与袁崇焕斩帅无关，那么事实是否如此呢?

在辽东半岛东线，除了皮岛和旅顺一北一南两个据点之外，辽东半岛东岸终端还有大小长山岛、海洋岛等一系列岛屿，星罗棋布。在旅顺以南的渤海海峡，更有沙门、砣矶、皇城等岛作为跳板，连接登莱镇，形成一个完整的攻守兼备的战略系统，连绵的诸岛体系在最多时可容纳的军民达40万以上。

因此，张盘（毛文龙的得力干将）战死虽然导致东江军在辽南的势力大幅缩水，但只要东江军仍控制着旅顺，这个战略系统就仍是相对完整的。

皮岛最终沦陷，是登莱兵变先导致登莱镇被破坏，然后旅顺被攻克，再后来尚可喜以广鹿岛、大小长山岛、石城岛、海洋岛这五岛及万余军民降清，强化了后金的水军力量，最后成为孤军的皮岛才被攻陷。

显然，随着东江的连番内乱，东江军与后金的水军实力是一个此消彼长的过程。如果没有毛文龙死后的东江连番内耗，即便是在丁卯之役后，后金胁迫了朝鲜水军助战，也仍然没有能力摧毁皮岛防御体系（朝鲜人在帮助后金作战时因为是遭到胁迫，作战意志低下。且其海军力量主要在南线防备倭寇，在李舜臣战死、壬辰战争结束后已被大规模裁减）。

06

那么，为何毛文龙被袁崇焕杀害之后，明朝就无力维持东江的内部稳定了呢？这与辽东将门有着很大关系。

虽然相比吴氏、祖氏为代表的辽西将门，以沈世魁、尚可喜、张盘等人为代表的辽东将门较少被人注意，但其中的利益关系也非常复杂，毕竟三顺王都是出身于辽东将门。

毛文龙出身浙江，以南兵为基础建立东江镇，与辽东本地势力相结合。毛文龙纳商人将领沈世魁之女为妾，两人结成姻亲关系，将双方势力联合起来，而沈世魁的经商才能也使东江镇获得了可观的贸易收入。

此后被重用的张盘、三顺王皆辽东人，南人的影响力在东江镇中大幅下降。但朝廷一直希望在东江插入朝廷系的势力，如袁可立诱降努尔哈赤的女婿刘兴祚，就打算将其安置在东江以分毛文龙之权，这激起了毛文龙的不满。刘兴祚实际归诚时，袁可立已经去职，毛文龙就将刘兴祚压制住了。

袁崇焕杀毛文龙时，拉拢了刘兴祚作为自己的助力。随后分东江为两协，由刘兴祚及陈继盛（毛文龙谋士之首）分领，希望刘兴祚作为朝廷系的人物来代自己在东江施加影响力。袁可立好友孙承宗再掌辽东军事后，更是令刘兴祚以副将身份掌管皮岛军务，授予了刘兴祚完全压过陈继盛等原东江诸将的地位。

同时，孔有德、耿仲明对于袁崇焕诛杀毛文龙、控制东江的做法不满，前往山东投奔登莱巡抚孙元化，随他们前去的还有李九成、李应元等将领及东江精兵若干。然而辽东兵到了山东之后，与山东人屡次摩擦，孔、耿二人本来也是桀骜不驯之徒，只服毛文龙，内地军备的虚弱激起了他们的野心，而柔仁的孙元化根本无力镇住他们。

皇太极入关劫掠时，刘兴祚受孙承宗调遣，率兵入关拦截回师的皇太极，一度取得小捷，但最终战败捐躯。刘兴祚之弟刘兴治代领其兵，借为刘兴祚治丧为借口，引诱陈继盛吊丧，伏兵将其诛杀，控制了东江镇。

朝廷闻报大惊，又得知刘兴治野心勃勃，开始与皇太极往来，遂将刘兴祚“管东江前协副将事”之职实授刘兴治，还颁给东江将士饷银，以稳住事态。由于陈继盛已死，这实际上是认可了刘兴治对东江的实际控制。

袁崇焕杀毛文龙，以刘兴祚、刘兴治几兄弟牵制陈继盛，一定程度上代表了朝廷对毛文龙独立性太强的不满。因此当袁崇焕刚刚斩帅时，崇祯帝是选择承认既成事实的，对袁崇焕的做法表示认可。然而刘兴治火并掉陈继盛，试图割据东江，在明朝与后金之间来回捞好处，成为比毛文龙独立性更强的军阀，这个结果实在是糟极了。

07

然而，不得辽东将门人心的刘兴治注定不能服众。崇祯四年（1631年）三月，沈世魁、张焘等辽东将领发动兵变，击杀刘兴治，对朝廷宣布平乱。但朝廷并没有以沈世魁为总兵，而是任命原孙承宗部将黄龙为总兵，令沈世魁居其下。

这黄龙其实也是个良将。崇祯三年（1630年）五月，孙承宗调兵收复之前在“己巳之变”（崇祯二年，1629年）中被后金军所占据的滦州、永平、迁安、遵化四城，黄龙便在收复滦州时功第一，迁副总兵，寻论功进秩三等，为都督佥事，世袭副千户。

有从皮岛逃至沈阳的原东江军女真兵向皇太极报告说：“兴治被杀，岛中未定，若于此时以一支兵袭岛，则可全利也。”皇太极大喜，不顾后金海军力量虚弱，于崇祯四年五月二十七日，以总兵楞额礼为右翼主帅，喀克笃礼为左翼主帅，率骑兵1500人，步兵4500人，又增以蒙古、汉军若干，得兵力上万，前往朝鲜境内，造船进攻皮岛。六月四日，后金军由宣川分兵四路：一路入蛇浦，一路陈于身弥岛浦口，一路陈于郭山宣沙浦，一路奔嘉定。以上后金所占四处，都在皮岛东北至东面的沿海一线，从陆上形成了对皮岛的半包围形势。

张焘、沈世魁等东江大将在黄龙的统筹下，率领东江水师冲突海上，“战舰蔽海，连日进战，炮烟四塞，声震天地”，不仅击沉后金舰船无数，更是靠岸以舰炮火铳射击岸上的后金军工事，前后杀死上千人，金军大败而去，是为第一次皮岛海战。

由此可见，毛文龙被杀不久后的东江军，仍具备雄踞渤海的海军力量，远非后金所能匹敌。

08

然而取得第一次皮岛海战胜利后不久，耿仲明的弟弟耿仲裕等人就掀起了兵变。

据《李朝实录》记载，“椵岛（皮岛）都督黄龙专废军政，贪黩无厌……军中咸怨，遂持兵器会于都督衙门，绑都督以下诸将官，沈世魁亦在其中。世魁自解其缚，……扬言岛中：‘今因无粮，军兵造叛，绑拿总爷及诸将，而以本协为署管岛中之事’云。”“岛众惧曰：‘今日之变，虽都督自取，而朝鲜若绝我饷路，移檄问罪，则是一岛之人，均之为叛逆，而又有朝暮饿死之忧。’于是，收耿仲裕、王应元等十余人斩之。”

杜洪涛先生有《〈明史·黄龙传〉考辨》一文，论《明史》对于黄龙事迹所载之误，《明史》言黄龙被“拥之至演武场，折股去耳鼻，将杀之”，恐亦夸大其词。若黄龙确被削去口鼻，必然威信全失，无法再指挥军队，只能由朝廷调回，此后又如何参与平定吴桥兵变及在旅顺练兵?

索饷事件，幕后主使应是沈世魁，却杀了耿仲裕等人顶缸。沈世魁与黄龙达成和解，据说沈世魁还把自己的女儿（原毛文龙小妾）又送给了黄龙做妾。在兵变平息后的上疏中，黄龙将沈世魁列为平叛有功人员之首。

当然，在东江颇有影响力的尚可喜及其族人在乱事中支持黄龙，大抵是沈世魁不敢把事情做绝的原因。黄龙刚到皮岛时骄横跋扈，瞧不起东江诸将，甚至还有贪污索贿的劣迹，但吃了这一惊险也变得谨慎起来，与沈世魁小心相处。

但在山东的耿仲明无故被杀了弟弟，怎肯善罢甘休？遂与野心勃勃的李九成一起煽动孔有德作乱。

09

崇祯四年（1631年）八月，皇太极率军围困大凌河城三万余军民，登莱巡抚孙元化奉崇祯命派遣孔有德等人自陆路支援辽东。闰十一月二十八日，孔有德在李九成的劝说下在北直隶的吴桥突然举兵造反。

孔有德部起初只有600余人（一说800人），但皆辽兵精锐骑兵，骁勇善战，山东兵卒虚弱，闻风即溃，其精勇者反被叛军裹挟其中，叛军如同滚雪球一样越滚越大。孔有德骁悍善战，连陷临邑、陵县、商河、青城诸城，率兵直趋登州。孙元化招抚不成，急令东江军名将张焘率辽兵守登州城外，遣总兵官张可大发兵抗击，以两路成合击之势。但张焘部与孔有德旧识甚多，张焘的兵卒随即投入孔有德行列。

崇祯五年（1632年）一月，耿仲明找到机会，开城门响应孔有德，里应外合夺取了登州城，城内守军7000人（旧兵6000人、援兵1000人）全被孔有德收编，更获得马3000匹、饷银10万两、红夷大炮20余位，西洋炮300位。孔有德以此募兵，叛军吸纳诸多乌合之众，一度扩张至10万人规模。

孔有德、耿仲明在登州拘捕了黄龙的母亲、妻子及幼子。孔、耿派人取黄母头上金簪招降黄龙。黄龙面对母亲的金簪，泪如雨下，却只是对簪跪拜，坚拒不降。孔有德、耿仲明转而诱降黄龙12岁的幼子，想通过小孩胁迫黄龙。黄龙的幼子很有气节，破口大骂孔、耿二人，下场很惨，“被杀，头落几上”。黄龙的母亲、妻子也随之被害。

与孔有德交好的东江镇旅顺副将陈有时和广鹿岛副将毛承禄（毛文龙族子，非亲生子）也起兵响应，该部一举发展为七八千人的大军，一度割据半个东江镇，企图与山东叛军南北呼应。

总兵黄龙“急遣尚可喜、金声桓等抚定诸岛，而躬巡其地，慰商民，诛叛党，纵火焚其舟”。陈有时、毛承禄不能抵挡，败走登州与叛军主力会合，留下部下高成友防守旅顺，以阻断关宁、天津两镇的援军，为叛军赢取时间。黄龙调动游击李惟鸾偕尚可喜等击破，立即移军驻扎其地，援军才得通畅。

崇祯五年八月十三日，新任山东巡抚朱大典临危受命，在昌邑誓师，以两万一的兵力（含关宁军五千，吴三桂、刘良佐皆在军中）分三路对多达10万的叛军发起进攻。

叛军战兵实际不多，会战数次惨败，陈有时、李九成均被击杀，孔有德率残兵航海投后金，经过旅顺附近海面时被黄龙截杀，斩叛将李九成之子李应元，生擒毛承禄、苏有功、陈光福及其党高志祥等16人，获首级一千有奇，夺还妇女无算。

10

吴桥兵变不仅导致明朝损兵数万，山东被战火摧残极惨，对东江的打击更是致命的。孔有德等人不仅为皇太极带去了红衣大炮技术和水军力量，更是极大削弱了东江的兵力。在皮岛海战中表现优异的东江军大将张焘，也因在抵御叛军时部兵倒戈，助长叛军实力，而与孙元化一起被盛怒的崇祯帝处死。

另外，登莱镇经过此乱，几乎被摧毁，再不能发挥对东江的支援作用。黄龙此后便在旅顺练兵，想要恢复军力，便将皮岛留给了沈世魁管理，这也是对沈世魁的让步。

但这样一来，东江就分成了黄龙和沈世魁执掌的两部分，且实力极大削弱，给了皇太极可乘之机。

随后，孔有德为皇太极在鸭绿江编练水军，黄龙发水师将其剿灭。孔有德猜到旅顺此时必然空虚，便向皇太极献计，派贝勒岳托等人，率领八旗兵与孔有德的降兵共万余人，围攻旅顺。

黄龙因派出了水师，船只不足以将旅顺的全部守军撤走，只得据城相抗。按《清史稿·纳海传》记载，“明总兵黄龙御甚力，纳海与参领岳乐顺、护军校额德、千总程国辅、骑都尉塔纳喀等奋勇登城，冒矢石而殒，遂克旅顺口”。

纳海乃后金开国五大臣之一费英东次子，其余阵亡几人也都是后金勋贵，可见黄龙死守旅顺给后金造成巨大损失。

后金不计代价攻克旅顺，正是要在东江水军回援之前，将黄龙刚刚稍微复建的东江陆战力量一举歼灭。旅顺城直到火药矢石俱尽才被攻破，城破前，黄龙对部将谭应华说：“敌众我寡，今夕城必破。若速持吾印送登州，不能赴，即投诸海可也。”谭应华登船而去之后，黄龙率李惟鸾、项祚临、樊化龙、张大禄、尚可义等诸将力战殉国。

黄龙骁勇善战，为一时将才，其为国捐躯实属时代悲剧。然而后金练水师于鸭绿江，本应由皮岛的沈世魁发兵讨之，却让旅顺的黄龙派出水师，导致黄龙等诸多大明将士失去舟船援护而殉国，足见黄龙与沈世魁之貌合神离。

11

毛文龙死后东江凝聚力的崩溃，实是一系列军事崩溃的根源。黄龙死后，沈世魁终于得到了自己图谋多年的东江总兵之职，但此时东江实力已经下降到“兵不过五千”（《李朝实录》），相对于毛文龙时代的战兵万余，可见损失之巨。

随后，尚可喜又因之前和黄龙走得太近，得到沈世魁传召后便疑心对方要害自己，遂勾结后金，于明崇祯七年（后金天聪九年，1634年）正月初一，借元旦之会，逮捕副将俞亮泰、仇震泰，然后掠广鹿、大小长山、石城、海洋五岛军民万余人，二月携麾下诸将、辖下五岛军资器械航海归金，东江镇再次遭受重创。

而沈世魁虽然出身商人，对国家仍有忠义之心。于当年八月二十四日，趁皇太极率军进攻宣府、大同远离辽东的机会，沈世魁率军水陆并进，抵达鸭绿江畔，以3000战兵兵分三路，左右两路各500人为疑兵，中路2000人长驱至后金旧都赫图阿拉附近，攻破苏谷里（甘孤里）寨，将寨内金兵、男丁、老幼尽皆杀戮，生擒牛录额真尖山一人，妇女、牛马极多，又在撤退时击退后金骑兵追击，击杀后金将校一人。由此看来，东江军在危急关头的野战能力也可圈可点。

崇祯十年（1637年），皇太极在压服朝鲜之后，胁迫朝鲜水军助战，以绝对优势兵力围攻皮岛，三顺王全部参阵。这是一场原东江系对东江的战争，如果没有东江的连番内乱，后金根本没能力攻击皮岛。

由于东江水师力量经过连番内耗已经损失惨重，无力阻挡已经制造多艘红衣大炮战舰的后金军发动的登陆战。岛上虽有东江士兵1.2万人，但具备野战能力的，经过尚可喜之乱后不过4000左右，加上朝廷所派援兵，战兵也不会超过7000人。

东江军最后的抵抗是惨烈的，先后杀死清军将领武尔格、纳密达、巴雅尔图、炳图、拜音台柱、珠三、彰吉泰，护军参领瑚什，云骑尉果科，孔有德部将洪文魁等人，斩杀后金兵丁甚多，但终因敌强我弱，全军覆没。沈世魁被执，不屈而死，岛上男丁除与三顺王交好者之外，都被杀戮。此前对东江军印象极差的朝鲜仁祖得知，也感慨评价说：“沈世魁发身于商贾之中，终至死节，甚是忠义之人也！”

第二次皮岛海战失败后，东江军彻底崩溃，无法再维持，也再无人才能重建东江。残余势力遂被明廷决议迁入关内，东江撤镇。而不再有东江威胁的皇太极，将在5年后倾巢而出，将明朝的13万大军摧毁……

东江军第一猛将为何死于官场乌龙事件？

上一篇我们讲了毛文龙及其经营的皮岛和东江军对于明朝辽事的战略意义。然而东江军事实上有两个战略支点，除了以皮岛为核心的鸭绿江口诸岛及堡垒之外，还有以旅顺为核心的辽南诸堡，它们一起对整个辽东半岛形成压迫力。这一篇，我们就讲一讲辽南的战事以及东江军第一猛将张盘。

01

毛文龙起初被重用，有赖于王化贞的支持。但他表现最好的几年，其朝中最大的盟友却是登莱巡抚袁可立——袁可立的驻地就在登州，可以直接发兵跨越渤海海峡，支援辽南战局。

天启元年（1621年）七月十四日，毛文龙取得镇江大捷。由于努尔哈赤已经将统治中心迁移到辽河流域的辽阳（后又迁移到沈阳），从辽河流域发兵收复镇江堡需要越过整个辽东丘陵，因此努尔哈赤发辽南兵力相对更为便捷。这样后金虽然再次夺回镇江，却导致辽南空虚。

九月，毛文龙派麻洋岛守备张盘，带壮兵三十余队，夜登金州海岸。经探哨知“金州城内建州兵止六百，遂率岛兵以及老幼辽民助张声势，昼伏夜行，齐至金州南城门，举火，军声震天。建州兵惊溃，出北门遁去”，这就是“张盘收复金州”之战。随后，由于金州难守，张盘撤回旅顺。

02

张盘本是世家子弟，出生于辽阳，努尔哈赤起兵谋叛陷辽阳时，张盘全家除其一人外全部蒙难。后张盘从军复仇，为毛文龙亲兵，随毛文龙收复镇江，乃其麾下的头号虎将。

毛文龙、张盘加上负责经商的商人将领沈世魁，形成了东江的铁三角，至于孔有德、尚可喜、耿仲明这“毛氏三义子”，其实在毛文龙时代表现都不突出，属于后起之秀。

张盘收复旅顺时，袁可立尚未上任，毛文龙缺乏外部援助，于危局之中聚集残兵，声东击西，令张盘复地辽南，也确实有几分帅才。朝廷正是看到这一点，才让毛文龙开镇东江，以袁可立抚登莱，对毛文龙全力支持。

不过事实上，张盘的战绩要好于毛文龙。张盘地处辽南，所受压力大于皮岛，但有登莱袁可立的支援，也便于作战。而且以决战能力而论，张盘也应该在毛文龙之上。

天启三年（1623年），由于袁可立的调略，后金在辽南的布置发生内乱（努尔哈赤怀疑其女婿刘兴祚要复归明朝，但没有证据，反而诛杀了告发刘兴祚的王丙，又杀刘兴祚之弟刘兴仁，在辽南大肆屠戮汉民），毁弃金州、永宁、盖州不守。

七月，张盘遂占据了金州，但决心不足，只留200人留守，又未能完全修复工事。后金发觉后，发兵反攻金州，尽杀守军。

十月，张盘率兵北上奇袭后金军，攻克复州永宁堡。不久，后金反攻，张盘在城外山中设伏获胜之后，撤回旅顺。

天启四年（1624年）春，趁着海面结冰，“建州又率万骑来攻旅顺堡”，并遣使对张盘招降，张盘斩来使。建州军猛攻数日破城，不想张盘早在旅顺南北两山埋伏伏兵，只等建州军入城便南北夹击，建州军大败而去。这也再次证明了辽东半岛沿海多山地丘陵的地形，很适合野战能力不强的东江军打伏击战。

天启五年（1625年），海州（辽宁海城）所属张屯的汉人秘密联络东江军，与东江军一同袭击本屯的满人（《清太祖武皇帝实录·卷四》），这无疑也是由张盘等人负责的。由海州位置可见，在张盘的统领下，辽南的东江军已经伸手到辽河流域腹地了。

03

显然，袁可立和东江军的协作效果显著，对后金造成了很大压力。然而，天启三年（1623年）的满浦、昌城之役，给毛文龙和袁可立的关系蒙上了阴影。

天启三年（1623年）六月十八日，总兵毛文龙自统八千马步精锐，从镇江、汤站一路进击剿杀，于二十八日“至镇江、汤站、凤凰城等处安营下寨，以图进剿”“四面出奇以蹑其后”“从昌城过满浦以捣其巢”。朱家龙从千家庄出击，王辅从凤凰城进军，曲承恩出兵昌城，易承恩直捣满浦。“复地……汤站、凤凰城并镇江一带……”

满浦、昌城之役的胜利确实是无可置疑的，但毛文龙对自己的战绩大肆吹嘘，“兵不满千，未交一战，不遗一矢，而使（虏）自相践踏，其被炮死者二万有余，马之走死者三万有余，止余真夷二万”。

可实际上，鸭绿江流域不利于后金兵力投送，怎么可能突然冒出八万大军呢？袁可立对于毛文龙的吹嘘很不满意，只上报了“斩获奴级一百三十八颗，获奸细四人及夷器等物”的实数，并派人核查毛文龙的兵饷。

此外，袁可立此时正在策反努尔哈赤的女婿刘兴祚，并计划策反成功后把刘兴祚安置在东江，这让毛文龙十分担心自己的权力被分走。再加上张盘屡屡在袁可立的布置下作战，也让毛文龙疑心自己会不会被挖墙脚，失去最得力的大将。

就此而言，毛文龙的确存在专横多疑、受不得委屈的毛病。他不顾袁可立此前对自己的支持，竟然攻讦袁可立，袁可立此后在天启四年（1631年）去职与此有很大关系。

04

而张盘在海州搞事也让他自己成为努尔哈赤的眼中钉肉中刺，在当年他就被叛徒出卖而战死，也有说法认为他是死于旅顺城沦陷，其实并非如此，张盘实际上是死于南关之役。

> 自辽土沉沦，南四卫悉属腥膻矣，惟金州东联海盖，南近登莱，游击张盘以孤军据其地而兵力单弱，旋为奴兵所攻，退保旅顺。登抚前议城南至旅顺口一百三十里，三面距海，惟北面狭束，东西相距仅十里许，挑断其地，引海水以自固，设墩堡以防守，则百三十里沃壤可屯可耕，可团聚难民数万人，遂成不拔之基。已经覆议允行，间户部会议裁登饷十万两，该镇因挑浚之费无所出，尚未举行，遽有旅顺之失。张盘驻师旅顺，朱国昌驻师长行岛，曾有功驻师三山岛，皆毛帅所棋布，鼎足烽连，奸弁曾有功不奉镇抚之命，擅约张盘、朱国昌至南关岭破土兴工，及二将至，而有功违约不来，即有虏骑猝至，重围我师，张盘力战被虏，朱国昌骂贼阵亡。奴兵复至旅顺，破城戮将，血屠辽民。有功潜匿四日，又扁舟至旅顺城下，焚其火药，掳其妇女。奴之来也，必有功暗投以呼之，张盘等之死也，必有功设计以诱之。
>
> ——《明熹宗悊皇帝实录卷之五十六》

由于张盘之前取金州而不能守，因此袁可立去职后新上任的登莱巡抚武之望出台了挖掘运河，连通金州与旅顺的计划。结果张盘、朱国昌二将被曾有功私自骗到南关岭挖沟，在挖掘运河工事时，他们遭到六千后金精兵突袭，以身殉难，金军旋即攻克空虚的旅顺。

相比毛文龙在辽东丘陵中活动，主要对手是后金的普通壮丁和老弱妇孺；张盘屡次与后金正规军激战，并颇有胜绩，其军事才能无疑是在毛文龙之上的，却因为这样一次乌龙事件而捐躯沙场，实在可惜。

朝中意见都认为是曾有功勾结后金，出卖了张盘、朱国昌至南关岭施工的消息。更有人提出阴谋论，认为张盘在东江镇中独立性太强，毛文龙遂通过曾有功勾结后金除掉张盘，但笔者觉得可能性不大。

袁可立如果不去职，一代名将张盘会不会仍然这样憋屈地死去，我们无法确定。不过，张盘死后，东江镇虽然重建了旅顺要塞，但在辽南的势力严重收缩，攻击性也大为下跌，这使袁崇焕获得了以“东江镇不作为”而攻击并诛杀毛文龙的口实（虽然张盘死后毛文龙仍有数次出击作战），最终导致东江军彻底崩溃。

第三章 烽火篇

醉卧沙场君莫笑，
古来征战几人回

庄蹻西征，黔中之战为何成为楚国绝唱？

秦朝末年，民间流传着“楚虽三户，亡秦必楚”的谶语，秦楚之间究竟有怎样的恩怨纠葛呢？

早年，秦楚一个在西边，一个在南边，都属于野蛮未开化的地方，他们像难兄难弟一样，有了惺惺相惜之感，还曾经联姻过。但这种和平是建立在两国势均力敌的前提下，只要有一方示弱，定然会被另一方吃得尸骨无存，楚国最终就灭于秦国之手。

不过，楚人项羽最终推翻秦朝，焚毁秦宫，也算是赢得了秦楚之争的最后胜利。但本篇要说的，是楚国尚未被灭之前，楚国王室对秦国的最后一次大规模反击。

01

公元前284年，秦、韩、赵、魏、燕五国攻齐，败齐于济西。随后燕国乐毅长驱直入，攻入齐国的国都临淄，并在接下来的半年时间里先后攻下70余座城，齐国从此一蹶不振。

秦齐对峙的局面结束，秦国成为当时最强盛的国家，并逐步建立对六国的绝对优势。

但是此时，秦国新得的蜀地发生了叛乱，秦昭襄王镇压了叛乱之后，将蜀国设立为蜀郡，至此蜀地开始安定，《蜀鉴》称“秦人取蜀以王其亲子弟三，而卒皆杀之，历三十二年而始定”。

蜀地平定后，秦国开始准备再次对楚用兵。其实早在秦国王庭争论是“伐韩”还是“伐蜀”时，名将司马错就已经有了初步的战略构想，《华阳国志·蜀志》载“水通于楚，有巴之劲卒，浮大舶船以东向楚，楚地可得”。

司马错伐楚蓄谋已久，故公元前280年，秦昭襄王派司马错率军攻打楚国黔中郡。因为巴蜀地区与黔中郡有水道相通，而且巴蜀居高临下，地势高于黔中郡，再加上巴蜀地区和黔中郡地形以山地居多，陆路行军十分不便，所以司马错决定走水陆并行的进军路线，后以“奇袭”的战术进攻楚黔中郡。

02

综合《史记·秦本纪》和《华阳国志·巴志》这两个史料来看，司马错的行军路线应该是从陇西调兵，经石牛道入蜀到达巴地，然后从黔江进入主干乌江，一直到唐河入口登陆，然后穿过今重庆酉阳县，向东到达酉水流域，顺着酉水河汇入主干沅水，最终到达黔中郡。

但是司马错进攻黔中郡的这支军队也并非全由陇西人组成，司马错也征调了巴蜀两地的士兵。结合史籍记载，司马错这支10万人的伐楚部队，主要由陇西人、巴人、蜀人组成。

秦军占据地理优势，浮江伐楚，一路走水路顺流而下。兵贵神速，《史记·张仪列传》记载秦军“下水而浮，一日行三百余里，里数虽多，然而不费牛马之力”。

秦军一路进逼黔中郡，不光行军速度很快，而且大大降低了行军的劳累，因此秦军得以在众多的有利条件下实现“奇袭”的效果，最终顺利攻占了楚国黔中郡。

对楚国而言，黔中郡的丢失直接危及楚国郢都的安全——黔中郡紧邻楚国郢都，一旦黔中郡失守，楚国郢都的西部则门户大开，秦军继续向东穿过今湖北松滋一带，就能兵临郢都，与郢都隔江相望。

03

黔中郡被秦国占领，使楚顷襄王意识到了形势的危急，他急忙派出使者向秦国求和。《史记·楚世家》记载，公元前280年，“秦伐楚，楚军败，割上庸、汉北地予秦”，而秦国虽然得到了上庸、汉北，却并没有趁机一鼓作气攻打楚国郢都，而是接受了楚国的割地求和。

秦国并非不想灭楚，楚军之所以连连溃败，丢失黔中郡，完全是因为秦军顺流而下，行军速度极快，楚军难以及时做出反应。

而以司马错的十万人马攻打楚国郢都，且没有国内援军配合牵制楚国兵力，想要一举攻破楚国郢都其实并不现实。

所以秦国此次攻占楚国黔中郡的战略意图，应该是先攻占黔中郡，一步一步瓦解楚国的防御，最后两路出兵，攻击楚国郢都。秦国达成了战略意图，占据了楚国黔中郡以后，又可以不费一兵一卒得到上庸和汉北地，自然也就接受了楚国的和约。

而楚国为了向秦国求和，割让了上庸和汉北地，这一举措看似稳住了司马错向东进攻楚国郢都的步伐，其实无异于饮鸩止渴。上庸与汉北地直接将秦汉中郡与南阳连成一块，从北面包围了楚国的江汉平原，而秦所占领的黔中郡又从西面威胁着楚国郢都的安全。

《战国策·楚策一》记载，苏秦游说楚威王时曾提出一个战略设想：“秦必起两军，一军出武关，一军下黔中，则鄢郢动矣。”此时的秦楚形势正好与苏秦的设想不谋而合。

当楚国意识到黔中郡已经不能再丢了，便趁着秦与三晋交战的时候，立刻发兵（领兵的可能是庄蹻）又夺回了黔中的部分土地。

04

公元前277年，蜀郡守张若趁楚军主力在抵御白起，率秦军袭取巫、黔中郡，庄蹻因寡不敌众（也为了更好地保存实力）向西引退，遂略地到了滇地（今云南）。

此前，楚国势力应该是未曾到过滇地，此番到滇地，很明显是想以此处为基地，等候时机，从云贵向秦的大后方巴蜀地区发动攻击。但是，到了滇地的庄蹻也不可能得到来自楚国的补给，最多也就是欺负一下夜郎这样的小国。

事实上，此时的秦国已经可以由北至南，从丹江、汉江、长江三江流域对楚国发动攻击。所以现在的楚国，所考虑的重点已经不是如何从云贵高原北上攻击秦的后方，而是如何让秦停止进攻的势头。

所以楚最终的选择是：迁都。

楚国国都迁往陈城（原春秋时期的陈国）以后，黔中郡的战略地位也不复从前。加上随着中原地区赵国的崛起，秦的进攻矛头也重新转移到了中原地区。而楚国既丢失国土，又经历迁都，致使朝野动荡，国力日渐衰落，只能苟安于一隅，再无之前北上中原称霸的雄心壮志，最终在短短几十年后被秦将王翦所灭。

05

最后，说下庄蹻这支楚军的结局。

《史记·西南夷列传》：“始楚威王时，使将军庄蹻将兵循江上，略巴、黔中以西。庄蹻者，故楚庄王苗裔也。蹻至滇池，地方三百里，旁平地，肥饶数千里，以兵威定滇属楚。欲归报，会秦击夺楚巴、黔中郡，道塞不通，因还，以其众王滇，变服从其俗，以长之。”

《华阳国志·南中志》：“楚顷襄王遣将军庄蹻溯沅水，出且兰，以伐夜郎，牂柯系舡于且兰。既灭夜郎。而秦夺楚黔中地，无路得归，遂留王之，号为庄王。以且兰有椓舡牂柯处，乃改其名为牂柯。分侯支党，传数百年。”

《后汉书·南蛮西南夷列传》：“初，楚顷襄王时，遣将军庄豪从沅水伐夜郎，军至且兰，椓船于岸而步战，即灭夜郎，因留王滇池。以且兰椓船牂柯处，乃改其名为群柯。”

可见诸多史料记载不一，但笔者认为庄蹻应该是如后来的赵佗一样，选择了自立为王（或者说是部落首领），成为真正意义上的“滇国”第一任君王。

当然，从大历史的角度来说，这也算是一次“开边”。只是要对荒蛮的云贵高原完成开发，光凭庄蹻的这支楚军明显不够。试想秦国入主巴蜀，并以此为基地，最终统一天下，已经是嬴政时期的事情了。

兖州之战：曹操霸业的奠基之战

汉末三国时期的经典战役非常多，像官渡、赤壁、襄樊、夷陵等，因为关注的人很多，研究分析的人也相对较多。与之相比，奠定了曹操根基的兖州之战（历史上兖州之战发生了两次，一次是192年曹操与黄巾军相争的兖州之战，以曹操的胜利结束；另一次就是本文要讲的发生于194—195年曹操与吕布相争的兖州之战），虽然历时一年多，双方攻守反复易势，激烈异常，却鲜少有人探究，以至于出现了很多错误理解流于大众。那么真实历史上的兖州之战，曹操是如何击败三国第一猛将吕布，从而奠定自己霸业基础的呢?

01

194年四月，正在攻打徐州的曹操得知自己的后方基地兖州已经不复其有，旋即回师，于是，一场历时一年多的鏖战拉开了序幕。

其实说来有趣的是，这次令他失去兖州的和使他得到兖州的是同一个人——陈宫，这笔烂账就不在这里算了。

我们先来看这场战争爆发前的态势：从表面上看，当时的形势对曹操来说极为不利——孤师在外，深入敌境，后方反叛，归路断绝，可谓进退无门。但细考起来，实则不然。首先曹操进讨陶谦（徐州牧）已趋全胜，退军回师时，不用为防止陶谦趁机下黑手而牵扯太多精力和兵力。其次，曹操不算全无退路，这个之后会谈到。最后，曹操的兵力占优势。

那么双方的兵力到底是多少？

吕布这边比较好算，吕布率数百骑东出武关之后，到处辗转，皆未获优待，在张扬处应当募得了一定的兵力，但也不会超过2000人。

《三国志》中记载，吕布是辞袁绍、奔张扬时与张邈建立了友谊。但我认为这一段还是《英雄记》记载得更准确，因为吕布要到张扬那儿去，没必要绕那么大一圈先跑到陈留。

而从《英雄记》中“李傕、郭汜以吕布为颍川太守”“布求还洛，绍假布领司隶校尉”的记载来看，吕布必然是赴任了的，然后“过邈，临别，把手共誓”才合理。因为颍川（今河南禹州，在洛阳南200里）在陈留之西南，到颍川经过陈留很正常。

也就是说，兖州叛乱时，吕布不是从张扬那里出兵，而应是从颍川出兵进入兖州。所以吕布必然在颍川还募集了一定的兵力，满打满算，估计有5000~7000的兵力。张邈在陈留经营日久，自然有一定的军资，但估计也不会超过两万人。陈宫等人作为曹操辖下，手中的军力更不会太多，因为“时操悉军攻陶谦，留守兵少”，小城在700~1000，大城在2000~3000，或者都更少些，估计还大量夹杂预备役、民兵，而且还很难出兵，毕竟各郡县还是需要守备部队的。而且就日后的战事发展来看，这些人只是作壁上观的货色。而即使募兵能募得万余新兵，但短时间内也形不成战斗力。所以，吕布这边乐观估计的话，能有三四万的兵力。

简单来说，虽然张邈一声通告，兖州郡县的督将、大吏尽皆响应，造成一种吕布瞬间得了整个兖州的感觉，但基本就是一空架子。而且，吕布能够直接指挥的部队不会超过一万人，协同作战的话，吕布方正面兵力不会超过两万。

而曹操方面，虽然受降卒30万的水分很大，但兵力至少也有五万，且兵力相对集中。

这样的兵力对比，符合双方在初期交战中曹操方一直处于攻势地位的实情，正所谓“故用兵之法，十则围之，五则攻之，倍则战之”。

02

我们再来看对战双方的主将，曹操方自然不必说了，吕布也不是大家印象中单纯的有勇无谋。

《三国志·夏侯惇传》记载了这样一件趣事：曹操以夏侯惇督濮阳，张邈叛变后，夏侯惇领轻军奔赴曹操家眷所在的鄄城，结果在路上碰到了吕布军。双方交战，吕布旋即退走，然后直接进入濮阳。后来吕布遣人假装去投降，将夏侯惇拿为人质索要钱财，军中震恐，韩浩平定了军中的慌乱，对“绑匪”表示不会顾及夏侯惇，“绑匪”于是投降叩头，表示我们只要钱而已。

陈寿言辞虽然模糊，但仔细一想，就会发现这段记载很有问题。

张邈叛乱，吕布由颍川入兖州，郡县皆应，唯独范、鄄城、东阿三县不动。濮阳在夏侯惇辖下，自然也不会动，于是曹操家小所在的鄄城必然成为吕布的首选打击目标。夏侯惇旋即引军救援，两军短暂接触之后，吕布转而进军濮阳并将之袭取。

首先，曹操家小既然在鄄城，那么鄄城的守备级别不会低；其次，鄄城、濮阳、范县正好构成三角形，要固防还是有优势的。所以夏侯惇不会为了保护曹操的家小就抛弃了战略位置颇为重要的濮阳，濮阳必然有足够的守备兵力。

大胆推测一下，此时濮阳必有张邈的内应，但是碍于夏侯惇无法举事。于是吕布佯攻鄄城，吸引夏侯惇轻兵驰赴，这正符合三角防御的“攻其一则二应之”的战略部署。然后吕布趁机在濮阳内应的帮助下袭取濮阳。

另外，夏侯惇被绑票的事真是吕布干的吗？实际未必，打比方敌军刺客挟持了我军最高将领，能仅仅只为了要一点钱财？别闹了，就算不要求我军放下武器投降，也得内外策应，趁我军混乱展开攻击，最不济也得杀掉我军最高将领造成混乱。

结果就只是要钱？还被一吓唬就放了人质求饶命？实际情况恐怕是夏侯惇军中发生了叛乱，叛军眼看兖州事变，情况不妙，就把夏侯惇绑了，打算要些钱回家当土财主。又考虑到这样做实在不怎么光彩，这才算到吕布头上。

03

在双方交战之初，曹操对吕布有一句评价，是拿来定义吕布战略不足的常用观点，即“布一旦得一州，不能据东平，断亢父、泰山之道乘险要我，而乃屯濮阳，吾知其无能为也”。

但这句话放在特定的语境下，与我们理解的就有所不同了。

曹操从襄贲回军，是有可能经过泰山、亢父，但我们知道，吕布是攻鄄城不能，才屯濮阳。而亢父在鄄城、乘氏以东，泰山在东阿以东。也就是说，如果吕布真要“据东平，断亢父、泰山之道”，那么他就至少要先拿下“鄄城、范、东阿、乘氏”，才能保证后方无虞。而鄄城、范、东阿在荀彧的操作下已非吕布能够染指。

看史料就能明白，“豫州刺史郭贡帅众数万来至城下，或言与吕布同谋，众甚惧。……贡见彧无惧意，谓鄄城未易攻，遂引兵去”。鄄城的守备在夏侯惇轻军驰赴后，已经不是轻易可以攻下的了。

范就在鄄城北侧，攻范则鄄城必然呼应。而东阿未能攻下，则是因为黄河渡口被程昱截断，“言陈宫欲自将兵取东阿，……昱又遣别骑绝仓亭津，陈宫至，不得渡”。至于乘氏，曹操也早就派乘氏巨族的李乾稳定铺路，“太祖遣乾还乘氏，慰劳诸县”。

那么曹操根本不用担心吕布能断亢父、泰山之道，又何必说这句话？

其实看《程昱传》这句“微子之力，吾无所归矣”，再回头去看曹操那句话，恐怕曹操庆幸的成分更大一点。

当然，吕布与曹操的军事能力确实不能相提并论。陈寿说其“无英奇之略”毫无假辞，但“虓虎之勇”也不是无的放矢。

假设说曹操嘲笑吕布的战略眼光成立的话，那么战术战斗上，吕布则给曹操上了一堂很生动的课——“论骑兵是怎么运用的”：“布出兵战，先以骑犯青州兵。青州兵奔，太祖陈乱，驰突火出，坠马，烧左手掌。”

04

对于青州兵的战斗力，很多人颇有微词，但还不至于到杂兵鱼腩的程度。毕竟青州兵在曹操军中所占的兵员比例还是比较大的，而曹操就是靠这支部队，追袁术至九江，两战陶谦，号称精锐的丹阳兵在其面前亦是一败再败。这样的军队，面对吕布却直接崩溃了。

联系之前吕布与袁绍进讨常山，以区区数十骑，“一日或至三四”地驰突敌阵，这种对敌人阵形薄弱处的洞察、摧锋折锐的果敢、倏忽来去的迅捷，必有可令人称道之处，否则他也挣不来那句“人中吕布，马中赤兔”的称谓。

难怪吕布在白门楼被擒时，依旧以自己的骑兵统御向曹操自荐。而以吕布对骑兵战术的熟稔程度来看，就算他真的能断亢父、泰山之道，估计也不会去。毕竟让骑兵在山地与狭窄的地形下作战是十分愚蠢的，“凡骑兵与步兵战者，若遇山林、险阻、陂泽之地，疾行急去，是必败之地，勿得与战。欲战者，须得平易之地，进退无碍，战则必胜”。

《献帝春秋》中对吕布军队的战力有一段更为让人咂舌的记载：有人做内应，帮曹操开了濮阳城门，曹操烧东门断退路来激励将士，结果被偷袭的吕布军打败，曹操本人都差点做了俘虏，“布骑得太祖而不知是，问曰：‘曹操何在？’太祖曰：‘乘黄马走者是也。’布骑乃释太祖而追黄马者”。如果此条史料属实，则吕布军的战斗力实在凶悍。

好在曹操方也有狠人，不至于一面倒。吕布有支部队屯兵于濮阳西面四五十里的地方，曹操前往夜袭，清晨破之。尚未回还，吕布救兵已至，双方三面会战，自早上至日落鏖战数十合。曹操招募陷阵，典韦应募，“将应募者数十人，皆重衣两铠，弃楯，但持长矛撩戟”，吕布军矢箭如雨，“韦不视”，并让随从报告敌军接近的距离，当吕布军靠近到五步的距离时，典韦大呼而起，以短戟掷敌，无不应手而倒。战了多时，吕布军众撤退。日暮之时，曹操才得以撤军。

濮阳西四五十里大抵在滑县与浚县之间，曹操攻此屯应是为包围濮阳进行前期清场。吕布军冲锋，先以弓弩压制敌军，对史料中的“韦不视”，很多人解释为典韦对射来的如雨箭矢视而不见，展示了典韦的英勇，但这样根本无法解释典韦为何要求身边的人报告敌人与自己的距离，也无法呼应“大呼起”。因为这里忽略了一个无论在古代还是在现代战争中一直很重要的东西——堑壕。所以这里描述的场景是，典韦在堑壕中规避敌人的箭矢，在敌军冲近之后突然跃出，投掷短戟击杀敌人，就这样打退了敌军。

你有“虓虎之勇”，我有“古之恶来”，到了这种地步也没啥权谋计略了，双方就在濮阳这里互殴了百余日，曹操居然败多胜少。局势似乎在慢慢偏向吕、张联军，但这时候似乎是老天爷觉得这样下去太无聊了，于是放出蝗灾来，双方都陷入粮尽的境地，不得不暂时休战退兵，先找粮食。

05

这场蝗灾基本可以算是此战的转折点了。如果说列阵对攻的硬实力双方不相上下的话，那么这次蝗灾之后，双方的软实力差距就体现出来了。

曹操没粮食，退到鄄城，袁绍发来热情洋溢的信笺。信中对兖州被袭表示十分遗憾，做出了大量的分析论证后，得出目前收复兖州已无能为力，还是早做退路为好的结论。并信誓旦旦地表示，你把家小迁到邺城来吧，以后在我眼皮子底下干，我们必定有光辉灿烂的明天。

曹操犹豫了很久，给袁绍回了一封言辞恳切的信。信中先自我检讨，向没有听取袁老大的命令早早干掉张邈，以致有今日之祸的错误做出了诚恳的道歉。然后又充分阐述了兖州对于壮大我们势力的重要性，并清晰地论述了吕布、张邈必然失败，我们必然胜利的几个关键因素。最后信心满满地表示，老大你再给我点兵、给我些粮，我将在兖州为您打回一片天，让我们的胜利来得更猛烈些吧！

最终，袁绍被曹操忽悠住了，给了曹操五千生力军，“绍哀之，乃给兵五千人，还取兖州”。而且不只如此，据史料分析，袁绍甚至亲自出兵攻下了东郡，“（袁绍将臧洪）徙为东郡太守，治东武阳”。

06

反观吕布，已经落魄到被地方武装击败的地步了，“布到乘氏，为其县人李进所破，东屯山阳”。

这里要先更正一个说法，很多人说吕布被一个村民打败，其实“县人”并不是村民的意思。县人有两种意思，一是指与某某同县的人，二是指县正。

当然，不管是被村民打败，还是被县正打败，都改变不了吕布刚刚虎落平阳就被人狠揍的节奏。

《三国志・曹操传》中未有攻克濮阳的记载，而之后的战事，濮阳也再无牵入，只能说明一件事，这次蝗灾或者袁绍的进逼，使吕布不得不放弃濮阳。

曹操有袁绍的大腿可以抱，吕布去抱谁的大腿呢？张邈？不好意思，张邈表示我的地盘也在兖州啊，都遭灾呢，地主家也没有余粮。

吕布又想到乘氏去打个秋风，结果强龙尚且压不过地头蛇，何况吕布这时只能算只“平阳虎”。没办法，吕布只好“东屯山阳”。

其实到了这一步，吕、张联盟已经基本回到起点了，他们在兖州的势力范围缩小到定陶一线。之前呼应他们的兖州诸县基本没有出现过，濮阳以东的郡县曹操方也没有攻略的记载。之前所说的“郡县皆应”的水分有多大，此时已经展露无遗。

07

于是在平静地度过了一个冬天之后，曹操率先发起了攻击。

曹操进攻定陶，并很快拿下了定陶北城（定陶城中泗水横贯而过，将其分为南北两城），吴资退保南城。曹操正在攻打，吕布带领援军赶到，但刚刚从蝗灾中挣扎出来的吕布军已经战力打折，毕竟缺粮对以骑兵为主的吕布军来说损害更大，因此反被曹军打败。但曹军也没占到多大便宜，在击退吕布军后，曹军也无力再进攻定陶南城，只得将已经攻下的北城吐出来，选择撤退。

到了夏天，吕、张联盟开始有所行动，吕布遣将薛兰、李封进屯巨野。此时陈宫在东缗，吕布在山阳，薛兰、李封再到巨野去，整个都挤在了一起。这个部署看似是打算在巨野决战，但后来作为先头部队的薛兰、李封被曹操轻易打爆，连救援他们都赶不及，实在让人不能理解。

那么是吕布在报自己在乘氏被当作落水狗的仇吗？《李典传》给出了答案。薛兰、李封虽然挂着“布将”的前缀，但实际上还是兖州士族。《李典传》中透漏出三个很重要的信息：第一，李乾是乘氏豪族，效忠曹操；第二，薛兰、李封招李乾；第三，薛兰、李封要求李乾叛曹，李乾不从，而后薛兰、李封杀掉李乾。

那么很明显，曹、吕双方敌对，薛兰、李封身为吕布的人，却能“招”曹操方的李乾来劝降，这两个人必然跟李乾是旧识，否则不会选择诱降李乾，李乾也不可能大大方方去他们那儿送死。

薛兰、李封的身份一明确，吕、张联盟的意图就显露出来了，他们实际进攻意向应当还是鄄城至东阿一线。但乘氏李乾像一把刀一样抵在腰眼处，如直接攻击鄄城或东阿，李乾必然会趁机骚扰吕、张联盟的后方。于是他们意图招降在乘氏的李乾，再以乘氏为跳板，进逼鄄城至东阿一线。结果李乾不肯叛曹，薛兰、李封还把李乾杀了，跟乘氏李家成了死仇，于是进也不是，退也不是。

到了这一步，那就没办法了，就在巨野决战！

《三国志》对这场战斗的描述只倾向于曹操以奇制胜，以少胜多，“布复从东缗与陈宫将万馀人来战，时太祖兵少，设伏，纵奇兵击，大破之”。

《魏书》则更详尽些，“於是兵皆出取麦，在者不能千人，屯营不固。太祖乃令妇人守陴，悉兵拒之。屯西有大堤，其南树木幽深。布疑有伏，乃相谓曰：‘曹操多谲，勿入伏中。’引军屯南十馀里。明日复来，太祖隐兵堤里，出半兵堤外。布益进，乃令轻兵挑战，既合，伏兵乃悉乘堤，步骑并进，大破之，获其鼓车，追至其营而还”。

一开始吕布来，怕树林有伏兵，第二次来时曹操却将伏兵藏在了大堤里，先用少量的士兵挑战，待交阵后，伏兵尽出，将吕布军打败。“凡战者，以正合，以奇胜”“凡战，所谓奇者，攻其无备，出其不意也。交战之际，惊前掩后，冲东击西，使敌莫知所备，如此则胜”。

此战之后，吕、张联盟势穷力竭，曹操趁势进军，攻破定陶，吕布、张邈只得仓皇出走徐州。曹操彻底清扫了兖州的敌对势力，为自己的霸业奠定了根基。

曹操败赤壁、关羽走麦城，三国争夺荆州的关键点在哪？

因为汉末三国的一系列历史故事，荆州为大家所熟知。可以说，三国之争在荆州，那么荆州之争在哪里呢？本文就从军事地理以及地缘政治的角度，回顾一下刘备与孙权、曹操的荆州争夺战。

01　荆州的行政区域划分

东汉末年的荆州，包括了今天的两湖大部分地区以及河南南阳的一部分地区。按照郡县划分则被分为七个郡，分别为：南郡、江夏郡、长沙郡、桂阳郡、零陵郡、武陵郡以及荆州最北部的南阳郡，也就是南阳盆地。

南阳盆地北傍伏牛山，东南为桐柏山及其余脉所环绕，西有武当山，南靠大洪山，在大山之中，其内部又有诸多汉江支流，农业发达，人口为全国郡县之最，所以各路诸侯均对南阳郡虎视眈眈。

而南阳郡与曹操控制的核心区域颍川郡为邻，因此在建安二年（197年）正月、十一月，建安三年（198年）三月，曹操多次与张绣争夺此地。

到了建安四年（199年）十一月，曹袁两军在官渡对峙之际，在贾诩的劝说下，张绣归顺了曹操，此举也为曹操打开了荆州的北大门。

南阳郡的南面则为南郡与江夏郡，两郡“共享”长江支流汉江所灌的平原——江汉平原。而呈南北走向的汉江也将江汉平原“天然分割”成了东西两块，在西面除了汉江以外，还有一条长江支流——荆江。春秋时期的楚国曾经在两江之间建造了最早的都城：纪南城。到了汉朝，这个地方被改名叫江陵。刘表治荆州时，江陵成了南郡的郡治所在，而南郡更成了荆州的州治所在，因此江陵也一直都是中国历代兵家必争之地。

曹操与刘备的作战过程就是从争夺南郡开始的。

02 曹操南下

建安十三年（208年）七月，曹操南征荆州。八月，刘表病死。已在荆州盘踞多年的刘备集团面对曹操的进攻，能够采取的应对，基本可以概括为以整个荆州作为防御纵深，依托水路，守住南郡北部的襄阳与樊城，打持久战。刘备敢这么打，也是得益于其地理优势。

襄阳位于秦岭山地与江汉平原的中间地带，南阳盆地的最南端。这里三面环山，南面有岘山、虎头山、百丈山等山脉，山势险峻，西面有万山，北靠汉江，与南部山脉相连，组成了襄阳西南部的天然屏障。同时汉水自西、北、东三面将其环绕，成为其天然护城河。当时刘备防守襄阳对岸的樊城，刘琮屯兵于襄阳，关羽水军则守住两城之间的汉江水道。

但没想到的是，刘琮居然投降了。

这么一来，刘备只得放弃樊城，撤兵南下，防守江陵。但是随行的十多万民众严重拖缓了行军速度。而且曹操得知刘备南下，立刻亲率五千骑兵，追赶一日一夜（据说一天跑了300里），终于在当阳长坂追上了刘备，并将其一举击溃。随后曹操顺利进入江陵，进而控制了南郡。

事实上，如果刘备守住江陵，那么此时守卫东部江夏郡的刘琦便可与他东西呼应，再加上荆南四郡与江陵城中多年的物资储备，完全还有一战的资本。但是长坂一战的惨败，使刘备无法退入江陵。而曹操在招降了荆南四郡之后，荆州七郡已得六郡，只要再拿下江夏郡，荆州之地便尽归曹操。那么，统一天下就指日可待了。

为此刘备只得与江夏郡的刘琦会合后与孙权联盟。于是，著名的赤壁之战就此爆发了。

03 赤壁之战

那么孙权为何会不惧曹操，反与此时落魄的刘备联盟呢？这个其实并不难理解。

因为就在赤壁之战的前不久，也就是建安十二年年末至十三年春，孙氏经过三代人的努力才好不容易拿下了江夏郡的夏口，并击杀了仇人黄祖，所以此时断然没有放弃夏口的道理。另外，此时的刘备是荆州很多不愿降曹之人的代表，所以哪怕只是做个“政治秀”，双方的联盟也是必然的。

反倒是曹操，出兵前已经占领了大半个北中国，再加上荆州七郡已占六郡，怎么就落了个兵败华容道的结局呢？

我们还是从江夏郡和南郡的地理条件来分析。

曹操拿下荆州，下一个目标自然就是江东，而要进攻江东，夏口就是必经之路。此时的夏口尚在联军手中，但联军如果只守夏口，曹操完全可以凭借兵力优势，分兵夹击——从当时的形势来看也的确如此。

首先，曹操亲率水军从江陵沿江南下，准备抵达夏口南面的长江与联军对峙。同时，北线的曹军步骑则顺着大别山南麓向东南方向进军，到达夏口北面，形成南北两面对夏口的夹击之势。

反观此时的联军以东吴水军为主，优势在水战，但兵力有限。所以，如果战场是在夏口，那么联军所能做的也仅仅是让从江陵出发的曹军无法从江面上攻破夏口。而两军如果长期对峙，对于刚获得江陵城中堆积如山的物资的曹操来说，这样的结果正是他想看到的。

所以，周瑜为求速战，曹操为求速达夏口，两军在赤壁遭遇（赤壁的具体位置至今仍众说纷纭，其大致的方位应该是在长江的咸宁嘉鱼段上），遭遇战的结果是曹军败了。

至此，周瑜将战线从夏口推进到西面南郡的陆水口（后来夷陵之战中陆逊的指挥所所在地），曹操则退到更西面的乌林。

到了此时，曹操如果还想实行水陆包夹的策略，他的步骑最少要多跑几百里路，也就意味着周瑜暂时不用担心曹操的水陆包夹了。对联军更有利的是大江之上，曹操根本无法发挥其步骑优势，而且水战的失利，也使之后的曹军再也没有发起江面上的攻击，这也等于是将长江的“制江权”交给了周瑜。

但是就算得到长江的“制江权”，却并不等于取得了胜利，因为凭联军的兵力并不足以发起一场全歼对手的攻击战。而且联军的战线推进到了陆水口，也意味着战线拉长了，倘若双方陷入持久战，到时候曹操的步骑还是可以赶到夏口，凭联军的留守部队，根本不可能拦得住。联军丢了夏口，同样会被曹军包夹。所以，周瑜必须在北线的曹军赶到夏口前，击破江面上的曹军水师，而此时曹操在江面上选择坚守不战，压力比较大的反而成了联军。

为此，周瑜首先想到了火攻，因为乌林位于古云梦泽（今洪湖）岸边，汉江与长江的水道正是通过云梦泽相连接。两江交汇之处，道路泥泞，无法行军，而且传说此地树林密布，故称乌林。再加上冬季干燥，且水位偏低，只要风向有利，很容易施展火攻。但是火攻又该如何施展呢?

这里首先有个风向的问题。其实不管是江面还是湖面，由于水面和陆地之间有温差，所以在白天水面上形成的高压到了陆地上自然也就成了低压，晚上则正好相反。因此水域面积较大的区域经常是白天风向由水面吹向陆面，到了晚上就变成由陆面吹向水面，也就是所谓的湖陆风（或江陆风）。像这样的自然风向变化，到了后世被很多军事家无限地应用到了战争领域。

既然风向的问题可以通过天文、地理知识来解决，那么总攻击的日子也就不远了。但是想要登陆乌林，摆在周瑜面前的就还有一道坎：曹军船队。

所以，《三国演义》中的“苦肉计”也就登场了。虽然小说的情节是虚构的，可历史上江东的“投降派”一定也不会少。

对于此时自认胜券在握的曹操来说，来几个投降的人甚至可以说是情理之中的事。只是最终曹操等来的不是“黄盖们”的投降，而是他们的火攻。

而当曹军船队陷入一片火海之后，其水师部队被烧死、溺死的已经不计其数。见到此景，曹操意识到周瑜已经发起了总攻，在逆风的条件下，此时已经不可能从江面上发起反击。所以曹操当机立断下令烧船撤退，避免将战船留给联军，同时考虑联军以水师为主，因此选择从华容道退回了江陵。

但是曹操的惨败不仅在赤壁和乌林，也在华容道，只不过华容道的惨败不是来自联军，而是来自华容道的地理条件。

前文提到了乌林的所在地其实是在古云梦泽的岸边，而华容道其实就是云梦泽中湖泊之间的一条泥泞小道。这样的小道，冬季枯水期可以勉强通行，但尽管如此，曹操也是让伤兵以身体铺路，才九死一生地逃出生天。

虽然曹操在此战中惨败的原因是多样的，但是对于荆州乃至南方地形的无知，无疑是其中一个非常大的因素。反观周瑜此前多次与黄祖在长江上对阵，麾下甘宁等人早年又是黄祖的部将，对江夏郡与南郡的地形及长江的水文条件可谓了如指掌，所以光从“地利”的角度来说，两军的胜负结果其实并不意外。

而此战之后，孙权仗着大胜之际与曹操开始了南郡江陵的争夺。但是，却被刘备趁机钻了空子。

04　湘水之盟

原来，刘备趁着孙曹在南郡拉锯的时间差，靠着早期在刘表手下为官时积攒的“人气”，连下荆南四郡（长沙、武陵、桂阳、零陵），再算上以暂为容身之地的名义“骗”来的南郡，势力大增。

建安十六年（211年），刘备攻占益州全境，此时的他迎来了人生的巅峰。

可是刘备的壮大不仅对曹操而言是个威胁，对孙权也产生了威胁。特别是“借南郡”时，刘备是以拿下益州之后就“归还”的名义“借”的。所以到了建安二十年（215年），孙权派鲁肃、吕蒙去讨要荆州的时候，两人足足带去了五万大军，此时与之对阵的正是留守的关羽。就在双方即将开打的时候，曹操发兵汉中，不想两线作战的刘备也只好委曲求全，双方订立“湘水之盟”。

所谓“湘水之盟”，就是以湘江为分界线，荆南四郡中的长沙郡、桂阳郡重新划给了孙权，刘备则留下了南郡、武陵郡以及零陵郡。

那么为何孙权甘愿把地理位置最重要的南郡留给刘备呢？这是因为在赤壁和南郡战役中，孙刘联军虽然获胜，但并没有完全占领南郡与江夏郡，南郡北面的襄阳和江夏郡北面的章陵此时还在曹操手中。孙权如果将已占领的江夏郡南部与南郡南部“连接”在一起，就意味着自己要独自守卫整个长江中下游防线。

这样来看，光此时的荆州境内，就已经有了缩小版的“三国”：曹操控制着北部的南阳郡，并重新设立了襄阳郡、章陵郡以及南乡郡；西面刘备控制了南郡、武陵郡、零陵郡，并重新设立宜都郡；东面孙权占领了江夏郡、长沙郡、桂阳郡，并重新设立汉昌郡（所以荆襄九郡的说法只局限于赤壁之战以后、湘水之盟以前很短的时间之内）。

05　关羽北伐

建安二十四年（219年），汉中战役决出胜负：刘备打败曹操，晋位为汉中王。随后又攻下了上庸、房陵等地，而此时的关羽也做好了北伐的准备工作。

那么对于关羽乃至整个刘备集团来说，到底该不该在建安二十四年开始北伐呢？

其实在这个时间段里，刘封、孟达占据上庸、房陵，刘备也亲自在汉中督阵，加之刘备先前在荆州的人气，关羽北伐从时机上来讲，如果只是为争夺襄阳郡，还是占有很大优势的。

然而，虽然时机选得对，军事行动上却没这么容易。这是由于从襄阳南下攻江陵容易，从江陵北上攻襄阳却很难。虽然双方都有坚固的城防，但江陵却没有襄阳的地理优势。

从襄阳南下攻江陵，水陆两路，襄阳都处于高势，拥有上游攻下游、山地俯攻平原的优势。其南面的汉江支流清江（古名夷水）及荆山、大洪山都可为其屏障。但也有个弱点：襄阳北靠汉江，对岸的樊城也仅弹丸之地，非常容易受到围困。

从关羽的北伐路线来看，他选择在雨季沿汉江逆水而上，随即便包围襄阳与樊城，并且依靠水路提供军队补给。

而对于曹操来说，西部丢了汉中，中部襄阳再守不住，许昌就危险了。所以曹军的应对则是：章陵郡太守吕常调任襄阳主将，中部“战区司令”曹仁守樊城，提供襄阳的后援，并且连续派出了援军。奈何关羽一路势如破竹，并在樊城外围水淹于禁、庞德的援军。这样的结果不仅使关羽本人威震华夏大地，刘备集团也迎来了最高光的时刻。

但没想到的是，此时孙权的“背刺”来了。

其实光从“孙刘联盟”的角度来说，这一联盟只是赤壁之战时联合抗曹的外交手段。当曹操的威胁小于刘备的时候，出于国家的利益使然，外交手段必然会发生相应的变化。

所以，就在刘曹两家激战正酣之时，孙权居然和曹操暗地里玩起了合纵。吕蒙趁机“白衣渡江”夺取了江陵，随后陆逊又攻占了宜都郡，这样一来，刘备集团等于丧失了荆州的根基。

此等失误，后人多归咎于关羽的狂傲性格，甚至有人异想天开地认为是刘备与诸葛亮联手要做掉关羽的“暗箱操作”。

事实上，孙权不会允许刘备势力在荆州有更进一步的发展，因此，不管是谁，不管在什么时候，只要从荆州地域北伐，吴军从背后偷袭都是必然要发生的，夺取南郡是其蓄谋已久之事。

所以孙权的这次行动无疑是破坏了“孙刘联盟”，其行为肯定会为后人所唾骂。一代名将关羽也就此含恨而终。

就在孙权夺回荆州之后，夷陵之战爆发了。

06 夷陵之战

如果说关羽的襄樊战役是争夺荆州的南北对抗，那么夷陵之战就是东西对抗了。

夷陵地处长江西陵峡，位于长江中游与上游的交界处。北与荆山山脉毗邻，东与江汉平原相连，南与武陵山脉相接，西为巫山山脉，形成了西连巴蜀山脉、东接江汉平原的独特地貌。且境内有清江、漳水、沮水等支流，自古即为军事重镇，素有“楚之西塞”“川鄂咽喉”之称。在华夏战争史中，无论从巴蜀进攻荆楚，还是从荆楚进攻巴蜀，都会选择夷陵作为前沿阵地。

所以赤壁之战后，曹仁和周瑜在南郡展开拉锯。当时周瑜在江陵城还未攻破的情况下，居然先派大将甘宁（前文提到此人早年为黄祖部将，但更早时他在刘璋处效力，所以算是为数不多熟知益州、荆州、扬州三地地形的人）往西攻占了夷陵，对曹仁完成了合围。最终曹军也因为夷陵的丢失而全线崩盘，不得已撤出了江陵。而从周瑜派甘宁攻占夷陵这点来看，当时的东吴很早就已经开始重视荆州与益州的地理通道了。

事实上，夷陵的重要性不仅只针对东吴，对刘备而言也是至关重要的。

早在赤壁之战时，曹、孙、刘三方就对夷陵展开了争夺。刘备最早从新野南下时并未直接与关羽会合，而是想先往西面跑，很可能就是为了抢占夷陵。只是当时曹军追得紧，刘备未能如愿。

入川前，刘备单独设立了宜都郡，郡治就设在了夷陵。而后关羽的襄樊战役也是由于夷陵被东吴占据，才导致了退往益州的道路被切断，最终兵败被杀。

那么从关羽被杀到刘备东征，足足隔了两年多的时间。刘备花了这么长时间做准备，为何还是输了这么重要的一场战役呢？

我们先看下刘备从益州发兵进攻荆州可供选择的进兵路线：

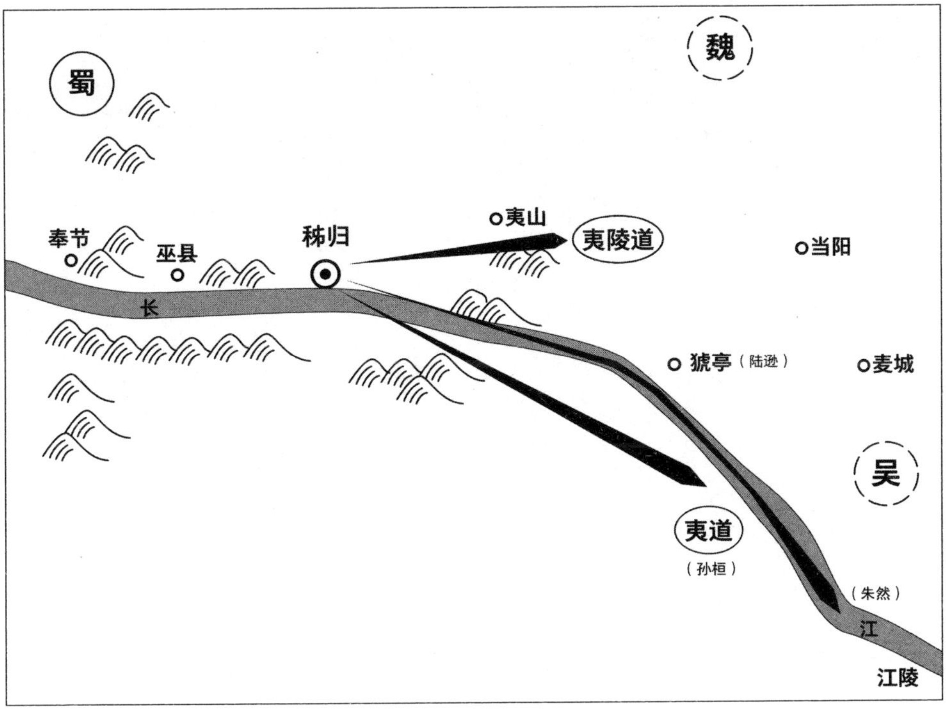

▲蜀军进攻阶段地形图

由上图可知，刘备进攻荆州可以选择三条路线：北线为夷陵道，中线为长江水道，南线为夷道。

然后我们再从地理的角度看一下战役的过程。

07　蜀军进攻阶段

章武元年（221年）七月，刘备命四万先头部队发起了夺占巫县（今重庆市巫山县）和秭归（今湖北省宜昌市秭归县）的战役。

四万先头部队分为水军和步军两股，水军由陈式统领，步军由吴班、冯习等人统领。此战蜀汉军队顺流而下，地形十分有利，再加上东吴陆逊主动收缩战线，撤至夷陵峡口至西塞一带布防。所以蜀军在八月就攻占了巫县、秭归。

蜀汉军		
统帅	将领	
蜀汉皇帝 刘备	中领军	吴班
	中监军侍中	关兴
	大都督	冯习
	将军	赵融
	治中从事	黄权
	将军	陈式
	将军	廖淳
	将军	傅彤
	将军	刘宁
	将军	杜一路
	蛮王	沙摩柯
	尚书	刘巴
	侍中	张绍　马良
	太常	赖恭
	光禄勋	黄柱
	大鸿胪	何宗
	少府	王谋
	太中大夫	宗玮
	益州从事	王甫　李朝
	宜州从事祭酒	程畿
	后军都督	赵云 （驻于江州）
总兵力：约10万人		

东吴军		
统帅	将领	
吴王 孙权	大都督	陆逊
	振威将军	潘璋
	虎威将军	朱然
	建武将军	徐盛
	绥南将军	诸葛瑾
	将军	陆议
	将军	李异
	将军	宋谦　步骘
	偏将军	韩当
	安东中郎将	孙桓
	朗将	刘阿
	建忠朗将	骆统
	兴业都尉	周胤
总兵力：约5万人		

▲表3-1　夷陵之战双方战力简表

而后，从九月至十二月，由于水军的缺失，这支部队一直在秭归休整备战——关羽的兵败不仅导致其本人被杀，蜀汉的水军力量也遭到了毁灭性打击。

见此战机，陆逊命宋谦等人发起反击，这次反击击破了蜀军5处营寨。此后蜀军只得一边等待刘备主力，一边继续打造水师。

直到章武二年（222年）正月，刘备亲率主力来到秭归县，才下令吴班、陈式率领重新打造的水军，发起了攻占西陵峡峡口处夷陵城的战役。

吴班、陈式率大约两万水军顺流东进，一举夺取了夷陵城，并迅速控制了夷陵道（夷陵道是夷陵城通往当阳、江陵和襄阳的驿道）的长江北部地区，甚至还攻陷了陆逊的前线指挥所猇亭。而水军则驻营于夷陵城及两岸滨江地带，与中游的东吴水军对峙。

陆逊暂时退到了夷道城（宜都郡郡治）城东十里的长江口扎营，屯兵在此的目的，其实就是不让蜀军水师绕开宜都郡直攻江陵，然后陆逊便将防守夷道城的重任交给了孙权的侄儿孙桓。

08　蜀吴相持阶段

蜀军方面，在攻占了夷陵城之后，刘备继续南进，他将自己的大营安在了猇亭，并在连绵的山峦间联营几十座。随后蜀军多次来到吴军营前挑战，甚至在山地间埋伏8000人，命吴班诈败，引其进入伏击圈。奈何陆逊做起了“缩头乌龟”，天天挂“免战牌”，就是不出战。

之前夷陵城被夺，吴军诸多将领就要求出战，特别是有着击溃蜀军五营的先例，使吴军将领觉得可以在正面进攻中击溃蜀军。

面对蜀军多日的骂阵，陆逊陷入了信任危机，但吴军将领们的质疑声都被他以“忍辱负重”的由头以及孙权的亲赐佩剑为“号令”所制止，同时他还加强了江面上的防守。

陆逊这样做，看似丢了利于防守的山地，事实上却是主动退出了兵力不容易施展的山道区域。而蜀军在绵长的山道间行军，增加了后勤补给的困难，这也使得刘备不敢在江面上与吴军决战。所以，刘备把水师部队全放在了夷陵，以避免在江面上遭遇吴军的水师部队——毕竟之前赤壁之战，刘备也算是亲身体验到了东吴水师的厉害。只不过这样一来，他也犯了和曹操同样的错：将制江权直接送给了陆逊。

可能对刘备来说，与其拼水师，不如在陆地与吴军作战，毕竟他有兵力上的优势，而且在山上扎营，又有占据高地的地利。但是，当陆逊坚守不出时，这样的优势就化为乌有了。

为此，刘备也采取了应对措施——分兵，他派黄权（此人在夷陵之战后投降了曹丕）分兵屯于长江北岸的当阳，这么做也是为了迷惑陆逊，使其以为蜀军的进攻方向是在长江水道的北面，同时也防备曹魏可能发起的攻击。随后他派出马良前去策反武陵郡的沙摩柯，自己则向夷道城的孙桓发起了攻击。

吴军诸将领见此，准备前去营救，但再次被陆逊阻止。孙桓也很争气，硬是挡住了蜀军的攻城（事实上，曹操与孙权的宗室子弟的确比刘备的强了很多）。

对陆逊大营和夷道城都久攻不下的蜀军，从此开始了与吴军漫长的对峙。

09　吴军反攻阶段

到了章武二年六月，两军对峙已经半年有余。天气开始变得炎热，长江水位也开始增高，陆逊下令开始反击。

吴军先攻击了蜀军的一个营寨，但作战失败，陆逊却说有了破敌之计。原因在于这次试探性的攻击，让他了解到蜀军的营地虽然环环相扣，利于防守，但营地皆在树木茂盛的山地间，这种地形非常适合火攻。而且长江之上根本没有蜀军船队，陆逊可以用船队快速将兵力投送到猇亭的蜀军营寨前，以迅雷不及掩耳之势实施火攻。

蜀军遭到“火烧连营”之后，很快兵败如山倒。刘备虽然避免了自己的水师被火攻，可惜最终还是难逃被火攻的命运。受此打击的刘备只得收拢残兵，在猇亭西面的马鞍山准备等待江北黄权的援军，但在吴军连日围攻之下，蜀军重要将领接连战死。

刘备的厄运还不止于此，没有制江权的蜀军，只能眼睁睁地看着朱然、韩当从江陵城中率船队一股气打到涿乡，封死了他北面的退路。

此时的刘备只得在亲兵掩护下继续连夜走山路往北撤退。更要命的是，蜀军的水师部队也遭到了吴军徐盛、宋谦等人的攻击。但好在吴军水师的大部分船队都在猇亭附近的江面上，用于切断刘备与黄权的联系，再加上蜀军水师将领陈式等人的拼死抵抗，总算为刘备争取到了逃亡的时间，让他安全返回了秭归。

但是到了秭归之后，之前受到连日猛攻的夷道城中的孙桓居然走水路赶上了他，刘备在放火烧皮甲的青烟掩护下，才终于逃回他的出发点——白帝城。在这里，接应他的赵云击退了吴军的最后一波追军，刘备好歹算是捡回了一条命（次年夏天，刘备还是在这里撒手归天）。

至此，夷陵之战结束，刘备大败，此后的蜀汉再也没有争夺荆州的机会。

那么由此引申出一个更深层次的问题：诸葛亮的《隆中对》中所提倡的以荆州为主，汉中为辅的北伐路线，从实际操作来看，到底有没有成功的可能?

10 《隆中对》与《江都对》中的地理战略格局

其实荆州的确可以与汉中形成对曹操的钳形攻势，其对于刘备集团的生存与发展至关重要，一旦失去此地，即被限制在益州一隅，根本无法完成北伐大业。

之所以以荆州为主，也是因为由荆州攻中原的路，要比出汉中攻关中的路好走得多。而且如果夺取襄阳郡，还可以打通荆、益二州的连接，同时以襄阳为“桥头堡”，可以为日后北伐创造十分有利的条件。再加上南阳郡新野等县曾是刘备当年长期驻扎过的地方，有着深厚的群众基础，便于解决后勤保障问题。

正因为如此，刘备在赤壁之战后便在荆州苦心经营，并派关羽重兵把守，也是为了将来的北伐做准备。但刘备军中居然无人意识到孙权的潜在威胁，究其原因，是他们对江东与荆州地缘关联性的认知存在严重的局限性。

对于孙权所在的江东平原来说，长江是其战略屏障。早在孙策时期，张纮的《江都对》就提出了以长江控制荆、扬二州的地缘战略。孙权继位之后，这个比诸葛亮的《隆中对》还早很多年的战略一直没有改变。

> 若投丹杨，收兵吴会，则荆、扬可一，雠敌可报。据长江，奋威德，诛除群秽，匡辅汉室，功业侔於桓、文，岂徒外藩而已哉？方今世乱多难，若功成事立，当与同好俱南济也。
>
> ——张纮《江都对》

> 若跨有荆、益，保其岩阻，西和西戎，南抚夷越，外结好孙权，内修政理；天下有变，则命一上将，将荆州之军以向宛、洛，将军身率益州之众出于秦川，百姓孰敢不箪食壶浆以迎将军者乎？诚如是，则霸业可成，汉室可兴矣。
>
> ——诸葛亮《隆中对》

所以，基于这样的地缘态势，长江必须为孙权所有，这样才能确保其立国之本。

曹操在赤壁、南郡接连战败后，虽仅取得荆襄之地的北部极少区域，但其核心区域颍川郡的防守至少有了一定的保障。所以之后的曹操并没有把作战的重点放在荆州地界，而是选择在合肥与孙权拉锯，其原因是由合肥南下，可以切断孙权军队在长江中下游的联系。

没想到孙权居然将南郡“借”给了刘备，自己收缩兵力，集中在了长江下游，这样一来在战略和战术上都抢占了先机。

可刘备势力的膨胀，让孙权感受到了新的威胁，为此他就必须重新夺回荆州。

11 荆州之争在哪里？

由此，我们回到本文开头的问题，荆州之争在哪里？

从赤壁之战的前半段来看，曹操走的是从南阳南下攻襄阳、入江陵的路线，后半段则是从江陵入长江水道、攻江夏的路线。随后的南郡争夺，周瑜攻占了江陵，才迫使曹仁北撤。而关羽的北伐也是从江陵北上攻襄阳，到了夷陵之战，刘备虽被阻于夷道，但从他的路线来看，他的目标依然还是江陵。

由此可见，江陵虽然经历过三家几度易手，但是从东汉末南北对峙的地缘格局来看，除了赤壁之战期间以外，这一地区始终归属南方政权，与北方的曹魏势力相抗衡。只不过刘备和孙权占领时期，其地位和作用有着明显的区别。

南郡之战后，周瑜屯兵江陵，刘备就只能栖身在“穷山僻壤”的荆南地区，这样的安排很明显是周瑜有意而为之。因为对于此后的天下格局，周瑜的想法也和刘备一样：以江陵为根据地，先西取刘璋、张鲁，然后以蜀道设防，采取守势，将北伐主力集中在荆州。而且对于周瑜乃至整个江东来说，刘备是日后争天下的潜在威胁，必须将其限制住。

从当时的形势来看，周瑜实现此战略具有很大的可能性，特别是在攻占夷陵之后。反观当时刘备的兵力，根本不会有太大的作为。但是周瑜在筹备入川时居然暴亡，导致东吴取益州的计划还没开始就失败了。

随后到了刘备时期，江陵是其东征与北伐的后方基地，也正是得益于此地充足的后勤物资，刘备和关羽先后在取西川、夺汉中和北伐襄樊的战役中取得了巨大胜利。

刘备统治江陵的时间，起于建安十五年（210年）“借荆州”，之后，刘备将关羽安扎到江陵，同时为了恢复赤壁之战前后江陵地区遭到的严重破坏，又派诸葛亮在当地理政，因此江陵地区民生很快得到了恢复。

随后出征刘璋期间，刘备更是留诸葛亮在江陵辅佐关羽，而关羽独辖荆州虽然只有短短五年，但从襄樊战役来看，当时的江陵及附近地区为其提供了充足的兵源与物资，致使蜀军在荆州战区的综合实力明显提升。

只不过，当关羽被袭杀，刘备东征再次惨败后，被彻底“赶”出了江陵，原先的荆州内“小三国”的地理格局被打破，蜀汉失去了与曹魏、东吴三足鼎立的地缘支撑，之后的蜀国尽管有诸葛亮的六出祁山，姜维的九伐中原，但都无力回天，最终都以失败告终。

大唐最后一次辉煌胜利：三千勇士覆灭回鹘汗国

唐武宗会昌三年（843年），在杀胡山之战的狂风当中，拥兵十万的回鹘汗国在晚唐铁骑的打击下轰然覆灭。此战，也是大唐帝国最后的荣耀之一。

01

会昌元年（841年），曾经雄踞漠北、不可一世的回鹘汗国已经因为大风雪、疾疫与内战被严重削弱。在前一年，由于回鹘内部的斗争，别将句录莫贺勾结新崛起的黠戛斯汗国入侵，出其不意击杀了㕎馺可汗，回鹘部众离散。

被拥立的新可汗——乌介可汗率领残部数十万人，南下到错子山（今内蒙古杭锦后旗乌加河北300里）游牧，距离唐朝在河套地区的振武、天德二节度区已经非常近了。

事实上，开成五年（840年）十月十四日，天德军就已经奏报大量回鹘人在西城（唐西受降城，今内蒙古河套地区）附近活动，引起边民的恐慌。

当然，这些活动的回鹘人并不都是乌介可汗的人马。

会昌元年八月，回鹘特勤（官名）嗢没斯率领十余万人到天德军请求内附。天德军使田牟、监军韦仲平贪求边功，想联合吐谷浑、沙陀、党项等部落，趁势出击。

朝臣大多赞同，因为回鹘人这些年虽然与唐朝互为盟友，却实在不地道：安史之乱时，回鹘（788年，回纥才改名为回鹘，本文为表述统一，均采用“回鹘”的说法）出兵4000人帮助唐朝平乱，却洗劫了洛阳城做“回报”；此后回鹘协助唐朝与吐蕃在西域作战，却杀了大唐北庭都护杨袭古；回鹘可汗名义上接受唐朝皇帝的册封，却常有倨傲无礼之举；回鹘人尊摩尼教为国教，便强求唐朝在中原各州府都建立摩尼寺，允许摩尼教法师自由传教；两国长期进行的绢马贸易，回鹘人也常以劣马冒充良驹，换取上好的唐绢……

但是朝臣的主战呼声却被宰相李德裕否了。李德裕是怂包吗？当然不是。但李德裕看得很清楚，嗢没斯与回鹘乌介可汗不是一个派系的。现在如果打了嗢没斯，万一嗢没斯和野心勃勃的乌介可汗结盟怎么办？

晚唐军队的战斗力虽然依旧很强，但毕竟因为藩镇割据，国力已经大大削弱。因此，李德裕劝说唐武宗赐给嗢没斯部粮食两万斛，接受其内附。对于要求借粮的乌介可汗，唐朝也首先表示善意，先后借给其粮食4万斛。

然而乌介可汗狼子野心，希望得到振武军（治所在今内蒙古和林格尔县西北土城子）和天德军安置部众，这相当于要唐朝把整个前套和后套地区都交给回鹘，这样的要求，唐朝怎么可能答应？

只是乌介可汗手上毕竟还有大几十万部众和10万大军，唐廷也只能先与之虚与委蛇，委婉拒绝其借城的要求，但允诺帮助回鹘人寻回在混乱中被吐谷浑、党项掠夺走的回鹘人口。乌介可汗希望唐廷将嗢没斯和嗢没斯的部众交给他，也被唐廷拒绝。

02

会昌二年（842年）三月，嗢没斯杀死自己的政敌宰相赤心、仆固二人，正式归顺唐朝，此事激怒了赤心的部下那颉啜特勤。那颉啜带着赤心部下7000余帐，近10万人东走，跑到幽州卢龙节度使旁边活动。

这下嗢没斯只剩下数万部众，带着2000多名贵族归顺大唐，被任命为左金吾大将军、怀化郡王——那颉啜的叛变也算是减轻了唐朝的安置压力。而那颉啜显然并不服气乌介可汗，没有与乌介可汗结盟。

幽州卢龙镇是著名的河朔三镇之一，对于朝廷一向是听调不听宣。但那颉啜流窜到卢龙以北之后就出兵犯边，“东逼渔阳”，卢龙节度使张仲武马上命其弟张仲至及裨将游奉寰、王如清等率军3万予以反击。

那颉啜所部算上老弱病残也不过10万人，战兵不过一两万，如何是卢龙骄兵的对手？但此人不知天高地厚，选择与卢龙军正面决战，结果被“杀戮收擒老小近九万人”，7000帐部落都被俘虏，那颉啜中箭孤身逃走，路过乌介可汗的活动区域被捉。乌介可汗一看你把这么多人马全折进去了，我要你一个光杆司令有何用，马上命人将那颉啜推出去杀了祭旗。

挟战胜余威，张仲武又派大将石公绪兵进契丹、奚族两部，尽杀回鹘监使800余人，从而恢复了唐王朝对两个部落民族的管辖。

此次渔阳之战对回鹘部众形成了很大威慑，不附于乌介可汗的回鹘公主密羯可敦等7支回鹘部族十余万人（胜兵3万余），在此战之后向幽州镇投降。

但活动在河套正上方的乌介可汗所部数10万人（以游牧民族极限动员五人出一兵计算，乌介可汗麾下仍有50万左右的人口），依然是一柄达摩克利斯之剑。无疑，边境上任何一个单独的节度使，都不是乌介可汗的对手，要对付乌介可汗，就必须要有一场国战。

此时，乌介可汗已经决意大肆掠夺唐朝来恢复实力，他聚集流散的部众，把唐朝当作可以随意拿捏的软柿子。乌介可汗将牙帐转移到大同军（今朔州）以北的间门山，插入前套的振武军和桑干河流域的大同军、云州（治云中，今山西大同）之间，深入唐朝边境。而由于集结兵力需要时间，唐廷竟对此无可奈何。

03

会昌二年（842年）八月，乌介可汗率兵南下，突然进入大同川（桑干河流域），掠夺杂居在河东的戎狄各族牛马数万头，又转战至云州城下，杀掠百姓无数。云州刺史张献节闭城自守，不敢出击，被唐朝倚重的吐谷浑、党项部落也不敢与回鹘交战，纷纷走避。

除了洗劫山西北部的云州、朔州，回鹘骑兵还分兵至河套，在振武、天德军辖区劫掠。

这对于刚上任的河东节度使刘沔而言，简直是狠狠地打了他的脸。刘沔早年在宪宗朝追随名将李光颜平定蔡州，素有战功。开成五年（840年），刘沔担任振武节度使，当时接近天德军的回鹘人就开始试图劫掠，朝廷命令刘沔率兵据守云伽关，回鹘才被吓退。

然而这一次，乌介可汗自恃部众已经聚集，兵力雄厚，完全不把刚刚调任河东节度使的刘沔放在眼里。

河东节度使治太原府（今山西太原西南晋源镇），统辖天兵军、大同军、横野军、岢岚军、云中守捉及忻州（定襄郡，今山西忻州）、代州（雁门郡，今山西代县）、岚州（楼烦郡，今山西岚县北）三州郡兵，管兵5.5万人。整个山西北部都是刘沔的辖区，军力也算强盛。

然而聚集兵力毕竟需要时间，当刘沔调集军队出雁门关出击时，只击杀了回鹘裨将7人，终究是让乌介可汗从容退去。

这次寇钞造成了很大的人员伤亡和财产损失，边民纷纷逃亡。大诗人杜牧闻讯，作诗《早雁》以伤之：

金河秋半虏弦开，云外惊飞四散哀。
仙掌月明孤影过，长门灯暗数声来。

须知胡骑纷纷在，岂逐春风一一回？
莫厌潇湘少人处，水多菰米岸莓苔。

这次寇掠，坚定了唐廷彻底消灭乌介可汗的决心。要打，就必须打彻底！

04

唐武宗征调许州、蔡州、汴州、滑州等六镇兵马，任命刘沔为回鹘南面招讨使，张仲武为东面招讨使，李思忠（之前投靠唐朝的嗢没斯）为西南面招讨使，命几方兵力在太原会师，由刘沔统筹指挥，讨伐乌介可汗。

自此，聚集在河东镇的兵马已达十万之众。然而如此庞大的兵力，所消耗的粮饷自然不可估量，晚唐财政状况又不佳，使得唐廷必须速战速决。只是唐军大部分是步兵，机动能力有限，要获得与回鹘主力决战的机会，就必须要使用精心筹备的策略。

大唐宰相李德裕乃一代名相，通晓兵事。他知道刘沔虽然是老将，但决断之力终究不足，因此亲自制订了奇袭乌介可汗的计划，交给当时协助刘沔防守云州的大唐头号猛将石雄来执行。

说起来，乌介可汗之所以如此嚣张，还在于他手里有唐朝和亲到回鹘的公主——唐宪宗之女太和公主作为人质。

本来黠戛斯击破回鹘时已经救出了公主，黠戛斯自称是汉将李陵的后人，认为与唐皇室都出自陇西李氏，是唐朝皇室的亲戚，便派人送公主返乡。然而，会昌元年（841年）十一月，乌介可汗带兵劫杀了送太和公主南归的10名达干（官名），公主又落到回鹘的手里。

如果乌介可汗狗急跳墙，杀害公主，那对于唐朝的颜面将会造成很大的损害。因此石雄、刘沔的任务，不仅要消灭乌介可汗，还要毫发无损地救出公主。

乌介可汗真可谓“不解偷生求速死”。会昌三年（843年）正月，他又把牙帐迁移到河套以北，率领回鹘军队兵临振武城，在城边大肆杀掠。此时，石雄、刘沔早已商定了奇袭计划。石雄选择汉军精骑及沙陀李国昌部、党项拓跋部、铁勒契苾部骑兵共3000人，这3000人都是以一当十的勇士。

05

石雄与都知兵马使王逢率军出发，迅速抵达振武城附近，悄无声息地入城，而后连夜挖地道10条，三千勇士驱赶牛马，自地道杀出，直抵早已由间谍侦知的乌介可汗营帐。

乌介可汗只见牛马狂奔，尘沙飞扬，不知来敌多少，且他的大军已经分散掳掠和攻城，仓促间难以聚集。大唐战士个个奋勇，如同天神降世，戈矛雷动，此战不唯复近日寇钞边境之仇，更为雪家国百年之耻!

乌介可汗被唐军勇士射伤，不敢抵御，跨上骏马率领数百骑兵逃走。石雄率3000勇士配合振武军本身的驻军，一路剿杀，不仅救出公主，还一路追杀乌介可汗越过阴山到内蒙古北部的杀胡山，以寡击众，所向披靡，歼敌万人，俘虏5000人，缴获牛羊车马不计其数。

之所以3000唐军骑兵能如此横行，是由于石雄一路追打乌介可汗，使其指挥系统失灵，无法有效集结军队。而当乌介可汗终于逃脱追杀，有可能集结军队时，刘沔也率领10万大军分兵数路赶到。乌介可汗早已胆落，见唐军势大，不敢迎战，与部众分散逃窜。回鹘宰相、尚书等5支回鹘部族，向振武镇投降。

经过这场如同神兵天降般的奇袭，回鹘内部的凝聚力彻底崩溃。乌介可汗东逃至黑车子室韦（今蒙古高原东部），部众不断离散逃亡，很快只剩数万人口，3000以下兵力。

投奔唐朝的回鹘国相爱邪勿派人以财物引诱室韦人，室韦人就与当时的回鹘宰相逸隐啜一同谋杀了乌介可汗，将其首级献给大唐，传首长安。而20年后，吐蕃帝国最后一位权臣论恐热的首级也会被送到长安，装点大唐最后的荣耀。

回鹘人还不甘心帝国灭亡。逸隐啜立乌介之弟特勒捻为可汗（遏捻可汗），向活动在燕山以北的奚王石舍朗索取粮食供给。流散的回鹘牧民闻讯开始来投奔，回鹘兵力恢复到5000以上。

但幽州节度使张仲武并不打算放过这群最后的回鹘遗民。他发兵攻打奚人，使回鹘失去粮食供给，进一步离散，只剩下500多人（一说是名王、贵族500余人，部众数千人）。

张仲武又派人到室韦索取遏捻可汗，遏捻大惊，连夜与妻子葛禄、儿子特勒毒斯等九骑西逃，不知去向。这时黠戛斯又发兵攻打室韦，把回鹘仅剩的一点部众如同大灰狼抓小白兔一样抓走，回鹘汗国彻底灭亡，当真是白茫茫一片真干净，凄惨如斯。

至于随后在西北建立的小国高昌回鹘、甘州回鹘，都不过是烟花之后剩下的余烬罢了。

兵力2：1，决战高梁河

宋太平兴国四年（辽保宁十一年，979年）爆发的高梁河之战，是宋辽战争中的一场关键性战役。宋太宗赵光义御驾亲征进攻辽国幽州，却在此战中被耶律休哥和韩德让打得惨败，上演了“驴车漂移”。从此宋辽战局逐渐向不利于宋朝的一方转变。

01

高梁河之战并不像很多人想象的那样是一场毁灭性的惨败。宋军总共损失才一万余人，虽受创不轻，但减员不超过10%。这是因为辽军直到获胜，兵力都不如宋军，宋军兵力有十一二万，而辽军援军赶到后，总兵力也不过才五六万，所以不可能打成歼灭战。

就此而言，宋太宗攻灭北汉之后，马上讨伐幽州，确实产生了出其不意的效果——全面动员也能动员出20万以上兵力的辽国，根本来不及集结足够的兵力救援幽州。这也在一定程度上证明了太宗皇帝还是有一些军事布局才能的。

然而，赵光义拙劣的实战能力，仍然导致了此次北伐的失败。

赵光义破太原后没有及时犒赏三军，致使军心不满，大抵是他有“灭此朝食”的轻敌心态，希望攻克幽州后再赏赐三军。

经过柴荣和赵匡胤调教出来的周末宋初的军队，野战能力也是惊人的，面对契丹铁骑浑然不惧。在此前围绕北汉的交锋中，宋军已经有多次以少打多，击败辽军的战绩，所以对于辽军的战力有轻视也很正常。

再加上由于兵力不足，燕云辽军在与宋军野战过程中屡战屡败，南院大王耶律斜轸部也在得胜口之战中被斩首千余级（也可能是宋方夸大了战果），靠着迂回宋军后方突袭才挽回了一些面子。

02

六月二十五日，宋军看出耶律斜轸的兵力不足，只是据险而守而已，最多只能声援幽州，便只留一部分兵力与之对峙，大军开始围攻幽州城。

耶律斜轸部将渤海帅达兰罕率部降宋，赵光义以其为渤海都指挥使，并想办法招降辽军将士，使得辽军内部人心涣散，经耶律学古和韩德让安抚后，军心方定。

耶律斜轸虽然是名将，但在前期交锋中确实没从宋军手上讨到过便宜。不过耶律斜轸这一支高速机动的辽国游军的存在，依然使宋军难以派兵堵塞燕山上的孔道以断绝幽州支援。

骑兵数量不足导致无法追击歼灭耶律斜轸部，辽国援兵也必将源源不断赶到，这就迫使宋军必须加速攻打幽州城。

事实上，就整个幽州围攻期间，幽州的守备没有一丝被打出缺口的迹象。

六月三十日，赵光义又督军攻城，宋军三百人趁夜登城，被耶律学古擒获，后辽军又发现并堵塞了宋军挖的隧道，修守备待援兵。

兵力占绝对优势的宋军因攻城不利，“将士多怠”，士气低落。

03

幽州本来就是坚城，过去五代晋国大将周德威曾以幽州对抗耶律阿保机二百余日，撑到援兵赶到，最终击败契丹军。这样一座城池可不是轻易就能攻克的，而城池守将韩德让等人也都有合格线以上的军事才能，竭力防御，就使宋军不得其门而入。

受五代风气的影响，宋初军队属于典型的野战型军队，短于攻城，当初宋军攻克南唐国都金陵就花了整整一年的时间。虽然宋军步兵比例高，攻城能力强于契丹军，但也强不了太多。因此，哪怕耶律沙、耶律休哥不率领援兵赶到，宋太宗能否攻克幽州都要打一个巨大的问号。

七月初六，辽国南府宰相耶律沙、特里衮（官名）耶律休哥率领数万援兵穿越燕山孔道，进援幽州。兵力虽不多，却都是五院精锐。

而宋军攻城已接近二十日，当时曹翰率领的预备队都被赵光义拉上去攻城了，全体宋军都因攻城而疲惫不堪。

然而，发现辽国援军赶到之后，宋军仍然迅速调整为作战队形，对其进行迎击，竟然击败了养精蓄锐而来的耶律沙，追击十余里。

当时尚只是耶律沙副手的耶律休哥当机立断，率骑兵从小道迂回，袭击宋军腰侧，人人持火炬虚张声势。

宋军大惊，不知其多少，停止追击后撤至高梁河。耶律休哥帮助耶律沙聚拢败军，而后趁夜晚再次与疲惫的宋军会战。

04

耶律沙从正面和宋军抗衡，其正面应当有大量汉军、奚人的精锐步兵，以抵抗宋军重步兵的锋芒，耶律休哥与耶律斜轸各率铁骑夹击宋军两翼，战斗异常激烈。

由于宋军兵力占优，步兵又利于平地对抗，辽军仍然打得极为艰险，几乎要再次落败。耶律休哥身先士卒，身被三创，直接昏死过去。

幽州城内的韩德让和耶律学古当机立断，开门列阵，四面鸣鼓，城中居民大呼，响声震天动地，而后从城内率军杀出，宋军被四面夹击，宋太宗也中箭受伤，阵势终于陷入混乱，无法抵御，崩溃而逃。

但辽军也损失不小，未能组织凶猛的追击，最后宋军损失一万多人，宋太宗本人在混乱中乘着一辆驴车疾驰逃脱，数日后才和在涿州聚拢的败兵会合。宋太宗回来后得知诸将想要拥立赵匡胤之子赵德昭，赵德昭很快就被迫自尽了。

05

宋代笔记《默记》记载，神宗一日语及北边事曰："太宗自燕京城下军溃，北人追之，仅得脱。行在服御宝器，尽为所夺，从人宫嫔尽陷没。股上被两箭，岁岁必发。其弃天下，竟以箭疮发云。"可见，太宗最后去世也很可能与在高梁河所受的箭伤有关。

在幽州系列会战中，发挥最好的辽国将领无疑是耶律休哥，韩德让也功劳不小（但考虑到他与萧太后的关系，不排除其战功其实是耶律学古的），耶律斜轸表现则亮点有限。

事实上，辽国对于宋军的战力也有所轻视，整场会战中没有有效利用劫粮道、袭扰等手段削弱宋军战斗力，而是倾向于正面会战。因此即便面对疲惫的宋军，打得也非常艰苦。当然这也是因为辽国重骑兵战斗力远不如后世金国铁浮屠，破阵能力不足。

同年九月，满城之战后，耶律休哥逐渐掌握了辽国的军事大权，辽军越来越重视发挥骑兵的机动性优势来削弱、牵制宋军，但却没有进行有效的重骑兵强化改革。

即使如此，宋军与辽军打起仗来也越来越艰苦了，在岐沟关之战（宋雍熙三年，辽统和四年，986年）中更是遭遇了毁灭性打击。

宋夏战场最大失利：20万人葬身永乐城

宋神宗引领的熙宁变法，在宋朝引起了轩然大波，从开始到结束，反对的声音一直没有断过。但宋神宗还是坚持了下来，他改革的主要目的便是增加军力，以攻伐西夏。所以，要想堵住众人的嘴，宋神宗只能用战争的胜利来说话。可惜，宋神宗年间的对夏战争，仍然躲不过失败的阴霾。尤其在永乐城之战中，宋军损失惨重，这也是自宋朝开国以来，宋军最惨痛的一次失利。

01

宋元丰四年（夏大安七年，1081年）的对夏战争，宋朝举全国之力。初期宋军势如破竹，却在灵州城下折戟沉沙，损失惨重，但即便如此，宋军还是占领了大量地盘。很明显，宋军已经无力对西夏发动大规模进攻，所以，种谔建议宋神宗以筑城的方式稳固防线，并逐步蚕食西夏领土，待到城池完备，攻占灵州也就是时间问题。“今之兴功，当自银州始。其次迁宥州，又其次修夏州，三郡鼎峙，则横山之地已囊括其中。又其次修盐州，则横山强兵战马、山泽之利，尽归中国。其势居高，俯视兴、灵，可以直覆巢穴。”

种谔是鄜延路兵马总管，他在西北征战无数，经验丰富，看问题的角度也很准确。是时，蚕食西夏的确是最好的策略，可是宋神宗并没有让种谔负责筑城，而是将任务交给一个名为徐禧的人。

徐禧此人年少有为，也是满腹学识，之后被破格提拔，宋神宗对其十分信任。当然了，徐禧的根基也不简单，我们可以将其看作是皇帝的心腹。

从信任的角度来看，宋神宗将筑城的事交给了徐禧和宦官李舜举，在北宋，文官的权力是大于武将的，到了前线徐禧就成了总指挥。但这里有一个大问题，那就是徐禧根本不懂用兵，对行军打仗没有丝毫经验，派一个外行去指挥军队，真的是宋神宗的一大失误。

02

徐禧没有采取种谔的建议，而是将筑城地点选在了永乐城。永乐城地势险要，易守难攻，然而永乐城有一个最大的缺陷——没有水源。

永乐城位于西北苦寒之地，不像南方水源充足，在这里找水源十分困难。如果城内没有水，一旦被敌人围困，必将成为死城。人没有饭吃还能坚持一段时间，没有水喝，几天就可能会死亡。

史料记载，“永乐依山无水泉，独种谔极言不可，禧率诸将竟城之，赐名银川砦；禧等还米脂，以兵万人属曲珍守之”。

对于这个决定，种谔坚决反对。这根本不是什么地点选择问题，没有水源，就是原则问题。可是徐禧不听，将种谔打发到了延州。随后，徐禧发动23万民夫，开始建城，城池建得很顺利，14天之后，工程结束。

宋朝在西夏人眼皮子底下筑城，很快引起了西夏军队的注意。西夏决定拔掉这根钉子，因为永乐城对他们的威胁太大了。于是，西夏人开始集结军队，党项人人口不多，就在平民中抽壮丁，10个人就抽出9个，可以说几乎是全民皆兵，最终“夏兵至者号三十万”。

西夏人集结了30万大军，向永乐城杀将而来。很明显，没有水源，本就难以守城，再加上当时永乐城内的宋军大致只有3万，兵力差距太大，守城更是难上加难。

03

得知西夏兵即将到来的消息，大将高永亨建议，城内兵力太少，而且没有水，最好放弃永乐城，因为守是守不住的。徐禧对此不以为然，反而认为高永亨动摇军心，将其丢进了延州监狱。

在徐禧看来，西夏人来得很好，正是他立功的好时机。很明显，徐禧没有战争的基本常识，如果在西夏人围城之前，撤走永乐城内的军民，损失还可以降到最低。可是徐禧不听。

见长官不走，宋军将士也只能硬着头皮守城了。大将高永能见敌人还未列好队形，正是偷袭的时候，便请示徐禧，派他出战，偷袭敌军。

西夏军队人数众多，如果在其尚未准备好的时候偷袭，或许是宋军最后一次挽回败局的机会。然而，徐禧还是拒绝了。徐禧想体验一把金戈铁马的战场，随即亲自带兵出城列阵，在徐禧看来，战争就是这般儿戏。

步兵在后，骑兵在前，宋军最精锐的鄜延路骑兵开始向敌人冲锋。鄜延军的战斗力很强，杀入敌人阵营，大肆砍杀，如果在西夏人未准备好的时候突袭，或许真能发挥奇效。可当时西夏人已经将城池团团围住，任凭宋军如何反复冲击，西夏阵营仍是稳固异常。

毕竟人数在那摆着，几千骑兵该如何抵挡敌人几十万大军？最终，骑兵部队不敌，开始向后撤退。后方是宋军步兵，骑兵裹挟着步兵陷入一片混乱，向城内退去。西夏人也不糊涂，在围城的同时，将永乐城的水寨也攻下了。

由于永乐城内没有水，所以水寨修在了城外，没有高墙壁垒，水源当然守不住，这回永乐城内是真的彻底断水了。

由于西夏兵力太多，将永乐城围城数里，援军一时间也毫无办法，永乐城内的宋军想要活命，只有一条路，那就是突围。

到了生死存亡的关头，徐禧再度拒绝突围。于是，永乐城变成了人间地狱。

04

没有水，军民开始相继渴死，就连马粪汁都被士兵拿来解渴，但这毫无作用。徐禧的错误不可原谅，但徐禧不是个怕死的人，这位不通军事的将领，为了鼓舞士兵守城，亲自到城头和士兵们睡在一起。

史料记载，“贼蚁附登城者，积尸如山，践之以登，新城守具未备，贼知沈括退保绥德，永乐孤绝，攻愈急”。

数日间，城内被渴死的士卒超过一半，而西夏人也开始了疯狂的攻城。到了如此田地，无论如何都是个死，宋军也只能和敌人死磕。宋军的弓弩仍发挥了很大威力，成片的西夏人倒在城下。

可是，西夏人清楚城内的情况，不停地发起猛攻。起初，西夏人还将城下的尸体抢回来，随着战况越发激烈，西夏兵顾不得那么多了，城下的尸体堆积如山，活着的士兵就踩在尸体上攻城。

如果城内有水，谁输谁赢还真的不好说。但城内早就断水了，在西夏人疯狂的进攻下，永乐城终归是无法抵挡。城墙被攻破，西夏人开始入城。

看着那城下堆积的尸体，西夏人陷入了癫狂，随即便是无差别的屠杀。高永能战死，徐禧、李舜举死于乱兵之中，几百名将校死于非命，包括民夫、士兵在内的二十余万人死于永乐城。

史料记载，“是役也，死者将校数百人，士卒、役夫二十余万，夏人乃耀兵米脂城下而还”。

论起此次罪责，基本全在徐禧身上，倘若徐禧能抓住机会，哪怕是任何一个机会，都不会败得如此之惨。这一场惨败，也让宋朝上下从皇帝到平民全部陷入迷惘之中。

宋神宗一度在朝堂上痛哭不已，他也将全部责任归咎于自身。但一切都晚了，除了用人不当，或许真的是天不佑大宋，从此之后，北宋也只剩下了黑暗和沉沦。

文官于谦是怎么打赢北京保卫战的？

关于明朝的土木堡之变，因为事情发展得实在太令人震惊，一直以来就被赋予了各种阴谋论：有人说土木堡之变是文官的阴谋，甚至还有人脑洞大开说于谦是罪魁祸首。其逻辑是土木堡之变中皇帝都败得那么惨，于谦带领的北京保卫战却打赢了，肯定是有人出工不出力。那么，土木堡之变中被斩首的明廷，是怎么打赢北京保卫战的呢？

01

正统十四年（1449年），明英宗朱祁镇试图效法其先祖远征兀良哈的事迹，率20余万大军亲征瓦剌。然而，由于准备不足，指挥失误，明军被瓦剌军队围困于京北土木堡。

人困马乏之下，明军士气低落，在瓦剌的攻势下全军覆没，随军的兵部尚书邝野、户部尚书王佐等66名大臣战死，就连明英宗本人也被也先俘获。

这一战，也使得原本清晰的明蒙攻守态势再一次发生转换。对于明朝而言，最现实的问题摆在眼前：土木堡之变的大败，让明军精锐损失惨重，而明朝的指挥中枢也因为重臣的战死和皇帝的被俘几近瘫痪，而刚刚获得大胜的瓦剌也先，此刻有了进攻北京、继续扩大战果的野望。

强敌在侧，群龙无首，内忧外患下的明廷面临着建国以来的最大危机，但我们都知道，也先对北京城的攻略并没有成功，京师保卫战是以明朝的胜利结束的。

就像《明朝那些事儿》中所描写的那样，京师保卫战之所以能够成功，绕不开救时宰相于谦的功劳。明英宗的孙子朱祐樘的话说得非常公道，“当皇祖北狩之时，正国步难危之日，（于谦）乃能殚竭心膂，保障家邦，选将练兵，摧锋破敌，中外赖以宁谧，人心为之晏然”。可以说，若没有这位于谦于少保的挺身而出，明朝到底能不能度过这次危机还很难说。

02

从当时的记载来看，不同于英宗临时起意御驾亲征时的仓促，京师保卫战期间，明朝对于瓦剌入侵的准备相当周详。起用战败将领，调配补给，训练京师守备，调派各地军队入京，这一系列举措有条不紊地展开，确保了京师保卫战的胜利。

为了充实京中部队，明朝调拨两京和河南的备操军、沿海备倭军、江北及北京诸府运粮军以及浙江兵驰援北京，这一举措，让京师兵力从原先的不过数万扩充至22万。

另外，土木堡之变发生后，孙太后命郕王朱祁钰（景泰帝）监国，与群臣商议战守之策。由于明朝主力全军覆没的消息带来的冲击，不少大臣建议放弃北京，迁都南京避祸。后来南宫之变的推动者徐珵（后改名徐有贞）更是大言不惭地宣称“天命已去，惟南迁可以纾难”，于谦就是在此时说出了那句“言南迁者，可斩也”。

需要注意的是，虽然明朝中枢的文武重臣已经因为土木堡之变死伤惨重，但于谦当时只不过是兵部左侍郎，朝中官职地位比他高的不在少数，但敢于这样指斥建议南迁者的，却只有他一人。之所以于谦敢站出来说这样的话，除了他本人的性格如此之外，他科道官员的出身也是原因之一。

03

土木堡之变对明朝中枢的打击极大，除了前文提到的兵部尚书邝野、户部尚书王佐外，吏部左侍郎曹鼐、刑部侍郎丁铉、工部右侍郎王永和这些部门二把手也都死于事变当中，反倒是游离于六部之外的监察体系得以保存下来。

明代的监察体系较为复杂，像都察院、十三道监察御史、按察司、六科给事中都属于监察体系范畴。明太祖朱元璋对于这类风宪官的选拔极为重视，曾下旨称其为“耳目之寄，肃清百司。今后慎选贤良方正之人，以副朕意”。

自此以后，监察官员的选拔就变得越来越严格，甚至可以说是严苛。明初百废待兴，官员调任本没有太过死板的要求，一些吏员若是表现良好也能破格为官。但监察系统却是例外，不仅不允许这种破格提拔的存在，就连正统科举考入的进士想要进入科道，也必须经过层层选拔后，再“理刑半年，考试除授”。

这种对于监察系统官员的重视，并没有因为朱元璋的去世而衰弱，相反，由于统治者对于监察百官这一现实需求的存在，明朝历任皇帝在言官、御史的选拔上都开始层层加码。

如此一来，这些监察系统的官员在个人素质以及地位上都远非普通官员可比，正所谓“口含天宪，清华之选”。于谦就是御史出身，除他之外，土木堡之变后有定朝局之功的礼部尚书胡濙（就是传说中奉朱棣之名寻访建文帝的那位）也同样担任过兵科、户科给事中，同属科道老人。

04

土木堡之变后，明朝监察系统损失并不算很严重，因此成了当时最活跃、最重要的一股政治力量。除了平息南迁之议外，在铲除王振余党一事上，明代的监察官员们同样出力颇多。

王振的同党，锦衣卫指挥使马顺，在午门血案中因为试图驱散请命大臣反被围殴致死，据说，第一个怒而出手（口）的同样是一位言官：户科给事中王竑。

《明史》记载：锦衣指挥马顺者，振党也，厉声叱言者去。竑愤怒，奋臂起，捽顺发呼曰："若曹奸党，罪当诛，今尚敢尔！"且骂且啮其面，众共击之，立毙。

如果以为"咬杀锦衣卫指挥使"这一成就，是王竑人生的高光时刻，就太小瞧这位言官了。

午门血案后，王振一党被清洗，王竑则被授予右佥都御史一职。在也先袭击京城时，他与王通、杨善守御京城，后又驻守居庸关，为明廷立下了汗马功劳。

从当时的记录来看，除了于谦、胡濙、王竑这类有着匡扶之功的名臣之外，明朝中枢体系的大批言官也并没有沉寂下来。

05

前面我们提到，土木堡之变造成了明朝中枢的混乱，一方面这自然与英宗的被俘有关，而另一方面，大批中高层官员的战死也是重要原因。尤其是兵、户两部，主管军事和钱粮供应，更是事关京畿防御的关键，一旦运转失灵，后果不堪设想。土木堡之变后，明朝除了另立新皇外，还进行了大量的人事提拔。

最显眼的，自然是于谦由兵部侍郎升任兵部尚书。除此以外，户部尚书由工部左侍郎补任，户部、兵部乃至剩余四部的侍郎、郎中、员外郎等职务，也依次由下往上递补。

在《明史》等文献资料中，我们经常能看到于谦等大臣提及"靖康之变"

或者“宋之南渡”，可以说，宋朝守卫汴京时的种种乱象，几乎是为明朝文武提供了一个“完美的”错误答案。如宋徽宗退位自保后在后方发布的乱命，宋钦宗在面对金朝时是战是和的摇摆犹疑，以及防卫京师时文臣武将们的种种奇葩操作，都成了明朝此刻需要避开的“大坑”。

不过，和靖康之变时北宋军力国力的捉襟见肘不同，刚刚遭遇大败，“精锐尽丧”的明朝还可以依靠厚实的家底来稳住局势。

由于大部分辎重武器在英宗亲征时被抽调进主力军中，当时京城守军的武器铠甲严重不足，最严重时，士兵着甲率甚至不到10%。但靠着应天府（南京）军械库的支持，明朝短期内就补充了各类兵器126万件，明朝所积累的家底可想而知。

06

和兵器的补充类似，明军兵源的补充同样充满了“有钱任性”的感觉。为了激励守城、守关士兵的士气，明朝下令“守城匠人、守口军、火夫，并皇城四口内外官军，人赐布二匹”。就连民间百姓，只要有才能有勇气，也可通过选拔“授以冠带，赏银三两”，并且“给予器械鞍马，月粮一石”。这种氪金大法，让原本元气大伤的京师守军得到了一定的补充。

同时，就像前文提及的那样，明朝还依靠两京备操军、南方备倭军等后备力量重新训练、充实军队。

在此之前，京城防卫力量主要以京营为主，虽然名为“营”，实际上人员成分、隶属关系极其复杂，除了隶属五军都督府的卫军和守卫皇城的亲卫外，甚至还有部分负责杂役的所谓力役乃至皇陵卫队。

这样拼凑而成的一支军队，人员调度起来有多复杂可想而知。《明通鉴》对此有毫不客气的评价：“虽各有总兵，不相统一，临期调拨，兵将皆非所素习，猝遇敌兵，有所呼召，甚至彼己不知，姓名不记者。”

连姓名都记不住，又谈什么配合和支援？土木之役表明，这些大而无当、所属不一的军队，会极大地拖慢明军的指挥运行能力，同时也很难有效提升军队的战斗力。

因此，京师防御战前，为了协调统一，减少彼此各不统属所带来的指挥问题，明朝几乎放弃了已经名存实亡的京营，重新整合三大营，又将其中的精锐抽调到新建的团营之中。

与三大营不同，新建的团营由兵部尚书一人提督，其下又设三总兵及指挥使等职，这种严密的组织结构，也是京师保卫战得以取胜的关键。

与北宋靖康之变相比，明朝虽经历土木堡之变的惨败，但就当时的国力来看，无论是辎重储备、后备兵源还是预备人才，都还有深厚的底蕴。正因如此，明朝在平息了英宗北狩引起的内部混乱后，重新建立了稳定的行政和军事中枢，使得瓦剌也先没有任何可乘之机，最后只能无功而返。

从万历朝的宁夏之役，看明朝边防的病根

著名的万历三大征中，相较于抗击日本入侵的朝鲜之役，以及平定苗疆土司杨应龙叛变的播州之役，平定蒙古人哱拜叛乱的宁夏之役往往没那么受人关注。

从时间上来说，这次叛乱，自万历二十年（1592年）二月爆发，到九月就被平定，前后大约七个月的时间。

从地理空间上来说，其范围基本上限于宁夏镇及其附近地区，波及不广。

因此，历来关于明史的几部重要史书，如《明史》《明通鉴》等都未将其作为重大的历史事件来处理，记录得都不是很详细。

但是如果广泛地阅读有关这一事件的史籍，就可以看出，这一事件不但反映了明朝后期军政体系中存在的重大问题，而且也对明朝后期的政治局势造成了深远的影响。

01

哱拜本是蒙古人，嘉靖年间“住牧山后，屡盗边民头畜得利，因投黄台吉部”。其人生性狡黠凶悍，黄台吉颇忌之。后来，哱拜因“得罪其部长，父兄皆见杀”，而他由于“伏水草中得免”，走投无路的哱拜最后只得投降了

明朝。

时任宁夏守备的郑印接纳了他，并采取以夷制夷之法，挑选土著士兵，建立卫队，由哱拜统领，号为其家丁，对抗蒙古。

哱拜善骑射，勇艺绝伦，其卫队勇猛敢死，因而屡立战功，经常受到重赏。巡抚王崇古、总督石茂华先后奏请加哱拜为副总兵。

哱拜自降明后可谓顺风顺水，并以宁夏副总兵致仕。那么他为何要发动叛乱，以致晚节不保呢?

这是由诸多原因造成的。

“隆庆和议”后，明朝和蒙古采取和平互市的主流政策，西北地区亦开放了马市。这样明朝与蒙古的冲突就减少了，而哱拜也就没有了用武之地。

哱拜致仕后，其子哱承恩袭其位。哱承恩生性乖张，史书记载：“……子承恩，拜梦妖物入妻，施胁而生，狼形枭啼，性狠戾。”

哱氏父子在宁夏可谓位高权重。

万历十九年（1591年），党馨出任宁夏巡抚，党馨“疑拜势重难制，每事裁抑之”。同年秋天，右翼蒙古部落进犯青海，经略郑洛调遣宁夏兵马西援。

哱拜主动请缨出征，得到了郑洛的许可。然而在分配兵马时，巡抚党馨却故意“于其（哱拜）马之羸者不与易”，这件事引起了哱拜的不满。

其后，党馨让哱拜种西域树瓜，瓜熟，哱拜遣人送之与党馨，党馨却以瓜薄为由将送瓜者打死。

哱拜遂又派义子哱奕襄以金银好礼送与党馨，不料党馨大怒，将哱奕襄投入狱中。这之后党馨又以哱承恩强取民女为妾，将其鞭笞。

党馨的百般刁难引起了哱氏父子的极大愤怒，他们之间的矛盾构成了叛乱的主要原因。

另外，党馨对士兵极其苛刻。他命令士兵们缴纳拖欠的朋合银、朋头银和肉脏银，并规定交不齐者将从月粮中扣除。同时，他又长期不向士兵发放冬衣布花草价银。这些行为引起了兵丁们的严重不满，成了叛乱的导火线。

兵丁刘东旸对党馨的做法极度愤慨。他在军中颇具威望，且有一定的领导才能，遂与哱承恩等八十余人秘密集会，准备举事。这样一来，哱拜反抗活动（明廷称之为叛乱）的发生就不可避免了。

02

党馨与哱氏父子、官兵们的矛盾是造成叛乱的直接原因。然而在这背后，却有着更为深刻的社会原因。

首先是边将权力的不断增加。明朝自太祖建国以来，始终面临着北方蒙古部落的威胁，为了更好地维护边疆地区的稳定和发展，明朝采取了不断增加边将权力的措施。给予将领充分的领导权力，才能对军队进行有效的调度，充分发挥将领的军事才能，提高防御水平，这在一定程度上有利于明代边防建设。可是另一方面，边将权力的不断增大却增加了内忧，像哱拜这样权倾一方的军事将领，在明代中后期极为普遍。

其次是家丁制度的形成和发展。家丁在明代中期就已存在，嘉靖时期，国家开始供养军官的私人家丁，军事家丁制度形成。私人家丁听命于所属将领，他们在北部边疆地区逐渐成为抗击“北虏”的一支重要力量。然而家丁军队的出现也埋下了一些隐患，如在哱拜叛乱中，家丁军队构成了叛军的骨干，给明军制造了不小的麻烦。

此外，明朝中后期政府财政拮据，支付边疆地区的大量军饷，力不从心。加之多有官员侵吞粮饷，致使军队缺饷状况严重，边疆地区士兵待遇较差，多有不满，因而兵变现象在这一时期出现较为频繁。而兵变也是哱拜叛乱得以发生的又一社会原因。

在以上诸多原因的共同作用下，哱拜等人发起叛乱。对明朝政府来说，“万历三大征”之首役由此揭开了序幕。

03

万历二十年（1592年）二月，众兵丁聚集讨要所欠饷银，遭到宁夏当局的拒绝。愤怒的士兵们蜂拥上街，他们“沿街号召，各要穿甲随众，不从者杀”。

形势已经开始朝着难以控制的方向发展，而此时宁夏总兵张维忠则不知所为，仍然幻想着以游辞化解士兵的怨气，因而错失了消弭叛乱的时机。

士兵们将张维忠控制起来，他们冲到巡抚党馨的住处，细数党馨的“罪状”，并枭其首，肢解其尸体，以肉喂犬。

杀掉党馨后，闹事者“始收各衙门印信，分闭六门，纵狱囚，焚案牍，掠公私积帑，市遂货币，烧官民庐舍，火光彻天”。

宁夏城中一片混乱。

其后，刘东旸被正式推举为首领，叛乱自此已经形成。除刘东旸外，许朝、土文秀和哱承恩成了叛乱的另外几位领导者和关键人物。

至于哱拜，他起初对叛乱是有所顾忌的，“哱拜为子所挟，尚惶惑”，然而见到叛军的声势浩大之后，哱拜产生了顺势而为的心理，遂逐渐走上前台，成了叛军之中最主要的运筹者。

04

宁夏发生如此大的变动，消息不久便传到时任三边总督的魏学曾那里。鉴于当时获知的情况有限，魏学曾先是派遣专员火速前往宁夏了解情况，并发布命令，让兵变士兵停止行动，听候处分，试图先稳住局势，同时调兵遣将积极备战。

然而哱拜等人并未理会魏学曾的命令，他们一方面向魏学曾提出条件，要求朝廷免罪并授予官职；一方面积极组织所掌握的军队，准备向宁夏周边进发。

叛军控制宁夏不久，即由哱承恩与土文秀各率一军，分别向玉泉和平虏方向进军。叛军进犯之初异常顺利，明军据点或是有营兵内乱响应叛军，或是望风披靡，不堪一击。

不久后，叛军相继攻下自河西至玉泉四十七堡，河东重镇灵州、花马池告急，全陕震动。

三月，宁夏叛乱的消息传至北京，明廷向魏学曾下达命令："命学曾驰赴宁镇，擒元凶，赦余党，听便宜处置，务昭朝廷恩威，毋得延误军机。"

05

魏学曾当时身在固原，距离宁夏镇七百多里，对叛乱的具体情况并不是十分了解。又逢边备久弛，缺少钱粮，问题甚是棘手。

在这种情况下，魏学曾先是进行了一番细密的准备。他首先急调各边之兵勇来助，又借茶马官银补充军饷，保证军队战斗力。其次他移书于各边堡，稳定军心，加强防备。同时由于宁夏镇处于明蒙边界地段，魏学曾担心叛军与蒙古相勾结，即派遣军队加强对边境各个隘口的把守。

布置得当之后，魏学曾又分兵三路：一路由副总兵李昫率领赶赴灵州；一路由游击赵武率领前往鸣沙州，同时沿河道布置重兵，以防叛军渡河；一路由他亲自率领，驻扎于军事要地花马池，以为策应。三地构成掎角之势。

魏学曾的布防扼制了叛军继续向东南扩张的趋势，将叛军阻挡于河西地区。叛军曾试图冲破这道防线，结果以失败告终。

稳定了局势之后，魏学曾开始反击。他命令河东一线明军从不同据点向西进军，明军的大面积反攻令叛军难以招架，明军接连取得大捷。先前被叛军夺取的河西四十七堡皆被收复，叛军的势力范围又回到了宁夏镇及周边一些地方。

在魏学曾的调度下，明军的进攻非常顺利，叛乱的平定似乎指日可待了。

06

就在明军胜利在望之际，魏学曾最担心的事情发生了。老谋深算的哱拜深知仅凭叛军的实力难以与明军周旋，遂遣使者向河套地区的蒙古部落求助。

哱拜许以重金加城池，获得了蒙古著力兔等部的支持，著力兔甚至直接派军队参与到了叛乱之中。蒙古的介入使哱拜叛乱更为复杂化，魏学曾此后面对的不仅仅是叛军，还有河套地区的蒙古部落。

蒙古援军到来后，哱拜“大索金帛声伎其欲”，使虏大悦。哱拜试图趁着蒙古军队的到来，对明军予以反击。他派义子哱云等与著力兔率领的蒙军攻打平虏，自己率军与土文秀向玉泉方面进攻。

平虏之战中，参将萧如薰力战，并设伏射杀哱云，力保城池不失；玉泉方面，游击赵武坚守城池，副总兵李昫随后率援军赶到，叛军只得退去。这两次战役也粉碎了哱拜意图反攻的计划，叛军反攻失败后又退回宁夏镇。明军乘胜追击，双方力战，互有伤亡。

而明军此时粮饷不足，难以继续有所作为，战役进入相持阶段。根据这种情况，魏学曾又想出了暂缓攻城，采取离间计的办法，使叛军内乱。他派人见刘东旸，诡报朝廷将升他为参将，又秘密遣人见哱拜、土文秀，告知二人杀刘东旸和许朝则可戴罪立功。

魏学曾的计策是在当时特定的情况下产生的，是可行的。然而由于当时叛军较为团结，此计被哱拜识破，未能实现。

此后，叛军一面坚守城池，一面继续与蒙古部落勾结。而魏学曾只能等待粮饷和援军的到来。

07

四月中旬，甘肃巡抚叶梦熊派遣总兵麻贵、牛秉忠率一千余苗兵前来增援。不久后明军再次向宁夏发起进攻，叛军败退，入城坚守。

宁夏城坚难摧，史书记载：“宁夏城池系赫连勃勃所筑，名曰统万，最高且坚。赵元昊据此拒宋师，七十万众不能克之，故贼倚恃不惧官军。”因而明军多次攻城未果。

双方在宁夏交战之时，叛军“计延绥、榆林兵出内虚，勾黄台吉妻，令其子舍达大、从子火落赤、土昧铁雷掠旧安边、砖井堡以牵我兵”。哱承恩也同时出击，设伏于汉延渠，袭击明军运粮部队，并截获粮饷二百车。

粮饷被劫，对明军来说，无疑是一个沉重的打击。

进入五月，西北地区天气炎热干燥，明军士兵很多是从外地调遣而来，无法适应这种天气，疾病开始在军营中蔓延。加之叛军与蒙古军队控制着明军运粮的通道，局势又朝着不利于明军的方向发展。

08

自叛乱发生以来，已有近三个月，魏学曾久未平定，朝中议论纷纷，更有人进言魏学曾无谋略，误国事，要求将其罢免。

而此时，又逢日本大举入侵朝鲜，危及辽东地区，局势更加紧张。万历皇帝遂下旨削魏学曾职，命其戴罪立功。同时，派遣朱正色、叶梦熊、李如松等领兵前往助剿，又命梅国桢为御史监军前往宁夏监军。

而叛军方面，则竭尽所能讨好蒙古，不仅将大量金银宝物相赠，还纵容蒙古军队劫掠所攻下的城池，奸淫妇女。哱拜更是长住著力兔的营帐，而许朝则与蒙古酋长联姻。在蒙古军队的帮助下，叛军得以同明军僵持。

在对待蒙古方面，战役之初，魏学曾为了阻止其与叛军的联合，避免局势复杂化，改变了以往对蒙的强硬态度，采取了怀柔之计。史书记载：“（魏学曾）复遣人谕虏，申朝廷和市旧约，令勿助逆……”然而，在叛军许以大量利益的诱惑下，蒙古一些部落仍然出兵援助。

明廷加大对平定叛乱的投入，也取得了一定的成效。叶梦熊领军到达后，明军随即发动进攻，此役几乎破城，差点生擒哱拜。

逃过一劫的哱拜遂遣使携带大量金银财宝前往蒙古卜失兔处求援。卜失兔答应攻打灵州，劫明军粮草。

不久，御史监军梅国桢协同都督李如松也率大军到达宁夏。明军随即又发动三次进攻，叛军以死相守，战斗过程十分惨烈。最终明军仍未能攻下宁夏城。尽管未能取得胜利，但此时明军优势已十分明显，城内叛军士气低落，叛军首领之间亦出现裂痕，他们已无反击之力，只得坚守城池，再次等待蒙古军队的救援。

御史监军梅国桢的到来，加大了明军的胜算，但是与此同时，他与魏学曾之间也产生了较大的矛盾。

09

梅国桢（1542—1605），字克生，号衡湘，湖北麻城人。梅国桢虽文官出身，却具有一定的军事才能。他在还未到任之时，便针对宁夏的情况提出了自己的六条建议："一曰谕诸臣以急公义；二曰赏完守以鼓忠义；三曰分逆顺以散虏党；四曰专责成以制寇患；五曰豫处偫以济士马；六曰禁妄杀以安人心。"

梅国桢对宁夏战役的态度是较为激进的，主张力战。未赴任时，其对魏学曾师久无功就有看法，他被任命为御史监军，也体现出万历皇帝急于平定叛乱之心。可是未亲临战场，是无法准确了解叛乱具体情况的。

梅国桢率大军到来后，发动了三次攻城战役，均因遭到叛军顽强的抵抗而未能成功，事实证明强攻是行不通的。

魏学曾已是年近七十的老帅，身经百战，作战经验丰富，作为三边总督，他对宁夏叛乱的情况更为了解。可是梅国桢以御史监军的身份领兵而来，急于破城。二人意见不合，矛盾难免出现。

梅国桢认为魏学曾治军不严，在处理叛乱过程中多有不妥之处，并上奏朝廷言魏学曾之过："佥事随府从城上跃下，贼令四人下取，我军咫尺不敢前。

又北寇数万断我粮道，杀戮无算，（魏学曾）匿不以奏。”要求罢免魏学曾。

而魏学曾则上疏朝廷要求梅国桢必须服从自己的安排。二人性格都很倔强，矛盾逐渐升级。万历皇帝对宁夏战役早已不耐烦，他既派梅国桢前往监军，自然倾向于梅国桢。此时朝中亦有人指责魏学曾领导宁夏战役不力，这些情况预示着魏学曾厄运的到来。

10

另一方面，叶梦熊、梅国桢、李如松等率军陆续到来后，对宁夏城进行了一系列的攻击，然而均未能克城，战役又陷入僵局。

而宁夏城内叛军的日子也并不好过，接连应战损失惨重，城内粮饷严重短缺，叛军士气低落，叛军首领分歧越来越大，许朝已准备向明军投降。

梅国桢也决定采取招抚之计。正当局势出现转机之时，蒙古卜失兔、庄秃赖率军三万前来援助叛军，这给了负隅顽抗的哱拜、刘东旸等人一线希望。

哱拜遂派家丁引领蒙古军队由河西向河东进军。蒙古铁骑来势汹汹，与明军在沿河地带进行了激烈的战斗，最终明军在李如松、麻贵等人的力战下，将蒙古军队击退。

明军与叛军又呈现胶着之势。

压力之下，魏学曾想出了一个可以在短时间内解决问题的计策，那就是以水灌城。

宁夏城东北地势低洼，在此修筑堤坝，决开黄河口，将水引来灌城，则可不战而平乱。这一方法是取得宁夏战役胜利的捷径，魏学曾此前早已命令明军在此修筑堤坝，引入黄河水，却久久不肯放水淹城。究其原因，《泾献文存·外编》中这样记载：“（宁夏）城坚不可猝拔，（魏学曾）计惟决水可灌，顾恐伤良民，则筑堤而实土塞城……”魏学曾担心伤及城内无辜，没有下决心灌城，因此延长了平定叛乱的时间。

11

随着魏学曾与梅国桢矛盾的激化，加之叛乱久未平定，朝中又有人诬蔑，万历皇帝实在等不下去了。

七月，万历皇帝以师久无功，损耗兵饷为由，下令“逮学曾至京”。魏学曾就这样被罢官，押回京城。

魏学曾被逮后，叶梦熊升侍郎，代为总督讨贼。宁夏战役后期主要是由叶梦熊和梅国桢领导的。他们采用了魏学曾的计策，以水灌城。

就在魏学曾被逮不久，明军便决开大坝放水，大水将宁夏城包围，并溢入城中。这时宁夏城内已一片狼藉，城中严重缺粮，叛军人心惶惶，百姓更是苦不堪言。

《两朝平攘录》中记载：“城中乏谷，士尽食马，马余五百匹，民食树皮，死亡相属。”

哱拜等人商议，城外积水日渐增加，死守迟早被破城，只有再次向蒙古求援才有一线生机。

而此时，明军也早已加强对各个边防要冲的守备，防止蒙古军队的救援。随后著力兔果然率军前来，却被早有防备的李如松、麻贵等人大败。是役，“虏大败，腾山逃去，自此解体，不敢复入矣”。

失去了蒙古部落的援助，哱拜等人只有坐以待毙，宁夏城破只是时间问题。

12

九月初，梅国桢和叶梦熊相继率军进入宁夏城南关，他们“犒赏兵众，抚安关民，不杀一人。大城居民闻之，人人思献城矣”。

明军随后攻至宁夏主城，叛军继续垂死挣扎，官军数日未攻下。而此时城中叛军首领离心越来越大，先是土文秀欲投降献城，被刘东旸和许朝杀死。随后梅国桢决定采取离间计，假允哱承恩如果投降，可既往不咎并授予官职，又买通叛军将领周国柱，促使叛军内讧。

计策奏效，城内叛军首领开始厮杀。哱承恩杀掉许朝，周国柱杀掉刘东旸。明军随即进入宁夏主城内，哱拜闻讯知道大势已去，遂自焚，哱承恩被生擒，其后押送至京城处死。

自此，长达七个月的哱拜叛乱终于被平定。

对于哱拜之乱的发生，梅国桢曾就此做过客观分析："洪武以至嘉靖，寇无岁不犯，我无岁不备，各军虽有战守之劳，无克削之苦。嘉靖以至隆庆，和议既成，不修战守。各军虽有克削之苦，而无操练之劳。今时则异是矣，外实修和而内欲兼战。修和则不免仍克削以为媚寇之资，兼战则徒有操练而无首功之望。不加矜恤而克削之闻，使之治生不给，发身无阶。已逆知其有今日之弊矣。即总兵张维忠疏内所列，据臣所知，有载在会计录者……皆以节省为重，以矜恤为轻。暂行于无事之时，尚难以得其心，相沿于用武之日，其何以免其怨？"

从梅国桢的奏疏中可以看出，哱拜之变与明蒙和议后，明朝对边镇将领的基本政策是相联系的。

自明蒙和议之后，克削边军，贯以节省，是明朝的政策。由于把边镇的主要财力都用于蒙古的贡市，边镇官军的粮饷一减再减，导致边将生活困难，"治生不给"，又因备不战，将士没有立功的机会，难以升迁，这是导致兵变的根本。而巡抚党馨的苛政，成为哱拜之乱的直接导火线，为明王朝带来了深重的灾难。

光显寺大捷：多亏了雍正的一个妹夫

雍正朝有两次很有意思的战役，一场是对准噶尔的惨败，即和通泊之战；另一场是在此一年后发生的光显寺大捷，这次对战准噶尔，则是以清军大胜结束。惨败之后仅一年就能取得大胜，清军是怎么做到的呢？

01

和通泊战役的同期，西路的岳钟琪误信了准噶尔部首领噶尔丹策零准备攻打吐鲁番的假情报，被骗到了吐鲁番，导致西路军没能及时救援在和通泊遇伏的傅尔丹。

岳钟琪只得采用围魏救赵的战术，率主力直插准噶尔的重镇乌鲁木齐，以分散准噶尔的主力对傅尔丹大军的重压。

当岳钟琪大军攻进乌鲁木齐时，守城的准噶尔军闻风逃遁，新疆首府被清军占领。然而岳钟琪的奇袭制胜，只是占了一座空城而已。清军并没有歼灭准噶尔的有生力量，还是得不偿失。最后，岳钟琪率部撤出了乌鲁木齐，退回了哈密。

清朝和准噶尔双方陷入了相持阶段。

在相持期间，准噶尔偷袭了哈密。岳钟琪调兵遣将，准备在准噶尔军的归路上设伏，断敌退路。结果设伏的部队没有按时到达指定位置，以致让准噶尔军逃走。

准军不仅挫伤了清军的士气，还劫持了大量的物资。雍正盛怒之下，将岳钟琪的两员将军斩首示军，并严加申饬岳钟琪“攻敌不速，用人不当”，以致遭受如此大败。

02

雍正九年（1731年），镇守察罕叟尔的靖边大将军、顺承亲王锡保侦知准噶尔军自和通呼尔哈诺尔窥伺茂海、奎素诸部，发兵将准噶尔击退。

锡保的祖父勒克德浑是开国名将，曾经在荆州之役大破闯营。然而世家沿袭，子孙早已成了膏粱子弟，如今正值清军新败之际，士气低落，锡保当然没这个本事力挽狂澜。那么锡保是如何击退准噶尔的呢？原来，是多亏了蒙古郡王策棱。

策棱（一说策凌），博尔济吉特氏，蒙古喀尔喀部人，康熙四十五年（1706年）“尚圣祖女和硕纯悫公主，授和硕额驸”。此时，策棱正在锡保麾下效力。

而此刻锡保麾下的兵士也多为蒙古兵——雍正心知满洲兵经过和通泊惨败，一时指望不上，于是只能选择信任蒙古各部，将资源倾斜给蒙古各部，奉上最好的装备补给，算是死马当活马医了。

没曾想，蒙古兵鸟枪换炮之后，战斗力还真给力。策棱与翁牛特部的贝子罗卜藏等人分兵将准噶尔军击退。

蒙人擅长骑射，怯于兵击；长于诱敌，短于列阵。在纪律上会显示出很大的两面性：行军、侦察时往往极为吃苦耐劳，但在正面会战时却经常如同豆腐一样一击即溃。准噶尔部要稍微好一些，但也强不了多少。

但策棱因“愤喀尔喀为准噶尔凌藉，锐自磨厉，练猛士千，隶帐下为亲兵。又以敌善驰突而喀尔喀无纪律节制，每游猎及止而驻军，皆以兵法部勒之，居常钦钦如临大敌。由是赛音诺颜一军雄漠北”。

由于这一仗发生在额登楚勒之地，被称作额登楚勒战役。策棱也因此被封为和硕亲王，授喀尔喀大札萨克。

03

随后，之前和通泊之战痛歼清军的总指挥，准噶尔第一名将大策凌敦多布，率领3万大军（战兵1.5万以上，其余为辅兵）入侵喀尔喀地界。

大策凌敦多布听说锡保驻扎在察罕叟尔，振武将军傅尔丹驻军在科布多，于是派遣大将海伦曼济等，率领6000人取道阿尔泰向东进军，分兵袭扰克鲁伦及鄂尔海喀喇乌苏，留下剩余的部众驻扎在苏克阿勒达呼作为后援。

策棱知道这位不好对付，以自己手头的兵力，和他正面对决肯定讨不到便宜。既然如此，那就把他的先头部队往死里打，打烂了他的先头部队，让他吃了亏，他就不敢亲自来了。

策棱和同族亲王丹津多尔济一同疾驰迎击，派台吉巴海率领600人大白天去踹营。海伦曼济见敌人如此嚣张，立刻上去一阵围攻，巴海自然寡不敌众，失败溃退。海伦曼济不虞有诈，率军追击，到了额登楚勒之地，突然只见旗旄招展，伏兵如同乌云一般自山梁上杀出来。策棱一马当先，将海伦曼济所部先锋斩于马下，海伦曼济一军皆大骇，瞬间崩溃。

大策凌敦多布听闻败讯，明白前队失利，士气已折，这一次出击是讨不到便宜了，只得苦着个脸，率军撤回。

这一战规模虽然不大，但大策凌敦多布这一准部的无敌战神吃了这么大一个亏，回去便被解了兵权，改由小策凌敦多布领兵。

有道是“大者善谋小者勇”。噶尔丹策零对于大策凌敦多布只因为前部吃亏就不敢再打撤了回来这件事很是恼怒，指望着勇猛如火的小策凌敦多布能打出准噶尔的声威。

然而，准部底子太薄，经不起败仗，大策凌敦多布的谨慎不见得是坏事。现下换了有勇无谋的小策凌敦多布，准部眼见着要吃更大的亏了。

04

雍正十年（1732年）六月，噶尔丹策零派遣小策凌敦多布率领3万人，自奇兰进发至额尔德毕喇色钦，策棱与将军塔尔岱青一起去本博图山迎击。

小策凌敦多布不愧是勇将，用兵如同风电一般，不等策棱赶到，就侵扰了克尔森齐老，又分兵侵袭塔密尔，不但抢走了策棱所部的牲畜，还抓走了策棱的两个儿子。

爱子被擒，策棱心急如焚，急忙招丹津多尔济前去救援。然而草原广袤无边，丹津多尔济一时半会儿没能赶到。

策棱心知用兵如同救火，已经顾不得那么多了。这时侍郎绰尔铎护送粮饷到达，也带来了颇多满洲兵，虽然不是什么精锐，战斗力指望不上，但充人数已经足够。

其实，小策凌敦多布玩的是声东击西的招数，他佯攻乌里雅苏台，引诱清军往本博图山迎击，然后突袭塔密尔，引诱清军在不断的追击中分散兵力。

策棱一路追袭小策凌敦多布，“十馀战，敌屡败”，但是显然都不是什么大仗，可以看作是小策凌敦多布的诱敌之策。

在额尔德尼昭（即光显寺），两军终于大规模相接。小策凌敦多布认为时机已到，准备决战。

小策凌敦多布率军占据着杭爱山一带，靠近鄂尔坤河列阵。策棱令满洲兵于鄂尔坤河以南驻扎。这看起来是一场寻常的隔河交战，小策凌敦多布也未曾有任何怀疑，“敌见满洲兵背水阵，兵甚弱，意轻之”。

说起来，经过和通泊之战的惨败，八旗精锐损失惨重，这时候剩下的满洲兵已经实力虚弱。小策凌敦多布也不想想敌人怎么有这么大的胆子，只以为策棱是因为儿子被捉，已经气得失去了理智。

于是小策凌敦多布下令全线进攻，满洲兵果然战斗力疲弱，一战即溃，纷纷逃窜。小策凌敦多布大喜过望，一声令下，全军追击。未曾想到，因为准军在路上抢了大批牲畜粮草等物资，拖慢了行军速度，策棱麾下的蒙古兵早已绕道悄无声息地赶了上来，就埋伏在杭爱山的后边，现在直接从准军的屁股后杀了出来。

准军全无提防，策棱率万人自山侧杀出，如同狂风暴雨一般。

准噶尔兵被堵在鄂尔坤河旁边的谷地里头，进退不得。而喀尔喀兵经过策棱的特训，纪律森严，又有雍正提供的精良装备，战斗力远非往日可比。

这地形实在要命，可谓绝地杀场，无路可逃。准噶尔军推推搡搡，被喀尔喀兵沿河包围，砍杀不已，又自相残杀，死者近万。

小策凌敦多布眼见转圜不便，无法反击，只得下令渡河逃走，然而河对岸还有之前“溃逃”的满洲兵，之前可能是真败，现在就成了诈败了。准军渡河之际，又被满洲兵击其半渡，疯狂截杀，溺死甚众，鄂尔坤河顷刻被染成了一条血河。

小策凌敦多布不得已，率残部乘夜拼死突围，尽弃辎重牲畜塞满山谷，迟滞清军前进，自鄂尔坤河逃遁。

05

顺承亲王锡保上书朝廷告捷，首先就为策棱请功。雍正十分高兴，为策棱赐号“超勇”，并赐予黄带，下诏说：“策棱此次军功不是寻常时候的战功可以比的，这次随征的将士，一定要着重嘉奖。”

因为策棱的原牧地被准噶尔侵扰，雍正赏赐给他马匹二千、牛一千、羊五千、白金五万两，赈济其因战乱无可生计的部众，还下令建造塔密尔城，并为策棱建造府邸。

十二月，策棱晋封为固伦额驸，当时其妻子纯悫公主已经薨逝，雍正追封这个妹妹为固伦长公主——若不是妹妹这个额驸如此骁勇，也不会取得此次大捷。

光显寺大捷后的两年，即1734年，清准和谈，以阿尔泰山为界。1735年，雍正去世，10年后的1745年，准部雄主噶尔丹策零去世。

在和谈后的这11年间，准噶尔将用兵方向转回西面的哈萨克方向，与清朝再无大规模交战。

晚清能数次平定新疆叛乱，为何鸦片战争却惨败？

提起晚清，大家都会想到无穷的屈辱，那是古代中国硬生生被从“王者”玩成“青铜”的一段时期（“王者”“青铜”是网络游戏中的排位）。可能会有人产生疑惑：那段时期虽然是两千年未有之大变局，不是人力所能抗衡的，但晚清不是还曾数次平定新疆叛乱吗？为什么清军能一边横行中亚，一边却被西方殖民者暴打呢？清军的战斗力到底是强还是弱呢？

01

我们先说一说新疆平叛时清军的战斗力。

在平定新疆叛乱这些战事中，最有名的无疑是平定张格尔之乱。当时，杨遇春、杨芳所率领的3万清军千里奔袭，连续在几场会战中狂虐浩罕军（史书中叛军有“十余万”可能是清朝的破贼文书吹嘘战果，但清军的确是取得了几场野战胜利才平定叛乱的，如此看来叛军的总兵力也不会太少），在史书的记载中，这一战清军可谓是一往无前、奇兵屡出、攻无不克、战无不胜。

3个月内，杨遇春和杨芳相继收复喀什噶尔、和田，最终饮马今吉尔吉斯斯坦边境的喀拉铁克山，张格尔苏丹最后也沦为杨芳的俘虏。

然而，仅仅10年后，久经沙场考验的杨芳，在广州被英国人的大炮打蒙了。他甚至以为英军的大炮是邪术，在广州城里摆出了阴门阵、黑狗血等以妖制妖的法术。

这到底是怎么回事呢？真的是因为降维打击吗？清王朝真的是只在中亚纵横无敌手，却在面对西方侵略者时一触即溃吗？

02

有一说一，杨芳老将军确实是劳苦功高，不能将其贬低得一无是处。但是如果有人一定要将其吹嘘成卫霍之将，那也未免有点言过其实。因为在分析清军整体战斗力的同时，不能忽视两个重要事实——从清朝中期开始的精兵作战体系以及一直以来的抑汉政策对清军战斗力产生的影响。

清王朝的武力核心是满洲八旗，而汉军绿营长期以来都是被压制的对象，这就导致了清朝在平定三藩之乱后，可堪一用的野战军规模快速缩减。

如果说康熙朝中期对噶尔丹的乌兰布统之役、昭莫多之役，尚且能够依赖大量平定三藩留下的老兵，那么到雍正朝时，清朝的野战军就已经捉襟见肘了。

在上一篇光显寺大捷中就讲过，和通泊之战仅仅损失了7000多八旗兵，雍正就需要依赖喀尔喀蒙古的兵力才能对准部反败为胜。

显然，满洲八旗的快速腐化，使清朝骨干兵力数量由初期的5万以上，迅速下降到乾隆朝2万不到的规模。

至于汉军绿营和喀尔喀蒙古？乾隆爷首崇满洲，可不敢长期依赖这些人马，让他们当炮灰用用还行，倚靠其为国之柱石是决计不行的。

由于满洲八旗迅速腐败，大清王朝只好玩命从关外抓野外女真人补充战斗力，这一点尤其在乾隆一朝特别明显。名将海兰察就是被当作野人抓进北京城当兵服役的，尽管日后海兰察位极人臣，但是他居然不知道自己的生日是什么时候，自己到底活了多大岁数，因为他的早年经历基本就是山沟里的野人……

03

大清王朝作为一个多元化的复合帝国，搞定蒙古、回疆、西藏主要还是依赖政治手段。入主中原后，刀枪入库、马放南山，自然不需要像大明王朝那样维持十多万的野战军在九边上，而排抑汉军的政治策略，也一直被执行到了道光年间。

当然，兵不在多而贵在精。乾隆时期福康安带着3000旗兵，星夜兼程3个月，就从北京跑到西藏揍尼泊尔去了，还能对素以彪悍著名的廓尔喀兵打出大捷，这就是精兵！但需要注意的是，这是乾隆砸资源、砸武备砸出来的精兵，不可大规模复制。

但是战争规模大了，少量精兵就不顶用了。苗疆流民起事，大清王朝调集十余万大军进剿，由于只有少数精兵具备有效战斗力，平叛作战极为艰难，福康安也因而病累死于军中。

前面提到的乾隆朝头号猛将海兰察，也是勋功赫赫的一个人物。海兰察参与征准噶尔，立下功勋见诸史籍时，已经是阿睦尔撒纳再叛之后，他生擒了辉特部的台吉巴雅尔。

阿睦尔撒纳再叛时，手头也不过是两三千人，眼见拉拢不了多少人，他就跑到了俄国，不久病死在那里。剩余叛变的小头目群龙无首，每一股的规模在数百人或千人级别。海兰察就是在这类战斗中开始崭露头角。

但海兰察指挥的人始终不多，到乾隆五十六年（1791年），他年纪已经不小了，还在担任战术突击手的职责。

乾隆朝武功甚多，但其规模由此可见一斑。规模稍大一点的清缅战争、平定白莲教战争，或者需要大量兵力围攻险隘的金川之役、苗乱平定战，清军的表现就不尽如人意了。

04

说到这里，我们再回来接着讨论著名的张格尔之乱。张格尔麾下虽然有回兵十余万，但当时因浩罕后方不稳，大多数浩罕骑兵已经返回中亚，张格尔麾下的浩罕骑兵只有2000多人。

而浩罕兵与南疆维吾尔回兵的战斗力对比，素有“百回兵不及一安集延”的说法。因此就算3万清军平定十余万南疆回兵，以此就认为清军当时能在中亚纵横无敌，这种说法是站不住脚的。

张格尔之乱结束后，道光帝对浩罕签订不平等条约，也可作为清朝忌惮浩罕战斗力的佐证。直到左宗棠西征，才算是清军正面对上浩罕主力，战争表现才有说服力。

平定张格尔之乱后，伊犁将军向道光帝建议一鼓作气灭了浩罕国，张嘴就又要2万精兵，“于征剿南路官兵外，另请简派熟谙行阵之大员，管带精兵两万，出关后分路直来伊犁。即由伊犁出卡，先灭塔什伯克部落，直下吹、塔拉各城进剿浩罕，捣穴歼渠。与南路同时夹击齐攻，尔浩罕腹背受敌，庶可净扫贼氛，永除边患”。

这……道光爷心里苦啊……要知道，杨芳一路突击到和阗才只带了6000兵力；清军最后和张格尔的决战，也是因为张格尔只带了500骑兵就敢奇袭杨芳，这才被杨芳在铁盖山全歼。张格尔麾下有多少有真实战斗力的人马，大家心里该有点数。而此前出征回疆的3万多清军里有多少精兵？我们也可以看两个数据——河瓦巴特之战，清军凭借吉林劲骑1000决胜；浑河之战，则是以1000黑龙江索伦精兵敲定胜局。

讨伐张格尔之役曾经需要调动3.6万人的军队，花费了政府1000多万两银子。事实上，有许多人相信，张格尔最终失败的真正原因，并不是因为清朝的军事力量打击，而是由于新疆白山派和黑山派的分裂。

无论如何，道光皇帝就是抠尽了国库里的银子，在衣服上打满了补丁，也攒不出2万精兵突击中亚灭浩罕了。其实，如果清朝这时真能拿出2万当年福康安突击尼泊尔那个级别的精兵，灭了浩罕这种乌兹别克汗国分出的三汗国之一的小国，并没有太大问题。

05

所以，精兵的缺乏，才是鸦片战争中清军对英军不堪一击的关键。

海龄在镇江之战中予以英军的重创，显示出哪怕存在一定技术代差，战斗力尚存的精兵，仍能给还没有加特林机枪的英军很大打击。

然而当时的清军，在沿海地区能够组织起一支齐射的火绳枪部队都很困难，进入白刃战阶段后，脆弱如纸不过寻常事而已。

另外，大清为了防汉而实施的技术管制，也是鸦片战争中失利的个中关键。

热兵器战术体系对上冷兵器战术体系确实能够降维打击，但中间还有长达数百年的冷热兵器交替期，明朝后期已经进入了这个交替期，其冷热兵器混编的战术体系已经像模像样，并且已被后金掌握。

但后来清朝自己又倒退了回去。鸦片战争时，按照江苏巡抚裕谦的说法，当时清朝的铸炮技术大量失传，只能重新摸索。

乾隆时期，讨伐准噶尔时火绳枪手比例尚且能占全军比例的75%，而到了第一、第二次鸦片战争时，却又下降到火枪比例极低的水平。

而清朝绝非对于更先进的热兵器没有需求，不过擅长把脑袋埋在沙子里当鸵鸟罢了。清缅战争时，缅甸的燧发枪就已经对清军造成了巨大压力，但乾隆拒绝换装燧发枪，害怕燧发枪普及会增强汉人反抗清朝的能力……

其实，就算是让松锦之战时的洪承畴军或者皇太极军，对上第一次鸦片战争的英军，都不会被打成那个样子。

第四章 劲卒篇

只解沙场为国死，
何须马革裹尸还

西汉最强北军为何让汉武帝寝食难安？

无论哪个朝代，负责拱卫皇室的禁军力量往往都极受统治者的重视。以西汉为例，其禁军力量大体可分为南军、北军以及最核心的郎卫三大部分。其中，最为特殊的当数北军，这支数量最为庞大、兵源来历最为广泛的部队，是西汉皇室最倚重的直属军事力量。

但奇怪的是，从汉武帝时期开始，这支军事力量的组织结构却几度更迭，其最高长官中尉的职权更是被一削再削。一些人认为，汉武帝刘彻是为了保持3支禁军力量的平衡，对其一再打压。那么，北军的种种变化，真的只是因为汉武帝的帝王之术吗？

出于居重驭轻的原则考虑，汉武帝的确对北军的强悍有所忌惮，再加上北军在戾太子谋反事件中的异动，他对于这支劲旅的警惕无可厚非。但若说这位曾经北击匈奴的强势君主，因此就甘愿自废武功，那也太小瞧刘彻了。

01

先简单介绍一下西汉的这3支禁军力量，这3支军队兵源来历、编制数量差别极大。

《汉书》中称：“卫尉，秦官，掌宫门卫屯兵”“郎中令，秦官，掌宫殿掖门户”。西汉禁军体系基本沿袭秦制，卫尉为南军统帅，郎中令则统领郎卫。从职责上来看，南军负责宫城防卫，而郎卫则离皇室成员更近一步，宿卫宫殿。因为郎卫与皇室关系最为亲近，待遇也最为优渥，像我们时常听说的羽林军、期门军（后来的虎贲军）都归属郎卫。

相比之下，北军的情况就稍微特殊一些，他们除了保卫京师的职责外，还要承担起对外征伐的任务，即所谓的“内卫京师，外备征伐”。正因如此，西汉北军编制远超南军及郎卫两军之和。

数量上的优势还只是一方面。作为一支需要负责对外征战的禁军力量，北军虽然会承受较高频率的人员损失，但同时依靠来自三辅之地的兵源补充，西汉初期的北军并没有因为战损而凋零。相反，在血与火的考验中，西汉北军就像一柄不断被锻打的宝剑，日渐锋利。

相比于人员稀少的郎卫，以及选拔自郡国、鲜有征调出征机会的南军，北军无论是在数量上还是质量上，都有着极高的保证。

02

汉武帝时期，曾经对禁军系统进行了一系列改革。这种改革主要体现在两方面，一是增强郎卫，二是架空北军的最高统帅中尉。

前文提到的期门、羽林两军，就是在这一时期设立并编入郎卫系统的。在此之前，郎卫多是从汉初勋贵及官员子弟中选拔，这种选拔体系被称为门荫。

客观来讲，汉武帝时期那些汉初勋贵的子孙们还保留着尚武风气，从中选拔郎卫既能选拔才学之士入朝，也能在一定程度上笼络这群未来的“官二代”。

但问题在于，这种门荫制度本身适用范围极窄，即使是门荫泛滥的成帝时期，其人数也不过“多至千人”，和动辄数万的北军相比，这样的军力很难起到牵制作用。

更何况，从这种途径选拔上来的郎卫，与其说是卫兵，不如说是西汉的后备役官员，再加上郎卫系统中“大夫”“谒者”这类纯文职的属官序列，以天子亲军身份来讲，此时的郎卫军军力显然有些单薄。

为改善这种局面，武帝于建元三年（前138年）创设期门军，选六郡良家子中善骑者；太初元年（前104年），创建章营骑（后改名羽林骑），同样也是专门招募六郡良家子中“善材力者”。

除此以外，汉武帝还专门从战死军人的后代中选拔士兵，称之为“羽林孤儿”，也归到羽林军之列。不说人数不详的羽林孤儿，单只是期门、羽林两骑加一起，在创设之初就多达3500人。

期门、羽林两军的创设，极大地改善了西汉初年禁军系统中北军一家独大的局面。在此之后，由于兵源充足，郎卫军甚至可以开始随军出征，参与西汉王朝征讨匈奴的战争。

03

不过，对于汉武帝而言，北军的问题并不能被视为已完全解决。与期门、羽林这些禁军相比，北军依旧是一只庞然大物，若不能妥善处理，一旦发生夺位之变，类似吕后时期“为吕氏右袒，为刘氏左袒”的剧情恐怕就会屡屡出现。

为消弭隐患，汉武帝采用分权制衡的手段，逐渐削减北军统帅中尉的权力，甚至通过创设三辅都尉、八校尉及城门军的方式来钳制北军。

最明显的是三辅都尉的创立。三辅都尉，顾名思义，是分别掌管西汉京畿左辅、右辅以及京辅的军事长官。

早在羽林军创设的太初元年，汉武帝就开始着手改变京畿防御职能的划分，原本负责京畿防卫的中尉不仅名字被改为“执金吾”，其职能更是大大缩水。

在过去，因为中尉负责京畿防卫，广义上的北军不仅包含京城内的禁军部队，还包含京畿附近归属中尉统领的各郡士兵，这才是北军作为一支禁军力量如此庞大的根源。而一旦中尉的职权被限制在京城一地，其管辖范围也就大幅缩减。

不过，汉武帝此举虽然意在削弱北军中尉的权力，但并不是在削弱北军。相反，从总体来看，北军作为一种京畿防卫力量，不仅没有被削弱，还大大增强了。

04

虽然中尉更名为执金吾后，其职权遭到缩减，可这并不妨碍西汉帝国对京畿部队的抽调和指挥，因为自元鼎三年（前114年）起，汉武帝就开始实行所谓的“广关政策”。

与后世的诸多朝代不同，汉帝国实行郡国制。在函谷关以东，分布着诸多诸侯国势力。这些诸侯国势力的存在，使得函谷关、临晋关、武关一线成为汉帝国内部一道明显的分界线。这道关隘，一方面使西汉帝国可以据险以待，防备可能出现的叛乱；但同时，这道地理分界线也使西汉中央政权难以继续扩张自己的力量。为了走出这一地理困境，汉武帝在位期间，曾经多次进行京畿的东扩。

所谓的“武帝广关”，就是历次东扩过程中最著名的一次。《史记》记载，元鼎三年冬，汉武帝“徙函谷关于新安”，这座“新函谷关”与秦函谷关（所谓的秦关）相距150公里。这一举措，为汉朝的京畿带来了更大的战略缓冲的同时，也让秦汉时期极为关键的河东地区被囊括进西汉中央的管控中。

《史记·货殖列传》中称河东、河南、河内为三河，“在天下之中，若鼎足，王者所更居也”，《汉书·地理志》更是称河东“土地平易，有盐铁之饶”，可见在当时人们心中河东的重要性。

武帝广关后，河东、河南、河内三郡悉数归中央直属。跳出统御北军的中尉视角来看，武帝时期的北军非但没有被削弱，相反，从其兵源地的扩充和资源的储备来看，实力实际上远比之前要强许多。

更何况，虽然西汉北军经常被冠以“中尉军”之名，可实际上，北军最高统帅可并不是只有中尉或执金吾。如吕后时期的上将军吕禄、文帝时期的卫将军宋昌，都有过统摄北军的记录。抛开这些特殊情况不谈，汉代的卫将军也很有可能与北军建制有关。

05

对比汉代的中尉、卫尉、郡尉以及卫将军这四种禄秩均为两千石的官员可以发现，中尉的属官名称和品秩设置，其实与郡尉最为类似。

以中尉禄秩八百石的属官为例，分别名为“中发弩”“中司空”“中轻车”，这和郡尉的“郡发弩”“郡司空”“郡轻车”只有一字之差。可见在职能上，郡尉和中尉应是一一对应的关系。

而郡尉本身，除了军事职能外，还负责辖区内的治安。因此，有些学者根据湖北江陵张家山出土的《二年律令》汉简所载的信息，认为西汉时期卫将军可能也曾承担统领北军之责。

在汉武帝改制后，中尉虽被削弱为京畿治安官，但广义上的北军并没有失去最高统领。如大将军（又称大司马大将军）卫青，以及其他重量级的将军也有过统率北军的记录。

因此，认为汉武帝改中尉为执金吾便是削弱北军，其实并不确切。正处于对匈战争的汉朝，没有理由对自己最精锐的禁军部队下手，相比于自废武功，汉武帝选择摊薄中尉的职权来减少可能的政治风暴，并通过强化郎卫亲军来达到居重驭轻的目的。

然而可惜的是，汉武帝死后，汉帝幼年继位的情况屡屡出现，昭帝、成帝、哀帝、平帝皆是如此，外戚掌权几乎成为常态。而这些掌权的外戚，如后来篡汉自立的王莽，之所以能够把持朝政，很关键的一点就是他们身上挂有大司马大将军或大司马的职位。可见，中尉的权力虽然被削弱，但“内领尚书，外典兵马”的强人却不会因此而止步。

号称天下精兵的幽州突骑为何神秘消失？

东汉幽州突骑是中国第一支甲骑具装，东汉光武帝刘秀之所以能够成功崛起，与这支部队的助力有很大关系。同时，幽州突骑也因为“从龙之功”而成为东汉朝廷最为仰赖和重视的军事支柱。

不过，到了三国时代，曾经煊赫一时的幽州突骑在史书中出现的次数却少之又少。那么，这支曾经以骁锐之名冠绝天下的精锐骑兵部队，到底经历了怎样的变迁呢？

01

虽然如今我们对幽州突骑的骁勇印象大多源于刘秀，但实际上，“突骑”之名早在西汉时期就已经出现。

西汉名臣晁错在评判汉匈两方军事优劣时曾言：“若夫平原易地，轻车突骑，则匈奴之众易扰乱也。”唐代史学家颜师古在为《汉书》作注时，曾专门备注“突骑，言其骁锐可以冲突敌人也”。

不过，西汉时期的突骑（《汉书》中多写作“屯骑”）相较于东汉幽州突骑的作战方式，在难度上似乎还差一截。

虽然两种突骑部队均不会轻易冲突严整列阵的步兵方阵，但西汉突骑大多数时候的作战对象，其实是更加不利于近战的匈奴骑兵。而曾经在西汉末年大放异彩的幽州突骑，却已经可以“横突”步兵了。

所谓“横突”，就是找寻军阵弱点部位加以进攻，从这一点上来看，东汉幽州突骑的冲锋能力还要更加彪悍。

值得注意的是，这一时期，东汉骑兵的种种物质条件，可比不上他们的那些后辈。马槊、马铠、盔甲护具这类装备的差距撇开不谈，光是没有双马镫这一项，就使双方的控马难度拉开了至少一个代差。没有双马镫的骑士，无法通过双脚进行借力，因此双腿只能如先秦时期的骑兵一样，通过紧紧夹裹马腹保持平衡，以至于根本无法像后世那样在马背上做出左右腾挪的动作。

再加上汉代早期骑兵甲较步兵甲更为短小，往往只护胸背不顾大腿，因此，在冲锋作战时，这些灵活度不足又缺乏完备保护的骑兵，很容易被保持密集阵形的步兵反杀。故，突骑“冲突敌人”的作战方式在当时绝对算是一种“黑科技”。

02

幽州突骑之所以能如此强悍，得益于它的兵源构成。

幽州突骑，顾名思义，其大部分兵源来自东汉幽州地区的土著，这些人中既有弓马娴熟的乌桓部署，也有在当地生活多年的汉族边民。

之所以有这种胡汉并存的情况，是因为西汉时期朝廷征召突骑往往会分别从郡国和属国抽调士兵，郡国兵来源为各郡汉户，属国兵来源则是那些归附汉朝的游牧民族部落。

东汉幽州突骑的编制，在一定程度上继承了西汉的特点，这才导致幽州突骑出现胡汉并存的情况。

不过，在东汉早期，出于对属国游牧骑兵的防范，幽州突骑中胡汉军队编制数量基本保持在1：2，这样一来既能发挥游牧骑兵的战斗力，又能预防尾大不掉的情况出现。

无论是汉户还是乌桓族裔，由于自幼长于北地，这些幽州突骑不仅骑术精湛，还善于用箭。这种骑射俱佳的优质兵源，弥补了东汉骑兵装备上的不足，也成就了北地骑兵最具特色的战术战法。但同时，严重仰赖骑兵个人技艺带来的局限性，使得幽州突骑几乎不可复制，也给其日后的衰落埋下了伏笔。

03

东汉建立后，既是为了继续南下征讨尚未臣服的各地方势力，也是为了褒奖这支在统一战争中立下汗马功劳的元勋部队，刘秀将大批幽州突骑南迁至洛阳附近，组建威名赫赫的北军五校，以及数目庞大的黎阳突骑营。

客观来讲，刘秀的这般举动在道理上并无不妥。在刘秀崛起的过程中，幽州突骑实在是太过重要了。他崛起于幽州，依靠的就是这支义无反顾投奔他的部队。在他诸郡皆叛的危急时刻，就是仰赖上谷、渔阳四千突骑及两千步卒，才逆袭王朗，“扬兵戏马”“环邯郸城”。此后，更是在他战败的危急时刻，得突骑士兵王丰等人拼死营救才逃出生天。至于之后光武政权最为艰难的巴蜀之战，同样是依靠幽州突骑的救场才反败为胜。

正因如此，当时才会有“幽州突骑，冀州强弩，天下精兵，国家瞻核”的说法存在。在东汉云台二十八将中，仅幽州突骑出身或与之有关的将领就将近十人。因此，将幽州突骑中的功勋之臣调至洛阳，编为禁军，既是出于军事考虑，也是权衡政治利弊后的必然结果。

北军五校和黎阳营，虽然并非垄断了所有幽州突骑的兵源，但带来的影响是极为深远的。

在古代，卫戍京畿的部队在地位和待遇上往往都远胜边军，但这种待遇提升带来的后果呢？太阳底下无新事：由于优厚的待遇和父死子继的世兵制度，仅仅两代以后，这些曾经威震天下的幽州突骑的后裔，就已经变得孱弱不堪，难以为用了。

更大的问题在于，北军五校和黎阳营皆为禁军编制，东汉政权为保持军队战斗力，在改变南迁幽州突骑战力的方案无效后，继续抽调幽州本土突骑南下，期望这些新鲜血液能正负相抵，挽回禁军突骑的衰弱局面。

但是，学好很难学坏却容易得很，明代戚家军招兵为什么要明确禁止城镇浮浪之人入伍，就是担忧他们一颗老鼠屎坏了一锅汤。东汉的情况就更绝了，是用一锅老鼠屎来埋汰一碗汤。这些新抽调的突骑军人在进入黎阳营与北军五校后，很快也随之退化，开始躺平。

如此一来，频繁的抽调不仅没能挽救禁军突骑的衰落，反而让已经因为东汉初年的大规模南下而数量骤减的幽州本地突骑持续失血。

另外，这种抽调是不均衡的。北军五校是东汉禁军中的重要组成部分，其编制继承西汉八校尉制度，其中长水校尉一部为西汉长水、胡骑两校尉合并后的产物，专门负责管理训练原属国突骑，幽州突骑中乌桓及后来的鲜卑骑兵在编入禁军后就交由这一部负责。与之相对应，黎阳营和突骑校尉则负责管理边军选拔而来的汉族突骑。

也许同样是出于居重驭轻的考虑，长水、突骑、黎阳三部，两汉一胡，胡汉人数依旧是1：2的比例。这对于保证京畿稳定自然有着一定的必要性。

但问题是，这样一来，幽州边军突骑的胡汉比例就出现失调，曾经汉重胡轻的军事力量对比开始反转，到最后，幽州突骑已经呈现出一种胡重汉轻的危险态势。

04

这种胡汉军事力量对比的反转，导致了一系列不可逆转的结果。曾经宾服于汉朝政权的乌桓等部，在逐渐掌握幽州突骑的实际控制权后，变得更加难以驯服，频繁因为种种原因而作乱反叛。

如东汉末年，大将张温和公孙瓒奉命率领乌桓突骑三千征讨凉州叛军，却因为粮饷问题令乌桓突骑不满，纷纷离营叛归，导致辽西乌桓属国爆发了又一轮新的内乱。这一事件也直接促使公孙瓒崛起，这位《三国演义》中的北地骑将率领的那支“白马义从”，应当就是从郡国突骑为主的幽州突骑中选拔而来的精锐。

虽然在小说中，公孙瓒的篇幅不多且多是负面的，但这位曾经“尽有幽州之地”的枭雄，之所以身死族灭，并不能完全归结成所谓的“志大才疏”。在他与袁绍的对决中，除了界桥之战的战术失败外，“深恨之”的乌桓骑兵对其反复背刺也是原因之一。

由于早年间屡屡征讨乌桓叛乱时的狠辣，以及公然杀害深得乌桓信任的幽州牧刘虞，公孙瓒在崛起之后就已然失去幽州乌桓部落的信任和好感。

敌人的敌人就是朋友，袁绍征攻公孙瓒的关键时刻，就曾经获得乌桓的帮助。在蹋顿单于崛起后，三郡乌桓甚至成了袁绍在北地最重要的军事盟友。双方的这种联盟关系一直持续到袁尚、袁熙被公孙康诱杀才算彻底终结。

05

随着袁氏政权在幽州的彻底崩溃，乌桓骑兵已经成了曹操在北面的头号大敌。有意思的是，这一时期的乌桓骑兵，似乎已经失去了往日身为幽州突骑的水准，白狼山一战，蹋顿军虽然人数众多，但军容不整，被张辽所破，就连蹋顿本人也被当场斩杀。

这是因为，幽州属国突骑与郡国突骑的军事定义不同。郡国突骑是突骑主力，属国突骑由于数量较少，在东汉初期多充当斥候，负责为大军指引方向，侦察敌情，即使参战，也是编入郡国突骑中或者以郡国突骑精锐担任军官，指挥作战。

之后，随着胡汉比例变化，属国突骑也开始承担一系列的直接作战任务，但此时的属国突骑，由于人数比例增大，日渐骄横，其军队组成也发生了改变，不再由郡国突骑兵担任基层长官，而是在酋长、头人的带领下，以部族为单位作战。

可就如《南北战争三百年》中所说的那样，“兼并了塞外诸胡的蹋顿单于政权，其军事特点是以骑射为基础的劫掠”，因此，相较于其曾经的前辈们，此时的乌桓骑兵已经不再擅长冲击作战，不能被称为“突骑”，更遑论幽州突骑之名。

正因如此，在曹魏统一中原之际，虽然归附的乌桓骑兵曾立下汗马功劳，还被裴松之称为“天下名骑”，却很少再被称为“突骑”或者“鲜卑突骑”。反倒是曹魏所建的“虎豹骑”开始名扬天下，成为新政权心目中最精锐的骑兵称号。

当然了，另一层政治原因也必须考虑到，所谓的“幽州突骑”本就是东汉光武政权最具标志性的兵种，在东汉历史上更是与开国皇帝的传奇绑定。当幽州郡国突骑日渐凋零而属国突骑一改往日战法的情况下，再次以“幽州突骑”之名组建这样一支前朝政治色彩十足的骑兵部队，对曹魏政权的稳定性有害无益。

更何况，曹魏政权拥献帝为傀儡，为了名正言顺，始终未曾撤销东汉北军五校及黎阳突骑营的编制。只不过，这支禁军部队始终只是纸面上的空头支票，虽有名声在外，却无兵无将。而一旦恢复所谓“幽州突骑”，那么曹魏政权就要面临一个新的问题：难道真的要将幽州突骑继续补充进汉禁军？这种授人以柄的操作，显然并不可取。

也正因如此，在曹魏时期泯灭无闻的幽州突骑之名，在西晋时期却又突然出现。西晋禁军中，幽州突骑督被归为左卫将军麾下五部督之一。只不过，此时的幽州突骑督，已不复往日囊括禁军突骑两校一营的盛况，而成为一支编制仅有250人的仪仗部队。

两度攻入长安的古代西藏军队

对于古代的中原人而言，雪域高原之上的王国与西藏军队，总带有一丝神秘色彩。史官和商人们说：他们全身都有完善的铠甲防护，只露出一对眼窝；他们尚武善战，几代人连续战死后会被人尊称为“数代甲门”。

盛唐的军队也曾在与他们的对抗中吃了大亏，连长安都被其两度占领。可他们之后却成了“铁血强宋”的战绩簿，之后的西藏军队似乎也变得毫无斗志。

是什么让雪域高原上曾经傲然挺立的铁骑们最终堕落成这个样子？那些曾经血性异常的康巴汉子又去了哪里？

本文就来讲讲古代西藏地区军队的结构、战术、装备变化以及其所参与的一些战争。

01

从唐朝开始，在五代十国小冰河期变动之前，西藏地区的降雨还算充分，当地居民的粮食供应也能勉强得到保证，当地人维持着半耕半牧的生产生活方式和贵族-附属奴隶制的社会结构。

在最鼎盛时期，吐蕃各部占领着包括现在的西藏、新疆南部、整个青海、四川北部和尼泊尔北部的广袤地区，如此广阔的领地赋予了他们雄厚的生产资料与军事资本：青海、西藏、新疆的马匹，四川的木材、盐巴和铁矿，这些战略资源的存在，使吐蕃从一堆松散的部盟逐步成长为一个强大的高原帝国。

根据藏人史诗中的记载，当战争爆发时，吐蕃诸部会以贵族军作为核心，从牧民中征调骑士，从农民中征调步兵，从牛群中征集体能较好的驮牛，而后浩浩荡荡地集结和进军，仿佛波斯和斯基泰军队的混合体。

与外界想象的不同，在与中原文明碰撞的早期，吐蕃军队的首席贵族武士大多装备了和中国南北朝制式类似的甲胄，并且装备质量并不差，至少也装备有与中原地区不存在代差的枪矛、盾牌、刀具和弓箭——这一点其实很有意思。

根据唐朝的记载，吐蕃的生产关系与种植技术都非常原始，但他们依靠得天独厚的地缘位置和列国混战的机遇期持续做大，打造了这样一支超级军队。

凭借中原地区和西域草原的战乱，吐蕃蚕食了大片土地，他们掠夺当地人作为农奴和奴隶仆从军，以此扩充自己的生产力和兵力，并在占领区使用石头建造堡垒，同时逼迫附近的国家派出部队作为自己的仆从军。

在优秀指挥官的指挥下，吐蕃军队通常会长途奔袭，攻击唐军战线上最脆弱的位置。他们的战术和部队结构与中亚军队非常接近：由贵族重装军和奴隶仆从军组成步兵战线。装备质量较好的重装贵族步兵是吐蕃军队的核心，他们善于通过墙式冲击战术进攻，率领仆从军突破战线，而少量的贵族骑兵则担负仆从军骑兵的指挥和带头突破功能。

数万重甲士兵的存在，使得他们可以比其他草原文明更好地攻坚，并据守关隘。这支时而蛮勇时而狡诈的军队，确实是盛唐的一个值得重视的对手。

02

大唐与吐蕃的和亲，带来的不仅仅是和平，还有技术上的交流。来自中原的商品、工匠、早期农业学家和军事人才开始抵达青海与西藏地区，作为唐朝善意的使者，为吐蕃服务。在他们的帮助下，吐蕃的各项技术获得了一轮新的进步，至今依然挺立于高原之上的布达拉宫就是这些成就的见证之一。

但吐蕃军队的整体变化不大，仅仅是贵族和贵族私军的铠甲更为轻便精巧，更像唐军而已。

此后，吐蕃曾多次参与中原王朝的军事行动，比如，配合王玄策灭天竺（印度），以及两次入侵长安。其战术体系变化不大，以王玄策攻中天竺为例，吐蕃提供给王玄策数量可观的重装步兵，但没有提供可靠的骑兵部队。为了满足作战需要，王玄策不得不使用泥婆罗（尼泊尔）重装骑兵来配合行动。而在后来对北宋、西夏以及回鹘的用兵中，吐蕃军队似乎也很少投入成建制的骑兵部队。即便在投入了大量骑兵的两次入侵长安的行动中，吐蕃军轻重骑兵的表现也缺乏可圈可点之处，不过是在撤退时有效地利用了自己的速度优势而已。

随着公元9世纪西藏本土宗教与印度佛教开始融合，再加上对外征服的失败，吐蕃国内的政教矛盾开始激化，奴隶制国家特有的“征服式消化不良”开始显现，奴隶和平民起义不断，宗教与军事贵族之间的关系亦由摩擦转变为兵戎相见。整个吐蕃迅速分崩离析，那些之前吞并的领土也几乎全都吐了出去。最终，当盛唐的国祚消失殆尽之时，曾经叱咤风云的吐蕃诸部的手中也仅剩下如今的青海、西藏与小部分四川地区，国力大为衰落。

在北宋初年，吐蕃军队尚可与西夏、回鹘和其他小势力联手与宋军交手，其间也取得了一些小的胜利，甚至缴获了少量宋军的铠甲与武器。但就整体而言，这不过是回光返照罢了，等待高原王朝的终究是一场长河落日——他们即将迎来一次持续了四个世纪的漫长内战。

03

随着对外征服的结束和内战的爆发，失去了外来奴隶供应渠道的吐蕃，开始感受到奴隶紧缩带来的苦果——没有足够的人力去耕作，之前开垦的大量土地只能荒废，但人口在鼎盛时期已经飞速增长，高原上的粮食已经养不活膨胀的人口了。

吐蕃的统治者们采取了非常简单粗暴的方法来解决这一问题——既然没有外族奴隶，那就掠夺同族的人口作为奴隶好了——用现在的话说，这就是内卷。

于是，绵延的战火席卷了整个青藏高原：大部族首领率领部下彼此攻伐，又被更小的、不堪忍受欺辱的小部族首领推翻；而后小部族首领又彼此攻伐，自耕农和自由牧民彻底破产，沦为地主和军阀的附庸，吐蕃各部的兵员质量也因而持续下滑。

失去了原材料产地和商业补充，工匠们在战乱中不断逃亡，高原的铠甲与武器质量也因此一落千丈。曾经贵族私军人手一件的小叶札甲、四瓣盔与金属盾牌逐渐变为稀罕物件，取而代之的是更小的护肩，更粗更少的扎片与皮革面积越来越大、钢铁面积越来越少的头盔和藤牌……

由于自身制造铠甲的性价比极低（根据藏人的叙事诗，一身不完整的札甲在大内战时期的制造成本接近三十个农奴，完整的接近上百个农奴），为了持续内战，边境上的各路军阀开始向外界采购铠甲。

在那个年代，这种单向的铠甲交易，卖方收入几乎和抢钱差不多，但对于藏地的军阀而言，对外采购还是比自己制造的更便宜且质量更好。

于是，大量来自大理、回鹘、南宋、西夏、印度和其他区域的武器和盔甲纷纷流入藏地，成为这场漫长内战的见证，并极大地影响了后续藏甲的发展。

04

吐蕃因内战导致退化的不只是武器的制造技术，还有战术。曾经为吐蕃人赢得了无数辉煌胜利的墙式冲击战术，成为他们唯一的战术。

随着内战的持续，贵族部队的规模变得越来越小，最终演变成几百人规模的早期希腊城邦式定点“约架”——但很可惜这种约架并没有演变成奥运会——战败的一方经常要被屠杀，而他们的家人亦会沦为奴隶。

宗教领袖和行政领袖换了一茬又一茬，却再也没有人能够统一这片土地，树立新的秩序。而农奴制与残忍的祭祀活动，却如同荒废农田上的野草一般疯长，越来越多的人沦为奴隶，越来越多曾经在对外战争中威名远扬的军队消耗在内战之中，取而代之的是为贵族们张目的鹰犬，与为喇嘛们看家护院的家丁。

如果说军阀和地主是压在藏民头上的两座大山，那宗教势力无疑是第三座，也是最重的一座。

公元10世纪，在持续的战火中，深受苦难的人民开始向宗教势力倾斜，希望从宗教的慰藉中获得解脱。密宗佛教因此迅速做大。对于藏人而言，来自神权势力的压迫所带来的苦难还要持续近千年。

不过，也不是没有好消息，至少真的有人来到了高原，而他们也真的带来了和平。

05

公元13世纪，强大的蒙古帝国已经统一了中原和亚欧大陆的绝大部分地区。他们的强悍与恐怖，让整个世界都战栗不已，他们从世界各地掠夺来的金银珠宝堆积如山，就连世界屋脊的高原之上都响彻着他们的威名。但比起远方的世界，高原之上的军阀和喇嘛们更关心眼前的权力斗争和每一个农奴的归属。

公元1240年，蒙古大汗窝阔台之子阔端派多达纳波将军，率领一支数千人的骑兵进入西藏，在藏北热振寺击败了当地的军阀，并杀死了500名当地的僧人，在屠杀中幸存的贵族到处传播蒙古军队的可怖。

对于吐蕃贵族而言，一头高原和神明的力量都无法阻止的、拥有数千骑兵的嗜血怪兽无疑是恐怖的，头脑灵活的宗教领袖萨迦法王恰合时宜地对各部发布了《萨迦班智达致蕃人书》，希望吐蕃各部可以停止争斗，归降蒙古，以防不测。

来自蒙古的铁骑最终仅通过一次袭击，就终结了西藏的混战，染血的马刀最终将和平带给了这片土地。而整个青藏高原，也就此成为中国神圣不可分割的一部分。

不同于文艺作品添油加醋的描写与西方世界的极力贬低，元帝国对于西藏的统治，无疑是包容和开放的。

忽必烈即位后，奉萨迦班智达的侄子八思巴为蒙古国师。八思巴仿照藏文，帮助蒙古人创造了蒙文（也称八思巴文），蒙古的历史从此由口述史变成了文字史，并一直流传至今。

元帝国还给予了藏地极高的贸易优惠，使当地的部族可以与外界进行贸易。来自中原的高产作物极大地改善了当地人的生活，而蒙医和中医的传入，也让藏人的平均寿命得以提高。

来自大元的官员和移民来到高原之上，元政府在藏地设立了作为中央直辖机构的宣政院，后又分设朵思麻宣慰司、朵甘思宣慰司和乌思藏宣慰司（也称三元帅府）。宣慰司之下又设安抚司、招讨司、宣抚司和元帅府、万户府等，并征收赋税、征召军队、设置驿站、推行历法，这些机构的设立，让西藏正式并入了元朝的行政机构，并彻底与草原和中原融为一体。

蒙古军队的征服行动，一直以来都很依赖就地补充人员和铠甲。藏地之前已经瘫痪的铠甲制造供应体系，在蒙元的统一管辖下迅速恢复。藏甲也由此在原本的简化唐甲基础上，添上了一些蒙古式皮条甲、罗圈甲，以及其他之前被吸收进来的外国铠甲的要素。整体而言，藏甲正在向生产工艺更加简单、成本更低且便于补充维修的方向发展。

一支军队的核心，自然是武器和战术。在蒙古工匠的指挥下，西藏地区也开始制造坚固的蒙式复合弓（在之后的15世纪，射箭运动成为藏地庆祝活动和成年礼的组成部分）、苏鲁锭重型长矛、蒙古短刀和蒙古马具。其战术体系也发生了质变——帕提亚战术和骑兵冲击战术开始被藏地的新军和军事贵族广泛接受，藏地之前一直“瘸腿”的骑兵战力也因此脱胎换骨（按照高仙芝的说法，吐蕃军队是“骑弱弓弱，唯重步骁勇异常”）。而随着由蒙古马、阿拉伯马与藏马配种的新军马的普及，重装具甲骑兵开始成为高原上的主宰。

06

西藏的生产力水平恢复没多久，为了喇嘛们求神拜佛而量身定做的，镶嵌着佛像、雕刻满了梵文的印度式宝盔就再次出现，它们中的很多在后来被英国侵略者掠夺走，至今也未能回到制造它们的地方。

蒙古的朝廷在中国只存在了不足百年，新生的明王朝采用了收缴元朝旧敕旧印，换发新敕新印的形式和平过渡，继承了元帝国对西藏地区的国家主权。

但这个地方是字面意义上的“山高皇帝远”，尽管明朝对西藏的统治持续了二百多年，但除了赏赐宗教人士少量武器和铠甲外，明朝基本没有对西藏地区的军事发展施加任何影响，倒是没少给西藏提供流动资金、粮食和工具（明朝无论是政府还是民间都曾大量从西藏地区购入驮马、战马和牦牛）。也就是藏刀在一定程度上受到了明代刀具形制的影响。

明朝的消亡和小冰河期不无关系，但受小冰河期影响的远不止明朝，整个青藏高原受到的影响也非常致命：从元中期一直到清早期，地球气温下降，高原降水减少，大型植被和野兽变得难以生存，高原的生产力进一步倒退。

当时的人类没法解释相关灾害的原因，只能设法通过献祭的方式“取悦上苍”。他们血腥的祭祀行为开始变本加厉，因为缺乏粮食和祭祀需求，许多农奴和马匹被以各种理由残忍杀害，并被制成各种法器。这也进一步导致了西藏行政系统的穷困以及藏军士兵素质的下滑和家丁化。

尽管蒙古帝国已经瓦解和分裂，但西藏地区依旧和卫拉特蒙古保持着良好的关系，这种关系一直维持到清早期。准噶尔部首领巴图尔珲台吉和活佛尹咱呼图克图是至交，他的儿子噶尔丹更被认为是三世尹咱呼图克图的转世，双方关系非常亲近。

公元1716年，为了获取更大的土地以对抗清朝，已经统一了卫拉特蒙古的准噶尔出兵占据西藏，绝大多数藏地武装未做抵抗。

卫拉特蒙古的战术和装备比蒙古要更加中亚化、印度化和突厥化：在盔甲上，他们大量使用板链甲、印度式多层锁子甲和突厥式混合札甲；在武器上，他们装备了大量来自莫卧儿的短骑铳、奥斯曼土耳其的赞巴拉克火绳枪和沙俄2磅（1磅约合0.45公斤）、4磅野战炮；在战术上，火炮驼城这些新式装备也极大地震撼了藏军。

在之后的两年中，作为准噶尔部的仆从军，藏军亦广泛参与了与青海和四川清军的战斗，他们凭借高原地利和堡垒进行防御，并使用具装骑兵冲击，对攻上高原的青海清军造成了重大杀伤。

公元1720年，清军引青、川、疆三路攻西藏，准噶尔部败逃，西藏再次回到清政府手中。为了防止准噶尔部和亲准噶尔部的西藏贵族东山再起，约两千名清军留驻西藏，他们成为日后清军对西藏新军的关键力量。

07

青藏地区落入准噶尔之手，让紫禁城怒不可遏，但实际上除了抽调人手补充驻藏清军外，也没有什么更好的办法应对。高原上的气候是那样的恶劣，士兵们没法繁衍不说，连生存都已然成了问题，体能与士气都日趋低迷。

而那些曾经配合准噶尔作乱的西藏贵族和他们的贵族私军并没有遭到太大打击，依旧蜷缩在他们的领地里蠢蠢欲动，参与叛乱时获得和缴获的铠甲与武器，让他们手中依旧拥有可观的军事资本。在那些躲藏在他们领地里的准噶尔军官兵的帮助下，这些贵族的私军基本成为一支弱化和翻版的“准噶尔军队”。

公元1788年，廓尔喀（今尼泊尔中部地区）以西藏当局征收贸易税太重为由，派兵入侵西藏边境。西藏贵族龟缩不出，不予交战，驻藏清军又因担心地方发生叛乱而不敢离开驻防区前去支援。

公元1790年，廓尔喀又再次兴兵入侵，直犯班禅额尔德尼驻锡的日喀则。怒不可遏的乾隆皇帝随即派遣福康安率领索伦达兵抵达西藏，率领清军和征召的各路西藏贵族军与廓尔喀军交战。福康安利用西藏贵族军熟悉高原气候、地形且披甲率高的优势，连续发动进攻，不仅快速收复了失地，还攻占了尼泊尔大片地区，战争最终以清廷胜利而告终。

这场相当冒险的军事行动，让福安康意识到西藏地区的特殊性与防御作战的重要性。在他的建议下，乾隆皇帝于公元1792年正式批准了以旧的驻藏军和新抵达的清军为基础，从当地的贵族军队中筛选堪用的人员，从民间征召健卒训练新式藏军的计划。

新式藏军采用冷热混合的装备模式，他们的主要装备为后来成为藏军代表性武器的“叉子枪”，这种火枪的叉子结构由赞巴拉克火枪下方的枪架改进而来，射手可以通过在马背或地面上架设两脚叉子的方式稳定火枪并进行射击。新式藏军的步兵和骑兵都大量装备这一型制的火绳枪，其骑兵战术也由之前的近战为主，转为转圈射加冲击反复转换的模式，同时加入了少量以清军和准噶尔火炮为主的炮兵单位，以充实作战体系。

这支部队起初由清军驻藏大臣负责指挥，公元1846年以后，清朝将藏军6个代本（团）的士兵交由西藏地方政府管辖，藏军从国家的正规军变为西藏的地方治安部队。当然，根据移交管理权时的约定，当中原王朝和地方的意见相左时，代本优先听从中原王朝的命令；当驻藏大臣与西藏政府的意见相左时，代本优先听从驻藏大臣的命令。

此后，随着清朝统治力的衰弱，藏军又获得了进一步成立新单位的许可，代本军因而发展为9个。由于长期缺乏战事，再加上火药武器的恐怖威力，西藏政府不再愿意生产新式铠甲，久而久之，在老工匠们陆续离世后，西藏地区也彻底失去了制造铠甲的能力，军队一直使用旧式或从周遭地区买入的铠甲。

北宋凭着一支弓箭手部队就差点逼死西夏？

在冷兵器时代，弓箭手一直都是战场上的主角之一。当然，这种兵种的弱点也一目了然，因为主要依靠弓箭输出杀伤敌人，所以在面对骑兵乃至步兵的冲击时，弓箭手的小身板显得异常孱弱。历史上，也很少会有将领只带领一支纯弓箭部队就和敌人展开会战。

不过，在北宋时期的西北战场上，宋朝军队就经常依赖一支“缘边弓箭手”的部队来抵抗西夏，这支弓箭手部队平日里除了有屯田、巡边以及筑城的任务外，在宋夏战争中还会被部署在战场一线充作先锋。这是怎么回事呢?

01

先普及一个小知识：我国古代对于一些兵种的叫法和我们如今的习惯性称呼并不完全一样。比如“轻骑”一词，听上去像是“轻骑兵”的简称，但有时候它其实代指的是不配辎重、只携随身干粮的骑兵部队。

宋朝“弓箭手”“弓手”之类的说法就更乱了，“弓手”并非“弓箭手”的简称，而是隶属地方的基层治安武装力量。至于“弓箭手”，则分为两类，一类是代指手持弓箭的士兵，另一类则是本文的主角，隶属北宋乡兵系统的西北土兵部队——缘边弓箭手。

缘边弓箭手虽然名字里带有“弓箭手”3个字，但实际上，因为他们的武器装备“俱皆自给”，和大宋禁军部队整齐划一的制式装备完全不一样，所以弓箭手们除了配有弓箭外，往往还会根据自己的财力和习惯为自己准备其他趁手的武器。

另外，北宋缺马，但西北边陲靠近养马地，得益于这一条件，缘边弓箭手中有将近四成的士兵会配备马匹。

因此，虽然这支部队名为“弓箭手”，但其近身战斗力可一点不比普通的禁军弱。

02

缘边弓箭手编制始创于北宋真宗景德二年（1005年）。曾经大破西夏李继迁的北宋名将曹玮，上书向宋真宗建议，“以弓箭手皆土人，习障塞蹊隧，晓羌语，耐寒苦，有警可参正兵为前锋”。他认为，边境地区的土著居民惯于当地苦寒，又通晓当地羌人、胡人的语言，再加上长期生活于此，对这里的地形地貌极为熟悉，只要稍加训练，就可以用来配合大宋禁军作战。

为了笼络这支力量，曹玮建议朝廷“给以境内闲田，永蠲其租，春秋耕敛，出兵而护作之”，就是说，除了给予当地土人田地用于耕作，永远免除其田税外，还要在春秋农忙时派出军队保护他们，让其免受西夏人的侵扰。和免税田相比，后面这一点才最为关键。

当时西夏边境线上，这些土著居民的生存环境并不算好。他们久居边地，在文化、习俗上逐渐受到宋、夏两边的影响，一方面，他们谙习弓马骑射之术，另一方面他们同样以耕作为生。

可是，在两国交战时，最先受到影响的就是这些两不隶属的土著居民。西夏入侵时，他们在入境之处首先就会“诱駿熟户、迫逐弓箭手”，西夏这样做，一是为了掠夺人口和财富，二是为了削弱北宋边境军力。而北宋边军对于这些土著同样没有多少好感。

正因如此，编为弓箭手，除了能够免除田税外，还能得到北宋军队的庇护。当然了，对宋朝而言，这同样是笔毫不亏本的买卖。

03

宋太宗自太平兴国七年（982年）起，一连十几年的征剿都未能消灭李继迁，反而导致陕西等地人穷财尽。党项叛乱之所以剿不胜剿，除了党项本身占据地利外，北宋特殊的兵制也是因素之一。

《宋史》记载："宋之兵制，大概有三：天子之卫兵，以守京师，备征戍，曰禁军；诸州之镇兵，以分给役使，曰厢军；选于户籍或应募，使之团结训练，以为在所防守，则曰乡兵。"

这其中，厢军多半是禁军挑剩下的老弱兵卒，乡兵士气低迷，只在驻守本地时能奋起一战。

只有禁军算是北宋军队中最核心的正规军，可除部分屯驻在外，其余禁军都在北宋国都汴京驻防，并且这些驻扎京师的禁军，按照祖宗之法是不能长期驻扎外地的，即使是少数屯驻在外的禁军，也需要定期轮换他处，为的是"使不得久而生变"。

这样的操作，虽然可以防止地方势力尾大不掉的情况发生，使地方无法反抗中央，但负面效果也着实不小。最精锐的禁军难以长期留驻边地，剿灭叛乱几乎无从谈起。更重要的是，所谓的"精锐禁军"也只是跟各地的厢军和乡兵相比而言，事实上，北宋禁军战斗力的衰落自太宗时代就开始了。

正因如此，在李继迁叛乱时，北宋对其几次征剿都无功而返。不得已之下，对于西夏这根打不下又啃不动的硬骨头，朝廷只好选择战略防御。

可防御和进攻不同，作为防守方，同样需要一支部队来应对可能的战争，更关键的是，要维持这支军队能够长期驻扎，需要稳定的后勤补给。这问题就麻烦了，北宋能在京城屯驻几十万禁军，是依靠开封发达的水运交通线路来实现的。而想要在西北边地维持一支同样数量级的禁军部队，则几乎不可能。

在过去，西北军的补给是依靠所谓的“和籴”制度，即通过商人的转运维系这条运输线。可即便如此，“千里馈粮”仍然使当地的粮价极为敏感。试想一下，如果真的按照禁军标准在当地屯驻大批士兵，整个西北的经济都可能直接垮掉。

04

而缘边弓箭手的出现，则近乎完美地解决了这个问题。他们虽然不交田税，但要承担军事任务，交的其实是“血赋”，后世的俄罗斯哥萨克其实就类似他们。

就像前面所说的那样，这些弓箭手被编入军队后，能迅速补充西北军的战力。西汉晁错在主张“移民实边”战略时，曾称“滨塞数千里，田氓将百万，徒患所以教养制驳未尽其方尔”。

北宋的情况与西汉极为类似。通过弓箭手制度，将原本散居西北各处的番汉边民招募进军队，既可以防止边民与军队矛盾冲突的加剧，同时这些人一旦有了田地，也将成为所谓的“有恒产者”，他们面对西夏人的侵略，所能爆发的战斗力是惊人的。从后面的发展来看，北宋的确是利用弓箭手的这一性质，在宋夏边境开始了“塔防流”①的新打法。

当时宋军在边境修筑的军事建筑主要有三种，分别称为“寨”“堡”“崖巉”。寨和堡的名字虽然并不相同，但从史料分析来看，寨堡其实可以合称，其中占地大一些的叫寨，小一些的叫堡，其军事地位和人员配置并没有明显的区别。稍微特殊点的是所谓的“崖巉”，这是一种建在险要地势上的特殊寨

① 堡垒攻势，靠往前修堡垒挤压对方的控制区域。

堡，但由于远比普通寨堡狭小，其军事定位类似于长城的烽火台，主要负责警戒和巡逻。

寨堡除了可以屯驻士兵防守外，同时还是弓箭手耕地的核心。面对西夏骑兵的突袭，少量弓箭手即使弓马娴熟也很难取得上风。为了预防对方的袭扰，弓箭手往往都是在寨堡周围开垦屯田，一旦遇到西夏来袭，他们可以第一时间跟自己的家人转移到寨堡中寻求庇护。因此，在当时的记载中，这些寨堡也被称为“护耕堡”。

当然，这些堡寨可不仅仅只用来防御，据《续资治通鉴长编》记载，当时宋朝最常用的套路就是一步步把堡寨往西夏腹地延伸，“渐移堡铺，向外把截，则不烦深入而拓地日广。并可以招置汉、蕃弓箭手承佃”。

于是，当时的西北地区形成了一种独特的战争生态循环：由于西夏人侵袭，当地土人纷纷编入弓箭手寻求庇护，宋军因此能在当地堡寨稳住阵脚。人手充裕后，则又开始继续修寨建堡，继续往西夏人的脸上捅。这又进一步激怒了西夏，开始在堡寨地区劫掠袭扰，继而进一步迫使更多的边民入籍抵抗……

更绝的是，有时候就连这些堡寨都不是宋朝人自己修的。时任陕西宣抚使的韩琦曾经上书，反对当地官员调遣镇戎军士兵和弓箭手修筑水洛寨，从其上下文来看，这寨子显然已经修好了，可说到一半，他话锋一转，又建议派他们第二年春天“增筑所居城堡”，认为这样一来他们“必自无辞”。说白了，就是不想花朝廷的钱调动民夫修筑堡寨，而是想让这些土著弓箭手自己修堡寨。

当然了，这也可以理解，朝廷又不是慈善家，能够动用一些闲置劳动力，干吗还要再抽调当地民夫？

05

寨堡修建完成后，北宋的“塔防流”才算正式成形。照理说，这些弓箭手除了春秋季需要耕作外，剩余的大部分时间依旧应该听从朝廷调遣。可实际上，因为耕作和驻地本就为一地，所以除了日常的巡逻示警任务外，大部分情况下，这些弓箭手“虽名应募，实不离家”。

这样一来，屯驻了弓箭手的堡寨，就成了西北边境地区一座座战略节点。西夏小股部队到来，很容易被这些悍卒吞掉，拿了人头领赏；西夏大军压境时，又难以短期内啃下堡寨。在这种掣肘下，宋夏的战略平衡开始发生了转移。

弓箭手制度带来的变化还远不止于此。这些士兵半兵半农，除了战时为兵外，平日里则以屯田为主。值得注意的是，一位弓箭手入编后，朝廷会“给田二顷，有马者加五十亩”。如果单从面积来看，这是隋唐均田制待遇的两到三倍或以上，这块田基本上可以算是朝廷给弓箭手的安家费。一般来说，一到两户人家出一名弓箭手，就足够所有劳力耕作了。一人当兵，全家免税，这种优惠力度着实不小。

正因为这样，有弓箭手入编的家庭，除了供给自己的日常所需外，还能剩余大量粮食用于交换。原本只能运输粮食贩卖至边地的商人，开始有了新的商路。他们从内地运输大量价值更高、更容易贩运的日用商品来此交易，和边民换取粮食，再把粮食交至军队，换来“茶引”之类的市场硬通货，这就是所谓的“博籴”。自此，原先千里馈粮的和籴被博籴取代，西北军队粮荒的问题也开始得到缓解。

从战场搏杀到巡逻示警，从修寨筑堡到屯田供粮，西北缘边弓箭手这支看上去并不起眼的民兵力量，就这样逐渐嵌入到北宋西北驻军的军事系统中，这支武装力量直到北宋灭亡前夕，都在发挥着它特殊的作用。

蒙古军队：《射雕英雄传》华筝故事的真实原型

01

忽必烈在公元1264年，曾制订名为《内平外成之舞》的雅乐歌舞，共由六部分组成："第一成象灭王罕，二成破西夏，三成克金，四成收西域、定河南，五成取西蜀、平南诏，六成臣高丽、服交趾。"

其中第一成用"灭王罕（王汗）"象征成吉思汗铁木真统一草原。伊尔汗国所编纂的史书《史集》里，在成吉思汗灭王汗后也称其"王业已定"；可见在蒙古人眼里，此战对于蒙古统一的重要性。就连武侠小说《射雕英雄传》，对成吉思汗统一蒙古部分描写最多的也是此战。

喜欢中国古代战争史的读者，大多对中国北方少数民族之间强者竞争、强权更替的残酷程度有所了解。本文就以成吉思汗取代王汗的过程为例，分析一下这种草原上的权力与利益之争是如何形成与完成的。

02

克烈部首领王汗，本名脱斡邻勒，曾是铁木真父亲也速该的安答（结拜兄弟）。他也是当时蒙古高原上的一代豪杰，拥有不平凡的一生。

脱斡邻勒7岁的时候被蔑儿乞人掳去舂米，等到其父打败蔑儿乞后才将他救回。13岁时，他又和母亲被塔塔儿人抓去放骆驼。父亲死后，脱斡邻勒被派到边境上担任指挥，后来他利用手中的军队夺取了兄弟的汗位，又吞并了叔父古尔汗的地盘。于是古尔汗以杀害亲人为借口征讨他，脱斡邻勒带着一百人逃到蔑儿乞部，之后在乞颜部首领也速该的帮助下收复了克烈部，二人结为安答。也速该死后，脱斡邻勒使克烈部成为蒙古草原上最强大的部落，这时铁木真还只是个9岁的孩子。

铁木真在父亲去世、部族离散后落难时，并未得到脱斡邻勒的帮助，成年后才找上他，尊其为义父，送上娶妻时的嫁妆黑貂皮袄，并互相立誓，结为联盟。

在蔑儿乞人抢走铁木真的妻子时，脱斡邻勒联合铁木真的安答札木合大破蔑儿乞部。后来脱斡邻勒的另一个弟弟逃入乃蛮，乃蛮汗忌惮脱斡邻勒的日益强大，发兵攻打。脱斡邻勒逃至西辽，不到一年后从西辽东归，在铁木真的帮助下重新夺取了对克烈部的统治，再次发兵击败蔑儿乞，成功抵御乃蛮部的东侵。

03

1190年，呼伦贝尔一带的塔塔儿、弘吉剌（广吉剌）、合答斤（合底忻）、散只兀（山只昆、撒勒只兀惕）等部叛金。

1196年，脱斡邻勒同铁木真一起帮助金朝攻打塔塔儿部，被金朝封为王，称“王汗”，进一步稳固了其蒙古高原的霸主地位，铁木真则被封为“札兀惕忽里”。

1198年，王汗独自攻打蔑儿乞人，大胜而归，不以所得分赠铁木真。

1199年，铁木真与王汗联兵，进攻北部乃蛮，胜利后，南部乃蛮的将领切断了联军归路。正在双方对峙时，王汗听信札木合的谗言半夜撤走，以其弟札合敢不为后卫，结果反而被乃蛮军追击。王汗又派其子桑昆去迎击，并求援于铁木真，桑昆为乃蛮军所败，多亏铁木真麾下“四杰”（博尔术、博尔忽、木华黎、赤老温）相助及时，才捡回一条命。

1201年，札木合被诸部拥立为古儿汗，对铁木真发起进攻。铁木真在没有王汗帮助的情况下，在帖尼河独自击破了联军。

1202年，铁木真消灭了世仇塔塔儿人。同年秋，札木合再次纠集多部发起阔亦田之战，此战中铁木真派从叔阿勒坛、堂兄弟忽察儿、叔父答里台三个人为先锋，札木合被联军打败，投降了王汗。

铁木真为了巩固联盟，想和王汗结为姻亲，为长子术赤求娶王汗之女，同时把自己的长女豁真别乞嫁给桑昆之子秃撒合（《射雕英雄传》里华筝和都史的原型）为妻。

桑昆不满意地说：“我的女儿到他家去向北立着，他的女儿到我家来，面向南高坐，这如何使得。”因此婚事未成。札木合与来到克烈部的阿勒坛等人趁机挑拨离间，王汗父子心怀猜忌，企图谋害铁木真，统治蒙古。

铁木真与王汗的联盟终于破裂。

04

1203年春，王汗父子和逃亡来的蒙古贵族们计议，伪许婚约，在土拉河南岸克烈部营地设许婚筵席，准备诱杀铁木真。

铁木真仅率十骑赴宴，中途得其继父蒙力克告警，派两名使者前往，自己连夜回转东方营地。

王汗见只有使者到来，料定事机已泄，认为铁木真东去不远，就组成强大的骑兵突击队，准备天明后向东方追赶铁木真。

阿勒坛之弟的两个奴隶巴歹和乞失里黑探知密谋，连夜驰奔，向铁木真报告此事。王汗谋泄，发兵来袭，铁木真整军迎敌，大战于合兰真沙陀之地。

这场战役发生在1203年春夏之间。由于铁木真在半夜接到报告，只来得及就近召集队伍，因此所率军队人数较少，除亲信队伍外，只有术赤台率领的兀鲁兀部军和畏答儿率领的忙兀部军追随着他，总数只有三千多人。

而王汗父子蓄谋已久，准备充分，调集大军意图包围擒获铁木真，因此在军队人数上占绝对优势，有两三万人。

当王汗率领大军东进采取奇袭时，铁木真先将家属及辎重移往他处，自身远撤至卯温都儿山区，占领防御阵地，把一座空营留在原地。他命大将者勒蔑率领少数部队留后，夜间在空营各处点火，然后悄悄地以急行军的速度和主力会师。

克烈军前来夜袭，看见军营灯火通明，就打算等火灭人睡之后开始攻击，这使铁木真有了良好的时机做战略撤退。

等克烈军进攻时，才发现这是一座空营，克烈军在第二天凌晨才开始追击。

05

当时，双方军队在合兰真沙陀面对面摆开了队伍。追随铁木真的兀鲁兀和忙兀二部军队英勇善战，阵势严整，进退、转换队形皆有章法，回旋冲杀各显其能，是铁木真军队中的精锐部队。

王汗在战前通过询问札木合，得知两部英勇善战，于是将军队编作五个梯队，定好进攻顺序，并命札木合参与指挥。

第一梯队：合答黑率领的只儿斤部；

第二梯队：阿赤黑失仑率领的土绵土别干部；

第三梯队：斡栾董合亦惕部；

第四梯队：豁里失列门率领的一千名护卫军；

第五梯队：王汗主力部队。

札木合在得知王汗的安排后，一方面出于安答的情感，另一方面更希望草原出现均势，让自己可以东山再起——如果铁木真被消灭，自己也就只能是王汗的臣属了。克烈与蒙古第一次联军攻打乃蛮，他撺掇王汗退兵，让铁木真单独面对敌人，增加损失，并留住乃蛮以牵制克烈，维持各方势力均衡，不至于出现统一的局面，让自己还有东山再起的可能，也是出于这个想法。

于是，札木合将王汗的部署暗中告知了铁木真。日后铁木真在回忆札木合对他的恩情时，就提到过这次泄密。

铁木真原打算让术赤台当先锋，但就在后者犹豫时，畏答儿主动请缨，将家人托付给铁木真后，率领忙兀部骑士们疾驰着冲杀向前。术赤台也愿意当先锋，率领兀鲁兀部骑士们跟着冲杀上去。

这时，王汗军方面的第一梯队已冲杀过来，兀鲁兀、忙兀二部军前去应战，将其击败。接着，第二梯队冲杀过来，畏答儿被阿赤黑失仑刺伤坠马，忙兀部军急忙返身列阵于畏答儿跌落处营救他。

术赤台率领兀鲁兀部骑士们继续奋战，先后击退了克烈第二、第三梯队，随即打败第四梯队。

接着，王汗之子桑昆未经其父同意便前来迎战，结果颧骨被术赤台一箭射中，受伤落马，被部下抢救了回去。

此战中，铁木真冷静地进行战斗部署，当王汗率领主力到达战场之前，他的前卫部队已被铁木真击败。等到王汗的主力部队到达后，因此地山多、地形复杂，攻者的行动受到妨碍，再加上铁木真选定的阵地良好，克烈军的兵力难以展开，发挥不了威力。

这时天色已晚，铁木真军带着受伤的畏答儿回到了营地，当晚双方都将军营迁离战场。

06

这场战争的结果是，铁木真成功抵挡住了王汗的数次攻势，使敌人放弃作战，没有对铁木真进行进一步歼灭。但他自己也遭受了一定的损失——畏答儿受伤；亲密战友博尔术所骑的马被射倒，靠夺骑一匹驮马才免于丧命；三子窝阔台颈部中箭，在铁木真义弟博尔忽的救护下第二天才回到营地。

战后，铁木真清点士兵，还有2600人，和战前3000人相比，这个战损也称不上惨败。因为在窝阔台回来后，铁木真还自信能顶得住下一波攻势，说："如敌人前来，就厮杀！"直到从博尔忽那里得到克烈军向西退去的消息后，才下了整补军队再行厮杀的命令。

而另一边，王汗想率领大军去追击铁木真军，阿赤黑失仑建议先把桑昆救回去养伤，此时大部分蒙古人都跟随着札木合、阿勒坛、忽察儿等人在克烈这边，而跟随铁木真逃出的那些蒙古人，每人只有一匹马，没有住处，只能躲到树林里宿夜，即使不主动来投降，也可以轻松抓回来。王汗觉得有道理，便率领大军返回。

但是，王汗眼见自己还没有让对手失去统一草原的能力，就在途中袭击了铁木真二弟合撒儿的帐庐、马群和牲畜，并将合撒儿软禁起来，借此挟持铁木真。而已然做大的乃蛮和蠢蠢欲动的札木合等人，更是让他难以再去攻击其他势力。

07

铁木真将2600人分成两路，自己率领1300人沿着哈拉哈河右岸行军，术赤台和畏答儿率领另外1300人沿着左岸行军。《史集》称铁木真退却后，"大部分军队已离开了他，他就向巴勒渚纳退去"，指的应该就是这次分兵。

军队一路行猎，畏答儿带伤狩猎，结果伤情恶化去世，铁木真将他安葬在附近的山崖上。

铁木真听说在哈拉哈河注入捕鱼儿海（今贝尔湖）的河口处，居住着一部分弘吉剌人（铁木真娘家），就让术赤台领军去收编。之后他率军在统格黎克小河住下，并派两名使者去见王汗，责备他的背盟行为。

王汗听了使者的话，内心惭愧，但桑昆毫无悔意，不惜决裂到底。

铁木真提出与王汗讲和，以便通过暂时缓和矛盾来争取时间，恢复实力，准备好充足的力量再与克烈部决战。同时又让使者向阿勒坛等人传话，首先说明立汗之初，曾再三让位于诸叔，而诸叔不受，所以不敢推辞，无非要保祖先遗业而已。最后提出警告说："我的汗父（王汗）性情喜怒无常，如果像我这样的人让他厌烦了，你们不久也会使他厌烦的。"

不久后，铁木真把营地迁移到东方深处的班朱尼河（巴勒渚纳），将踪迹隐蔽起来，不让敌人得到有关自己军事行动的情报。

在那里驻扎下来时，豁罗剌思部前来投降。

《蒙古秘史》记载，回回商人阿三赶着1000只羊，从汪古部前来，在收购货物的途中，在呼伦湖附近赶着羊群饮水时与铁木真相遇。《元史》记载，在班朱尼河时，速不台之父哈班为铁木真献上大量羊群，途中遇到了盗匪，速不台与兄长赶到，用枪刺死贼首，余党逃去，成功让羊群抵达铁木真处。由此猜测可能是哈班将阿三的羊群带到了铁木真处。

这时，合撒儿将自己的妻儿遗弃在王汗处，带着几个同伴逃出来找兄长，途中缺衣少食，以至于连生皮筋头也做了食物。偶然遇到一匹野马，合撒儿将其射杀后，把马皮涂泥做锅，击石取火，用河水煮肉吃。就这样一路跋涉到呼伦湖附近，才与铁木真相会。

合撒儿到达的时间是1203年夏，铁木真带领包括他在内的19名首领，一起饮用班朱尼河浑浊的河水，对天发誓："使我克定大业，当与诸人同甘苦，苟渝此言，有如河水。"众将深受感动，流下了热泪。这就是载入史册的班朱尼河之盟。

而在这之后不久，王汗军也发生了大事：王汗在合兰真沙陀之战后，往西回到曲雕阿兰，在那里听取了铁木真的传信——铁木真对王汗等人的心思了如指掌，通过遣使传话，他积极而有针对性地分别对王汗、桑昆、阿勒坛等人展开攻心战术。

不久后，答里台、阿勒坛、忽察儿、札木合等多人共同决议，夜袭王汗，成功之后自立君主。他们商议的话传到了王汗处，于是王汗击败了他们，答里台及其他三个从属于克烈的部落改向铁木真称臣，札木合、阿勒坛、忽察儿等人率领残部西逃到乃蛮。

这场内讧削弱了克烈部的实力，联想到1218年成吉思汗假托花剌子模太后亲戚之名，伪造信件，离间该国国王与太后的关系之事，可以看出成吉思汗深谙“兵不厌诈”，很善于分化瓦解敌军力量。

08

饮水盟誓后，铁木真他们商议，用合撒儿的名义派两个亲信到王汗处去，声称合撒儿途中找不到哥哥，而妻儿又还在克烈部，如果王汗也派一个亲信的人来，就会跟着回去归附。

两名使者到达王汗那里时，王汗正在搭起金帐设宴，从时间上来看，很可能是为了庆祝对叛乱分子作战的胜利。

由于当时铁木真行踪不明，合撒儿流离失所，他便将这些话完全信以为真，派遣自己的一个亲信亦秃儿坚与二使同行，还按照蒙古人互相沥血立誓的习惯，在牛角上滴了几滴血送去作为誓盟之物。

亦秃儿坚与二使到达指定地点时，看见了许多人马，顿时产生怀疑，骑马往回逃跑。结果被二使擒获，押送到铁木真处。铁木真未问亦秃儿坚的话，直接将其送到合撒儿处，合撒儿也二话不说，把他杀了。

铁木真从二使口中得知，王汗正在设宴，毫无防备，便决定夜袭。

1203年七月中旬之初，术赤台和阿儿孩二军为先锋，由二使为向导，向西前进。途中各派侦骑四处搜捕邻近牧人，使进军消息不致泄露，并由合撒儿带领十余骑摧毁王汗沿路的哨望所，因此，铁木真可以说是悄无声息地发动了袭击。

七月十二日夜晚，铁木真大军进入者只儿温都山的折儿山峡的山口，乘着月色，分军前进，采用分进合击态势，接近敌军大营。

七月十三日天明，克烈人发现敌情时，四面已被团团包围住了。王汗大营外筑有栅寨，易守难攻，铁木真从七月十三日上午开始进攻，激战三天后，克烈军营才高呼投降。但王汗父子乘乱逃走，后来王汗被乃蛮边将所杀，桑昆先后逃亡西夏（后来成为成吉思汗攻打西夏的借口之一）、吐蕃，在今新疆库车一带被杀。

征服了克烈部后，铁木真宽恕了敌军中抵抗最激烈的将领合答黑，让他带着100名族人为去世的畏答儿家属效力；又将部众分配给诸位将士，重点赏赐了向自己告密的巴歹和乞失里黑；还将札合敢不的女儿唆鲁禾帖妮赐给四儿子拖雷，她后来成为蒙哥、忽必烈、旭烈兀、阿里不哥四汗的母亲。

虽然之前被迫害，但毕竟曾是自己的恩主，所以铁木真并没有杀死义父王汗全家，王汗的另一个儿子畏忽之女后来成为旭烈兀的后妃，他的很多后代都在忽必烈处任职，后来的土尔扈特部就是王汗的后裔。

第五章 谋略篇

上兵伐谋，其次伐交，其次伐兵

谋士出上中下三策，主公为何总爱选中下策？

谋士在古代历史进程中占据了极为重要的角色，一位优秀的谋士，不仅可以决胜千里之外，甚至还能左右一国之国运。优秀的谋士好比李斯、张良、陈平、赵普、刘伯温等，他们在王朝初创之时，帮君主出谋划策，为国家立下汗马功劳。有些时候，尤其是在战时，谋士们常常给主公提供三个选项，一般分为上中下三策，在谋士眼中，上策就是最佳选项，中策是稳妥选项，下策则是最差选项。按常理讲，主公当然应该选择上策，但事实上，大多数情况下，主公都会选择中策或者下策，那么，这是为什么呢?

01

尽管谋士的能量巨大，但事实上，谋士的主要责任还是出谋划策，那个拍板的人不是他。换言之，谋士也是在为主公打工，在考虑问题时，谋士时常会以自身为出发点。

在封建专制王朝，相比于做武将，做谋士的风险低收益大，所以其竞争压力也很大。于是谋士为了显示自己的才华，往往会多给主公出几个主意，而最佳的方式则是上中下三个。这样一来，主公见到了谋士的才华，便可以提升其职位，赏赐其财物，一定程度上讲，谋士执着的并非江山社稷，而是自己实实在在的利益。

除此之外，谋士提供三个对策，也是在保护自己。有三个选项，主公就有选择的余地，如果主公选择了其中一个，而结果恰好印证这个选项是错的，谋士也可以自圆其说。如此一来，就比只出一个主意的风险低了不少。

然而，事实上，主公并不在乎所谓的上中下所代表的意义。在一位明智的主公看来，一个主意也好、三个对策也罢，只要是符合当时的实际情况且对自身有利，就可以采纳。某种意义上说，决策的成败，一方面在于谋士的才能和忠诚度，另一方面则在于主公的谋略和判断力。

02

隋大业九年（613年），隋炀帝杨广第二次征伐高句丽，就在辽东城快要攻下来时，后方杨玄感叛乱的消息传来。无奈之下，杨广只能放弃高句丽，回军平叛。

是时，天下已经有大量的起义军，但在杨广看来，这些都是小打小闹。可杨玄感不同，杨玄感是开国功臣杨素的儿子，是世家大族代表，他的反叛，很可能会引起轩然大波，所以必须尽快平定。

当时，杨玄感在黎阳起兵，他的好友兼谋士李密，就给杨玄感出了上中下三个对策。

上策是出兵蓟州，卡住隋军的咽喉，隋军回军被阻，而高句丽也攻不下来，时间一长必定粮草耗尽，会直接投降。

中策是西入关中，路途之上不要恋战，只要占据关中，据险而守，便可以和杨广分庭抗礼。

下策是出兵东都洛阳，洛阳城守将必定死守，攻城时间会很长，胜负难料。

杨玄感听后，说：“公之下计，乃上策也。今百官家口并在东都，若不取之，安能动物？且经城不拔，何以示威？”

为何杨玄感考虑再三，没有选择上策、中策，反而选择了下策？我们逐个分析：

如果选上策，出兵蓟州，截断隋军道路不一定能办得到，但必定会提前和隋军遭遇。如果没有按时间到达目的地，那必定是死路一条。就算能到达指定位置，杨玄感手下的几万人，也是难以抵挡杨广六十万大军的。

再看中策，直接攻向关中，目标很明确。但关中离黎阳很远，行军时间很长，在这其中出意外的概率更大。况且当时隋朝统治核心仍在，关中如果据守，要想攻克，那是难上加难。而一旦时间拖长了，隋军就会追到，里应外合，那也是死路一条。从最后结果分析，隋军追击速度很快，所以，如果选中策，杨玄感很可能还没到关中，就被追上了。

尽管杨玄感不是个特别高明的主公，但他也并不糊涂。结合实际情况，最好的办法就是攻下洛阳，洛阳离黎阳最近，且城池坚固，如果能及时攻下洛阳，便可以据城而守。除此之外，洛阳是隋朝的政治中心，在此振臂一呼，以老杨家的威望，捧场的人也一定不在少数，加之粮草充足，还可以长期驻守。

所以，杨玄感选的这个下策并不算错，只不过他本身的实力太弱，加之当时政治环境不太理想，才最终导致失败。

03

兵法有云：“求其上，得其中；求其中，得其下；求其下，必败。”好的对策和好的结果不一定成因果关系，用最好的对策得到的往往是中等的结果，而用中等的对策常常会得到下等的结果。当然了，这也是相对而言。

刘备夺取益州时，庞统曾给刘备出了三条对策：上策是直接趁夜偷袭成都，由于刘璋人软货怂，没有防备，必定一战成功；中策是假意退回荆州，邀请刘璋手下的两名大将杨怀、高沛前来相送，只要将其捉拿，收编其军队，随即成都也更容易攻克；下策则是退回白帝城，再从长计议。

很显然，下策几乎是什么也不做，所以刘备不可能选下策。而对于上策，如果成功，成本低，效果快，的确是个不错的选择。但刘备也考虑到自己刚到益州不久，根基未稳，如果一旦攻不下成都，成了僵持之势，那可就难办了。

所以经过慎重考虑，刘备选择了中策，在解决掉杨怀、高沛后，刘璋实力大减，在进攻成都的路上，大军势如破竹，顺利攻到了涪城。

刘备之所以选择中策，是由于上策风险太大，而中策更为稳妥。在赤壁之战后，刘备早已不是那个任人揉捏的小角色了，经过重重磨难，刘备更明白当时局面的来之不易，他宁愿多花些时间，也不想冒太大的风险。

高收益自然伴随着高风险，这世间没有完美的人，也不可能有完美的对策，刘备很清楚这一点，所以他选择了最稳妥的选项。

总而言之，不论是所谓的上策或是下策，只要符合切实利益和实际情况，都是最佳对策。

诸葛亮七擒孟获的背后

01

纵观诸葛亮一生中展现的才能，确实如他早年自比管仲、乐毅那样，堪称是出将入相，文武全才。虽然有陈寿对其“治戎为长，奇谋为短”的评语，但诸葛亮的临阵指挥能力可是让司马懿都没脾气的，甚至到了晋朝还有人特别推崇诸葛亮的兵法。而诸葛亮文武两种角色彻底的转换点，就是稳定南中的南征，也就是他在《出师表》中“故五月渡泸，深入不毛”的回忆，妇孺皆知的“诸葛亮七擒孟获”也是发生在这一时期。

在稳定南中之前，诸葛亮基本上是从事文职行政工作的汉家丞相，虽然在留守荆州和赴援益州时，曾经担任过主将的角色，但是持续时间很短，而且所指挥的范围也只限于荆州军团，而非蜀汉全军。

自从出兵稳定南中开始，他就正式扮演起蜀汉全军统帅的军事角色，指挥千军万马驰骋疆场，直到病死在前线时，刚好10个年头。

他这10个年头的军事生涯，从时间上说，可以分为南征、北伐两大阶段：南征是指稳定南中，北伐是指进攻曹魏。

不少人会把这两者视为互不关联的事件，实际却不然。因为从深层次来看，南征乃北伐的有机组成部分，这是北伐之前必不可少的战略准备阶段。一言以蔽之，南征是诸葛亮北伐的前奏和序曲，而北伐则是他南征的延续和拓展。

如果从更为开阔的历史视野来看，诸葛亮的南征，不仅是他本人军事生涯的重要举措之一，而且也在此后西南地区的发展历史上留下了影响深远的不朽篇章。

02

当时所谓的“南中”，是对东汉末年益州南部五个郡的统称，这五个郡是越嶲、永昌、益州、牂牁、朱提。这里先说明一个可能被人误解的地理知识，即有人在介绍南中时，会说东汉末年的南中地区总共只有四个郡，这种说法是不准确的，因为漏掉了一个朱提郡。

“朱提”，按照前人对古地名的注解，其读音是shú shí，朱提郡的治所在今云南省昭通市。在这之前，朱提郡叫作“犍为属国”。所谓的“属国”，是东汉王朝设置的一种行政区划名称。

东汉在一些少数部族聚居的边境地区，特别设置属国，每个属国委任都尉一人，管理属国之内的少数部族事务。益州的犍为郡是一个面积很大的郡，其治所是武阳县，在今四川省眉山市的彭山区。犍为郡的南部，当时是少数部族的聚居之地，所以被划分出来，特别设置了一个犍为属国。刘备攻占益州之后的建安十九年（214年），将其改名为朱提郡，并任命下属将领邓方为郡守。从此，南中地区的四郡一属国格局，就变成了五个郡的格局。

关于犍为属国被改为朱提郡一事，东晋时期益州本土学者常璩在《华阳国志·南中志》中曾有前后两处明确的记载。

第一处记载说：“建安十九年，刘先主定蜀，遣安远将军南郡邓方，以朱提太守、庲降都督，治南昌县。”意思是说，建安十九年，刘备取得蜀地，派遣时任安远将军的南郡人士邓方出任朱提郡太守，以及总管整个南中地区的庲降都督，治所确定在南昌县（刘琳先生认为在今贵州省赫章县境内）。

第二处记载说："朱提郡，本犍为南部，孝武帝元封二年置，属县四。建武后，省为犍为属国。至建安二十年，邓方为都尉，先主因易名太守。"意思是说，朱提郡原本是犍为郡的南部地区，西汉武帝元封二年（前109年）设置，下有四个县。东汉光武帝建武年间被改名为"犍为属国"。到了建安二十年（215年），邓方被委派为犍为属国的都尉时，先主刘备将其职位改为朱提郡太守。

同一部史书中的两处记载，第一处说朱提郡改名是在建安十九年（214年），第二处说是在建安二十年（215年），为何不一致呢?

刘琳先生在《华阳国志校注》中解释："盖年头、年尾之差，非有误。"也就是说，改名一事，出现在建安十九年的年尾，很快就到新的一年，故而也被记载为建安二十年。刘琳先生的解释是合情合理的，所以在此我们采用了建安十九年的记载。

刘备去世之后，南中五个郡当中，除了面积最小的朱提郡因为实力太弱，没有卷入时局的动荡，其余的四个郡都在不同程度上发生了动荡。

诸葛亮的南征，所针对的地区自然就只限于发生动荡的四个郡，所以《三国志·后主传》中才会有"三年春三月，丞相亮南征四郡，四郡皆平"的记载。后世有人仅仅因为看到上述记载中两次提到了"四郡"，就以为整个南中地区只包括这四个郡了，这其实是一种误解。

此处先考辨和破解上述谜团，以打消读者诸君有可能产生的疑问，然后才好进行下面的叙述。

03

南中这片地域的面积相当广大，甚至大过了益州的北部，占了整个益州面积的一半以上。由于当时蜀汉王朝的领土只有益州这一个州，所以完全可以说，这南中足足占了蜀汉的大半壁江山。

南中的地域范围，包括现今四川省的南部以及贵州、云南两省，而且大部分都是许许多多古代部族共同居住的高原山区。

刘备去世之后，南中地区的益州郡、越嶲郡、牂柯郡等地，一部分汉族的行政长官和土著大姓的首领，在东面孙吴政权的联络鼓动之下，转而支持孙吴。

建兴三年（225年）的春三月，诸葛亮亲自率领大军，从成都出发南下，开始稳定南中。

当时出动了多路大军，包括目标指向牂柯郡的马忠军团，目标指向益州郡的李恢军团等。而诸葛亮亲自率领的主力军团，从成都出发，一直南下，冒险渡过当时叫作“泸水”的滔滔金沙江，经过艰难的长途跋涉，一直到了现今云南省昆明市的滇池一带。

当年秋天，当地局势基本恢复稳定之后，他把位于南中心脏地带的益州郡改名为建宁郡。

与此同时，他又分出一部分地区，新设置了云南郡和兴古郡。于是南中原有的五个郡的格局，又变成了新的七个郡的格局。

当年十二月，稳定南中的任务圆满结束，诸葛亮率领大军回到成都。

诸葛亮主力军团行军的详细路线，现今学术界的认识并不完全一致，但是在他所经过的主要地点上，认识却是大体一致的。

去程，是从成都出发南下，先走水路，经南安（今四川省乐山市）、僰道（今四川省宜宾市），到达安上（今四川省屏山县）之后，再上岸走陆路；经卑水（今四川省昭觉县）、邛都（今四川省西昌市）南下，横渡泸水（今金沙江），一直到达滇池（今云南省昆明市）一带。

回程，是从滇池回返，从陆路取道东北方向的味县（今云南省曲靖市）、平夷（今贵州省毕节市），回到僰道之后，再由水路返回成都的。

大略估算下来，以上往返全程的距离，应在4000里以上。在10个月的时间之内，又在当时极为艰苦的交通条件之下，既要跋山涉水，又要在沿途不断安定社会秩序，争取民心拥护，恢复政局稳定，这显然是一项极为艰巨的繁重任务。

04

对于诸葛亮的“五月渡泸”，《三国演义》中曾有生动的描绘，比如瘴气弥漫的茫茫泸水、猛兽排列的神奇军阵等。这些文学性的描绘虽然很生动，却存在大量的虚构成分。要想了解诸葛亮稳定南中的种种玄机和谜团，还是要从确凿可靠的历史文献中寻找线索。

第一重玄机和谜团是：“攻心为上”，即争取民心为上策这一著名的人性化行动方针最早的创意者是不是马谡？

《三国志·马良传》裴松之注引习凿齿《襄阳记》记载，诸葛亮动身前往南中时，下属马谡前来送行，并向诸葛亮进献了一个“攻心为上，攻城为下，心战为上，兵战为下”的基本行动方针，诸葛亮欣然接纳。因此在后来的行动中，成功争取到当地古代部族民众的衷心拥护，南中从此不再出现社会秩序的动荡和反复。

这段记载，后世经常引用。现今成都武侯祠博物馆的孔明殿前，就悬挂了一副非常著名且引起后世热烈讨论的对联：

> 能攻心则反侧自消，从古知兵非好战；
>
> 不审势即宽严皆误，后来治蜀要深思。

上联的主题“攻心”，就是由马谡的建议而起。但是，习凿齿《襄阳记》

中，把诸葛亮稳定南中的人性化行动方针，即通过和平方式来争取当地民众的人心，完全归功于马谡最早提出的建议，这种说法究竟准不准确呢？

先哲孟子早就说过“尽信书，不如无书”的话，我们对待史书中的记载，同样也应当采取理性思考的态度。其实，只要稍微深入思考一番，就会发觉《襄阳记》的说法值得商榷。

《三国志·后主传》明确记载，南中地区社会秩序开始出现问题，是在建兴元年（223年）的夏天。而诸葛亮稳定南中，是在建兴三年（225年）的春三月，间隔了将近两年。

如果说，在长达将近两年的时间之内，作为蜀汉王朝首席辅政大臣兼全军统帅的诸葛亮，在用兵总体方针这一关键性的问题上一直没有做出过非常成熟的考虑和谋划，硬是要等到千军万马已经上路出发之际，“碰巧”才在马谡的指点下恍然大悟的话，那么诸葛亮这位辅政大臣兼全军统帅也实在是当得太不称职、太不稳重了。以他那种一贯做事极其谨慎周密的品性而论，这几乎是不可能发生的事。

事实上，诸葛亮之所以会在稳定南中的过程中，坚持采用“攻心为上”的人性化行动方针，自有两大深刻原因。马谡的临时进言，只是恰好与诸葛亮本人的深思熟虑吻合，因而得到了他“深得吾心”的由衷欣赏而已。

05

深刻原因之一，是来自蜀汉创业总体战略设计上的一贯性考虑。

建安十二年（207年）“隆中对”时，诸葛亮就已经为刘备开创蜀汉大业提出了总体战略设计。其中的“西和诸戎，南抚夷越”两句话，已经非常明确地指出将来对待自己政权辖境之内各个古代部族的正确方针。

所谓“和”者，和谐也；“抚”者，安抚也。由此可见，早在18年前，诸葛亮进入仕途之前，在处理多部族的关系中，必须坚持采用和谐安抚的人性化方针，已经成为他政治思想当中的重要组成部分了。

现今到了真正需要他来具体处理多部族关系的现实问题时，即便没有马谡出面来进言，坚持采用人性化的行动方针也会是诸葛亮的必然选择。

深刻原因之二，是来自国家资源方面的深远考虑。

诸葛亮所治理的蜀汉，是三国当中综合实力最弱的国家。而综合实力的诸多组成因素之中，最为关键的又是人口数量。

据《三国志·后主传》裴松之注引王隐《蜀记》记载，直到蜀汉政权灭亡之时，登记在册的百姓也只有94万，军队将士10.2万，官吏4万。三者相加，总数才108.2万。

而孙吴灭亡之时，登记在册的百姓有230万，军队将士23万，官吏3.2万，后宫0.5万，四者相加，总数为256.7万。（《三国志·孙皓传》裴松之注引孙盛《晋阳秋》）

至于曹魏，据《续汉书·郡国志》刘昭注引皇甫谧《帝王世纪》提供的数据，景元四年（263年）攻灭蜀汉时，与蜀汉合计，人口总数超过537万。如果减去上面蜀汉的人口总数108.2万，则曹魏的人口总数应当不少于428.8万。

以上的人口数字，虽然现今有学者心存怀疑，认为偏低，但即便是偏低，也会是3个国家全都偏低，所以三国之间人口数量的相对比例基本是准确可信的。按这一相对比例，孙吴人口是蜀汉的两倍多，而曹魏人口又是孙吴的将近两倍。

由此可见，蜀汉的人力资源，确确实实是三国当中最为缺乏的。

既然人力资源如此缺乏，南中地区的各族居民又早已成为自己国家的子民百姓，并非交战国家的敌对民众，此时此刻要对南中地区采取非人性化的行动方针，使自己拥有的人力资源更加匮乏，这是当政者诸葛亮绝对不可能去做的蠢事。

06

那么蜀汉时期南中地区的人口数量究竟有多少呢？这也是一个谜团。

在传世的史籍文献中，没有这方面的明确统计数据，但是我们可以间接地推算出来。

在今本《后汉书》所包含的司马彪《续汉书·郡国志》中，列出了东汉益州下属的12个郡国以及各个郡国的在册人口数目。其中，后来属于南中地区的郡国有5个，即牂柯郡、越巂郡、益州郡、永昌郡、犍为属国（后来的朱提郡）。

如果以万人为单位来计算，万人以后四舍五入，这5个郡国的人口共计是294万人。而整个益州12个郡国的总人口是726万人，所以南中这5个郡国的人口数，在比例上约占益州总人口数的40%。

《续汉书·郡国志》的数据，来自东汉顺帝永和五年（140年）的官方统计，是诸葛亮稳定南中85年前的情形。

另据《晋书·地理志》所提供的官方数据，原来属于东汉益州的居民总计有30.86万户，而其中属于南中地区的居民则有8.3万户，约占益州总户数的27%。这是公元280年西晋统一之后的数据，也就是诸葛亮稳定南中55年后的情形。

如果取上面两个百分比的平均值，即33.5%，再按照蜀汉总人口108.2万来计算，当时南中的人口大约有36万。

对于蜀汉政权而言，这样重要的人口资源具有极其宝贵的战略价值，就和自己的肢体一般重要。诸葛亮精心加以爱护都还来不及，怎么会采取非和平的手段加以摧残和削减呢？

之后他第一次北伐出兵祁山，在街亭受挫而撤回大军的途中，还把祁山附近西县（今甘肃省礼县东北）的1000多家曹魏居民一并带回了汉中。这1000多家居民，总人口不过几千人而已。诸葛亮连敌方的区区几千人都舍不得放弃，南中地区自己的子民百姓多达几十万人，对他来说意味着什么不是再清楚不过了吗？

以上两方面的深刻原因，都使得诸葛亮必须要在南中采用“攻心为上”，即争取民心的人性化行动方针。也就是说，“攻心为上”用兵原则的创意者其实并非马谡，而是诸葛亮本人。马谡的建议，只不过正好与他的深思熟虑不谋而合罢了。

07

第二重玄机和谜团是：诸葛亮在此番稳定南中的过程中，究竟采取了什么具体的重要举措，是否取得了满意的效果呢？

诸葛亮的重要举措，主要体现在两大方面：在前期的稳定行动中，一直秉持尊重对方、包容对方的人性化政策，坚决不采用血腥的暴力手段，充分体现出能够平等对待不同部族的进步价值观。在后期的管理行动中，他又能够充分信任对方，采取完全委派当地部族首领实施基层一级行政管理的政策，而不是按照以往的惯例，留下从外面进去的蜀汉朝廷官员和军队来管理。

总之，诸葛亮的举措确确实实取得了相当不错的效果，具体体现在以下四个方面：

其一，从蜀汉政治的大局上看。经过此番行动，当地的社会秩序基本恢复了安宁平静的状态，行政治理也进入了规范有效的程序。

行政治理程序中最关键的措施，是针对益州郡所采取的两项重要改革：一项是在政治宣传上，将处于南中地区核心位置，政治情况较为复杂，因而对周围各郡影响最大的益州郡，重新改名为建宁郡。所谓“建宁”者，从此建设安宁社会秩序之意也。另一项是在行政区划上，将新改名的建宁郡，在辖境范围上缩小，从而遏制其扩张。

具体的做法，是将建宁郡西北的一部分与西北边永昌郡、越嶲郡的一部分合在一起，成立一个新的云南郡，其治所为弄栋县（今云南省姚安县）。又将建宁郡南边的一部分，与南边牂柯郡的一部分合在一起，成立一个新的兴古郡，治所为宛温县（今云南省砚山县西北）。

于是，南中的行政区划，从原有的5个郡扩增到了7个郡，行政管理上比此前更加深入和稳固。至此，京城成都的大后方大体安定无忧，诸葛亮可以放心地转向外部，开始大举出兵北伐曹魏了。

其二，从北伐急需的人力资源来看。北伐急需的人力资源，包括后勤运输的民工部分以及前线作战的兵员部分，也都得到了有效解决。

南中36万人纳入蜀汉政权的有效行政管理之后，民工和兵员这两部分都可以得到有力的补充。

比如东晋常璩《华阳国志》记载，南中稳定之后，当地内迁到成都一带的人口，单单一种爱穿青色衣服的古代部族“青羌”，就有上万家。如果以每家5口人计算，就有5万人之多。

其中的中年男女一边从事耕种，一边运输军用物资。而健壮的男性青年被编成一支劲旅，他们不仅骁勇善战，而且擅长在山地迅速奔跑冲杀，被誉为“飞军”，这正是诸葛亮北伐时急需的精锐部队。指挥他们的将领，则是蜀汉的沙场勇将王平。

王平的正式军职名称是“无当监”，所谓“无当”者，即这支劲旅的锋芒无人能够阻挡。曹魏虎将张郃就是在后来追击王平的途中，中了这支“无当飞军”设在木门道的埋伏，被利箭射中而当场身亡。

所以诸葛亮的《出师表》才会说“今南方已定，兵甲已足”，意思是稳定南中之后，国家就得到了充足的兵源。

其三，从北伐急需的军用资源来看。军用资源同样得到了有效开发，南中地区面积很大，山区之中蕴藏着多种多样的军用资源，诸如黄金、白银、朱砂等，源源不断地运送出来，满足军用的急需。

其四，从北伐急需的山地作战经验来看。蜀汉军队的作战经验得到了非常宝贵的实践收获。

诸葛亮要想北伐曹魏，并且取得成功，那么他所指挥的蜀汉军队，必须具备非常丰富的山地作战经验，这是必不可少的先决条件。原因很简单，蜀军进攻曹魏，必须翻越双方疆域相对稳定的分界线秦岭，其间的山路极其漫长、曲折和艰险。

蜀汉的主力部队原来的主要活动地区在成都一带的平原和浅丘陵地区，在艰险山地作战的经验显然极为欠缺和不足。怎么办？只有进行实战性质的训练，认认真真去获得、去弥补，这才是唯一可行的办法。

于是，诸葛亮以身作则，亲自指挥主力军团，前往南中的一大片高原山地，翻山越岭，跨江渡河，跋涉千里，进攻防守，这对于强化蜀汉军队的山地作战经验而言，是最理想，也是最有效的办法。

总之，稳定了南中，又开发了南中，这不仅在政治上为蜀汉政权提供了安宁的大后方，而且在军事上为诸葛亮的北伐提供了战略资源的大基地，并且得到了山地作战的宝贵经验。

08

第三重玄机和谜团：诸葛亮此举对于此后南中地区的发展究竟有何正面影响?

事实上，诸葛亮在南中大规模开发军用资源的同时，南中当地的经济也得到不同程度的发展，这对当地多部族的广大居民而言，自然也是一件大好事。

所以《三国志·诸葛亮传》就说“军资所出，国以富饶”，意思是军用物资的开发，使得包括南中在内的整个国家都开始富饶起来。

但是，如果从更为广阔的视野来观察，诸葛亮在南中地区的一系列正确举措，更加深远的意义还在于使南中地区的发展历史从此翻开了新的篇章。

新的篇章，首先体现在政治上所产生的巨大影响。

大体来说，直到东汉后期，中央政府与南中地区之间直接的联系并不紧密，中央政府对南中的统治管理，也只是通过益州这一级的行政体系间接地实施，南中地区的重要性并未得到凸显和重视。

但是，经过诸葛亮稳定南中之后的认真管理和大力开发，南中地区的战略价值开始逐渐凸显出来，中央政府对其重视程度也随之快速上升。

晋武帝泰始六年（270年），也就是蜀汉政权灭亡仅仅7年之后，西晋王朝就做出了一项重大决定：将南中地区从益州完全分离出来，并且提升其行政区划的级别，在此单独设立由中央直接管辖的州，特别取名为“宁州”。所谓“宁”者，即安宁之意也。看来西晋王朝也是迫切希望把这片广大的地区，从此变成自己安宁的战略大后方。

晋武帝灭吴，统一天下之后，虽然曾经在精简地方行政机构的大形势之下一度裁撤了宁州，但是，其后的晋惠帝认为这一重要地区依然应当由中央直接管辖，于是又宣布恢复设置宁州。这就充分证明宁州这一地区对于中央政府而言，其重要性实在不容小觑。

自此之后，历经东晋、宋、齐、梁、北周五朝，宁州一直都是朝廷的重要直辖行政区之一，面积约占这五朝辖地总面积的五分之一。完全可以说，宁州的有无直接关系到上述五朝政权的盛衰。诸葛亮大举开发南中之后，这一地区在政治上的巨大正面影响，由此可见一斑。

诸葛亮为北伐曹魏，花了多少心思？

01

上一篇我们说到诸葛亮南征，目的就是北伐曹魏。著名的《出师表》就是诸葛亮在北伐临行之前所写，以劝勉后主刘禅，表达自己对蜀汉的忠心，并立志完成先主刘备“兴复汉室”的大业。恳切的言辞、真诚的情意令人动容，南宋时就有这样的说法：“读诸葛孔明《出师表》而不堕泪者，其人必不忠。”

由于《出师表》的巨大感染力，特别是其篇名之中又使用了“出师”一词，所以很容易引起后世读者的误解，以为诸葛亮呈上表章之日，就是他出动大军“远离”后主，奔赴前线之时。

事实上，诸葛亮此时还不能立刻启程上路，因为接下来他还有一道必不可少的正式程序要走。

在封建王朝，臣僚向君王提出的任何请求，都应当得到君王的正式批准，这是正常的政治规矩，也是严格的法定程序。特别是像统领大军出征这样的重大行动，更是必须得到君王的正式授权，否则就有“僭越”之嫌。

《左传·成公十三年》云：“国之大事，在祀与戎。”这就是说，主持祭祀和批准战争乃君主享有的两项核心权力。这是儒家的正统思想理念，诸葛亮是非常崇尚儒家的人，也是严格奉行法治的人，所以更不会在倾国出征的重大问题上不按正常的政治规矩和法定程序来办事。

很快，在建兴五年（227年）的三月，后主刘禅的正式授权通过一封诏书下达了。由于诏书长达七八百字，所以行文简练的陈寿在《三国志》正文中没有对其加以引录。幸好南朝刘宋时期的裴松之，从当时他所能看到的《诸葛亮集》中，将全文引录到《三国志・后主传》里，使我们能够得见事情的全貌。

纵观后主刘禅的这封诏书，其写作的笔法，可以说是后世官方文件“形势加任务”这一写作模式的老祖宗：首先说形势，算是务虚，从过去说到现在，从国际说到国内；其次说任务，算是务实，一二三四五，项项列清楚。

其实，整篇诏书中最为关键的文句，还在于务实部分中的这一段：“诸葛丞相弘毅忠壮，忘身忧国，先帝托以天下，以勖朕躬。今授之以旄钺之重，付之以专命之权，统领步骑二十万众，董督元戎，龚行天罚。除患宁乱，克服旧都，在此行也！”

意思是说，诸葛丞相您刚强坚毅，忠诚壮烈，忘我无私，忧心国家，所以先皇把天下大事托付给您，让您辅佐朕。现今朕正式授予您指挥全国军队的重任，交给您独自全权处理军机要务的权力，统领步兵、骑兵二十万人马，指挥浩浩荡荡的大军，对曹魏实行上天所决定的严厉处罚。清除祸患，平定动乱，光复汉家王朝的故都洛阳，就将在您这一次行动中实现了！

后主诏书下达，得到正式授权，完成法定的一切程序，诸葛丞相这才雄心勃勃地挥师北上，开始实施他北伐曹魏、兴复汉室的宏伟计划。

由此可见，诸葛亮当初之所以呈上《出师表》，其实还有另外一个现实的目的，那就是请求后主正式授权，从而完成应走的法定程序。

必须指出的是，他所出动的军队数量，刘禅诏书当中说是有“二十万众”，然而实际上并没有这么多，就是《三国志・马谡传》裴松之注引《襄阳记》中所说的“十万之众”也同样有所夸张。

上一篇我们说过，蜀汉投降灭亡之时，在册的全部将士总共才10.2万。也就是说，十万军队是蜀汉能够动员起来的所有兵力，考虑到后方还必须留有足够的兵力镇守，而蜀汉后方的地域又不小，所以大体估计，诸葛亮此番投入北伐一线的实际兵力，加上从事后勤运输的二线人员，也就七八万人。

02

唐代大诗人杜甫的名篇《兵车行》有句云：“车辚辚，马萧萧，行人弓箭各在腰。”此时成都的北郊，也应当是这般壮观景象。诸葛丞相雄心勃勃，指挥千军万马离开成都北上。但是谁能想到他这一去，就再也未能回来啊!

跟随诸葛亮前往汉中的亲属，还有他的养子诸葛乔。诸葛乔时年24岁，正是英姿勃发的年纪，担任驸马都尉。而诸葛亮也想让诸葛乔得到更大的实战性历练，所以一到汉中，就安排诸葛乔带领一支五六百人的军队，与其他将领的子弟一起，在汉中北面穿越秦岭的斜谷道，利用“流马”这种特别为行走山间栈道而设计的快速运输车辆，通过栈道进行粮食等军用物资的接力式运输。

《三国志·诸葛亮传》裴松之注对此有如下记载：“亮与兄瑾书曰：‘乔，本当还成都。今诸将子弟皆得传运，思惟宜同荣辱；今使乔督五六百兵，与诸子弟，传于谷中。’”

意思是说，诸葛亮给在孙吴的大哥诸葛瑾写信说：“至于乔儿，本来应当返回成都。但是现今诸位将领的子弟，都要参加军用物资的传递式运输，我考虑之后认为，他也应当与别人同甘共苦；因此派遣乔儿指挥五六百人的队伍，与诸将的子弟一起，在斜谷道的山谷栈道上进行传递式的运输。”

不幸的是，第二年诸葛乔就去世了，这是后话。

幸运的是，就在出屯汉中这一年，诸葛亮的亲生儿子诸葛瞻出生了。诸葛瞻的出生月份，史书上没有记载，已经难以准确稽考。如果诸葛瞻出生在诸葛亮北伐之前，那么诸葛瞻的降生，就相当于给诸葛亮率兵出征奉上了一份巨大的贺礼，他将在喜气洋洋中动身开拔。即便诸葛瞻出生在诸葛亮北伐之后，这一大大的惊喜也会冲散诸葛亮途中的劳顿，使他能够以饱满的热情投身到前线的备战之中。

03

诸葛亮实施北伐战略计划的第一步，是要在益州的北端，也就是与曹魏接壤的汉中郡一带，建立起北伐前线的军事大本营。

说起诸葛亮进驻汉中，后世往往会把当时的汉中郡与现今的陕西省汉中市混为一谈，以为是指同一座城池，然而历史上真实的情况却完全不是这样。

要知道，当时的汉中是一个大地区的名字，属于一个郡级行政区。据司马彪《续汉书·郡国志五》记载，东汉后期，汉中郡的在册人口接近27万，下辖9个县：南郑、成固、西城、褒中、沔阳、安阳、锡县、上庸、房陵。郡府所在的县当时叫作南郑县，而南郑县的县城，才是现今陕西省汉中市这座城市的前身。

诸葛亮把大本营设在益州北端的汉中郡内，有没有周密的考量呢？当然是有的。

首先，出于物资供给上的考量。历史悠久的汉中郡，位于汉水流域，也就是沔水流域的上游，其南北两边都是东西走向的蜿蜒山脉：北边是秦岭山脉，南边则是米仓山和大巴山脉，汉水自西向东从中间穿过，两岸形成狭长的汉中平原。由于灌溉便利，土地肥沃，所以汉中平原是一块难得的鱼米之乡。把大本营设在这一地区，就能够为北伐大军提供比较充足的粮食和其他军用物资，后勤供应能够得到保障。

其次，出于军事地理上的考量。从汉中往北，翻越秦岭，北麓就是曹魏的地盘，也就是渭水流域的关中平原。由于秦岭的地势要高于关中平原，所以蜀军从汉中翻越秦岭指向关中平原，就对曹魏形成了居高临下的天然军事优势。

另外还有一层非常要紧的考量，这就是政治上独特的激励作用和吉祥含义了。激励作用和吉祥含义，分别来自以下两个人。

一是老祖宗汉高祖刘邦。

前文已经说过，当初刘备三顾茅庐的时候，诸葛亮就为刘备后来的创业大计设计了总体方案。其中，关于西边益州的介绍是："益州险塞，沃野千里，天府之土，高祖因之以成帝业。"

意思是说，益州周围被险峻的山脉包围，沃野千里，自古以来就有天府之国的美称。当初我大汉王朝的高祖就是借助益州，最后完成了帝王大业。

诸葛亮说得不错，当初刘邦创建大汉王朝的帝王大业，至关紧要的一步，就是在率先攻入关中灭亡秦朝之后，表面上乖乖服从那位公然违背诺言的西楚霸王项羽，从咸阳翻越秦岭，前往汉中郡的南郑县，去当封地在汉中和巴蜀的汉王，然而暗中却在汉水流域迅速积聚力量，准备直接与项羽一决雌雄。

据《史记·高祖本纪》记载，刘邦到达南郑仅仅4个月之后，就从陈仓的故道杀回关中的咸阳，从此所向披靡，最后以弱胜强，战胜项羽，建立起大汉王朝。而刘邦汉王头衔中的"汉"字，大汉王朝国号中的"汉"字，以及后来汉族、汉字、汉语、汉学、汉服中的"汉"字，追根溯源，都是从那条贯穿汉中郡的汉水而来。

因此，对于汉家丞相诸葛亮而言，当初老祖宗刘邦在这里奋然崛起，进而开创汉家丰功伟业的汉中，蕴藏着极其宝贵的精神财富。把北伐的前线大本营设置在这里，不仅可以从老祖宗的成功中不断获取无穷的精神力量，从而激励全军将士的旺盛斗志，还能够获得老祖宗在天之灵的庇护和保佑，帮助自己顺利实现此番北伐中原、兴复汉室的夙愿。

二是先帝刘备。

当初黄忠在定军山斩杀曹魏大将夏侯渊，接着又击退曹操亲自发动的反攻，牢牢控制住汉中之后，刘备就上演了一场政治大戏，在此地称汉中王。从此，蜀汉政权的国家机器开始形成，刘备也从一个军事集团的首领正式升格为国家政权的君主。

而刘备称汉中王时的具体情形，《三国志·先主传》中有如下记载：“遂于沔阳设坛场，陈兵列众，群臣陪位；读奏讫，御王冠于先主。”

意思是说，刘备是在汉中郡的沔阳县建造了一处举行称王仪式的土坛和广场，当天在此陈列军队，布置民众，由下属群臣站在陪同的位置；司礼官宣读给东汉献帝的上奏表章之后，就把汉中王的王冠献给站在正中位置的刘备，刘备戴上王冠之后，就正式成为拥有王国封地益州的汉中王了。

现今在陕西省汉中市勉县东郊的旧州村，还有当年刘备称汉中王时的坛场遗迹。鸡犬之声相闻的小村里，夕阳残照的草木之中，赫然立有一块清代光绪年间雕刻的石碑，斑驳的石碑上有隶书“先主初为汉中王设坛处”10个大字，似乎在诉说着千年历史的沧桑。

纵观刘备的创业史，他在沔阳称王，堪称是关键性的一步。因为只有在他称王之后，他所占领的地盘，才能变成自己名正言顺的“封地”；在他地盘上的百姓，才能变成自己名正言顺的“子民”；他所指挥的部下，也才能变成自己名正言顺的“文武百官”。

总而言之，称王之前，刘备只能算是一个转战四方的军队头目，只有在称王之后，蜀汉王朝的国家机器才算正式建立起基本的框架。完全可以说，刘备奠定蜀汉王朝的基业，从而得以再向皇帝宝座发起冲击的风水宝地，就在这沔水北岸的沔阳。

因此，对于曾经亲身领受先帝临终托付的蜀汉丞相诸葛亮而言，当初先帝在汉中登坛称王，开创蜀汉丰功伟业，这里同样也蕴藏着极其宝贵的精神财富。而先帝刘备，正是自己最早为其做出创业宏图的规划，之后又为之奋斗不懈的英明君主。把北伐的前线大本营设置在当初先帝登坛称王的地方，也可以从先帝身上不断获取无穷的精神力量，从而激励全军将士的旺盛斗志，还能够获得先帝在天之灵的庇护和保佑，帮助自己顺利实现此番北伐中原、兴复汉室的夙愿。

有了老祖宗刘邦和先帝刘备的庇护和保佑，全军将士必定会更加精神振奋、斗志昂扬，北伐成功岂不是有了更加可靠的保障了吗？

04

以上种种周密考量，是针对汉中郡这一大片区域而言。如果把眼光聚焦到蜀汉大军具体安营扎寨的那一块较小的区域，同样也非常值得探讨。

蜀汉大军安营扎寨的具体地点，《三国志》当中有两处明确的记载。一处是《诸葛亮传》中的“遂行，屯于沔阳”。意思是说，诸葛亮统领大军从成都往北前行，最后在汉中郡的沔阳县建立起前线屯兵的大营。另一处是《后主传》中的“（建兴）五年春，丞相亮出屯汉中，营沔北阳平、石马”。意思是说，建兴五年（227年）的春天，丞相诸葛亮率大军出发驻屯汉中，他最后选定的安营扎寨的地点，是在沔水北岸的阳平、石马两地。

表面看来，以上两处记载的文字有所不同，然而实际上却是一回事，而且可以互为补充。

原来，当时的沔阳县隶属汉中郡，其城池在当时的郡府南郑县的西边，也就是现今陕西省勉县东郊的旧州村一带。前面说了，这旧州村是刘备称王时的土坛广场遗址所在地。

沔水自西向东，穿过沔阳县境内，而阳平、石马则是县境之内的地名。由于沔阳县的城池以及阳平、石马两地都在沔水的北岸，所以只说到县一级的话，就可以记为“屯于沔阳”，如果再细一点，说到县一级以下的话，就可以记为“营沔北阳平、石马”了。

那为何位于沔水北岸的沔阳县会带“阳”字呢？这与中国古代地名中的命名规则有关。

“阴阳”是中国古代哲学的基本概念，所以古人常用“阴阳”两字与某一座山或某一条水相结合来构成地名，而且有“山南水北为阳，山北水南为阴”的规则。

所谓“山南水北为阳”，是指山的南面或水的北面可以使用“阳”这个字来命名。比如“华阳”一词，是指华山以南的地区，东晋常璩《华阳国志》记载的范围就是华山以南的巴、蜀、汉中、南中等地区。再如“衡阳”，必然在衡山的南面，而“洛阳”，又肯定位于洛水的北岸。

所谓“山北水南为阴”，则正好与上面的情况相反，是指山的北面或水的南面可以使用“阴”字来命名。比如，“华阴”这座城市，是在华山的北面；而“淮阴”这座城市，又肯定在淮水的南岸。

这种命名规则，实际上与太阳的光照密切相关。中国位于北半球，所以朝南的一面容易受到阳光的直接照射。对于高于地平线的山峰而言，它的南面是当阳的，而北面是背阴的；但是对于低于地平线的江河而言，在其两岸的岸壁中，当阳的岸壁却在北岸，背阴的岸壁又在南岸。于是，命名出现上述有趣的区别，自然就在情理之中。

那么诸葛亮将大本营设在沔阳县的阳平、石马，而不是设在汉中郡郡府南郑县城之中，这又有什么样的玄机呢?

05

第一层玄机，是出于军事上的周密考量。

根据现场考察，沔阳县的军事地理形势，既非常独特，又非常险要，具体表现在以下四个方面：

首先，从位置上来看，它正好位于汉中平原西端的入口，堪称是汉中郡的西大门。

其次，从地形上来看，此处乃“两山夹一水”的天险。沔水自西向东奔流而来，到达这里时，正好有两岸的高山隔水对峙：北岸的山峦，现今叫作走马岭；南岸的山峦，就是著名的定军山。如果在此居高临下，凭险据守，这座汉中郡的西大门就有万夫莫开之势。

再次，从交通上来看，这里不仅有沔水贯通东西，而且北岸走马岭之下还有与水道平行的陆上大路。由此向西出沔阳之后，正北方向沿着陈仓故道可以通往关中平原；西北方向沿着陇东南的大路，可以到达祁山、街亭一带；正南方向沿着金牛道，翻越大巴山脉，则能通往蜀汉的政治中心成都。因此，沔阳还是控驭水陆交通的枢纽之地。在此设大本营的话，向前可以有多个通道进攻曹魏，向后又能够与大后方成都保持通畅的联络，堪称攻守皆宜的好地方。

最后，还有非常关键但又往往被后世忽略的一点，就是当时的沔阳县境内还盛产一种在军事上必不可少的重要金属矿产——铁矿。制造军事上所需的各种兵器、装备、器具等，都要使用大量的铁。可以说，如果手中没有铁就打不了仗，更不用说大规模的战争了。蜀汉的大后方，特别是南中地区，倒并不缺乏铁矿，然而无论是作为原材料的铁矿石，还是作为成品的铁器都极其沉重，从大后方运到汉中前线，耗费大量人力物力不说，还会耗费大量时间贻误战机。但是，把大本营设在沔阳就能有效解决这一问题。

据《汉书·地理志》《续汉书·郡国志》记载，汉中郡的沔阳县境内，不仅蕴藏着丰富的铁矿，而且早在西汉时期，朝廷就专门在此地设置了“铁官”，也就是专门管理铁矿开采与冶炼的官员和机构，相当于后世的官办铁矿公司。此外，还有一条“铁”证，就是直到今天，年产量达百万吨级的汉中钢铁集团有限公司，其总部就设在沔水南岸的定军山镇，正是古沔阳县的地界之内，可见此处冶铁历史之悠久，蕴含矿藏之丰富。不言而喻，诸葛亮选址在沔阳，前线大军的军需用铁，自然就得到了充分的保障。

06

第二层玄机，则是在一个已经故去的人物身上，他就是张鲁。

张鲁，字公祺，沛国丰县（今江苏省丰县）人。东汉末年天下大乱，他的祖父张陵客居蜀郡，在鹤鸣山（亦称鹄鸣山，在今四川省大邑县）学道并创立“五斗米道”。因随张陵学道的人要出五斗米，所以该教称为“五斗米道”。

张陵死后，他的儿子张衡继续传道。张衡死后，张鲁又继承了父亲的衣钵。益州牧刘焉任命张鲁为将，带兵攻打汉中郡，张鲁趁机占据汉中，建立起一个早期的政教合一政权，雄踞汉中将近三十年之久。

建安二十年（215年），曹操亲自带兵从关中穿越秦岭进攻张鲁，长驱直入抵达阳平关。张鲁抵挡不住，于是把仓库物资都妥善封存好之后逃走。曹操对张鲁的这种做法很是赞许，所以派人前去慰问劝说。张鲁便带着全家出来投降，被曹操任命为镇南将军，封为阆中侯。曹操还安排自己的儿子曹宇娶了张鲁的女儿为妻。

张鲁在汉中时，曾经在沔阳的沿山一带修建了不少军事防御设施。诸葛亮驻屯汉中时，这些张鲁当年修建的防御设施，不少还能加以利用。在此基础之上，再来完善蜀军大本营的防御体系，就可以节省大量的时间和精力，这是诸葛亮选址沔阳作为大本营的又一重要考量。

07

那么为何要选在沔阳县境内沔水北岸的阳平、石马这两个地方呢？这两个地方究竟在何处，后世众说纷纭，所以我们必须先弄清楚它们的准确位置。

此处的阳平，是指当时的阳平关。但是请注意，古代的阳平关曾经出现过两处。

诸葛亮屯兵的这一处，时间在前，后世习惯称之为“古阳平关”。根据勉县当地文博学者张东先生的实地勘察和细致研判，得出如下两点结论：

一是古阳平关的准确位置应当在今陕西省勉县武侯镇西边的走马岭，而且是在山岭之上，而不是如通常所言在山岭下边的平原之上。

二是古阳平关最早是由割据汉中的张鲁所修建，所以又有“张鲁城”之称。现今的走马岭上，尚有残存的遗迹可寻。

大约在宋代以后，在今陕西省宁强县西北的阳平关镇，又出现了另一座阳平关。这个后来者，由于正好处于川陕铁路线之上，并且又设有火车站，因而为现今的人们所熟知，于是往往将其误以为是诸葛亮北伐时屯兵的大本营之所在。

至于石马，应当是指郦道元《水经注》里所说的“白马塞”“白马城”或“浕口城”。这是一片军事城堡性质的建筑，其准确的位置应当是在现今勉县西郊3公里处，即武侯镇的勉县老城遗址一带。

之所以被称为“白马塞”“白马城”，按照《资治通鉴》胡三省的解释，是因为这座城堡邻近白马山，山上的岩石如同白马的形状，远远望去非常逼真。按照材质而言，就叫“石马”；按照颜色而言，又可称为“白马”。

至于“浕口城”的得名，是因为这片城堡正好位于浕水向南汇入沔水的水口东岸。这条南北走向的浕水，现今被称为“咸河”。

于是，在当时浕水的两岸，就出现了两处军事要塞：在西岸的走马岭之上，居高临下、巍然屹立的是古阳平关；东岸的平原之上，则是石马城堡，凭借浕水的水口，与古阳平关相互呼应，两者形成犄角之势。而位于沔水北岸的这两处军事要塞，又与南岸的定军山遥遥相对，构成一个牢牢扼守沔水的铁三角。

因此，沔阳县之所以能够成为汉中郡的西大门，正是因为这个铁三角的存在。换言之，汉中郡的西大门固然是在沔阳县，然而沔阳西大门的开关锁钥，则是在阳平、石马。

08

那么，诸葛亮本人所在的中军大营，其具体位置又在何处呢？

根据《水经注》的记载，在沔水北岸，从西向东，除了阳平、石马两大片城堡，在石马的东边不远处，还有一片特殊的营垒，名叫“武侯垒”，这应当就是当时诸葛亮的中军大营、蜀汉全军主帅指挥中枢的所在。其具体位置，大体在现今勉县的城区一带，与汉水南岸的定军山遥遥相望。

诸葛亮为何在此处建立他的中军大营呢？除了有依靠西边阳平、石马两处军事要塞有效掩护的意图，还有一层极为重要的玄机。

原来，武侯垒东侧的沔水两岸都是开阔的地带，非常适宜大部队在此进行实战性的大练兵。现今位于此处的勉县黄沙镇，还有相传是诸葛亮在此打造木牛流马的遗址留存，供来往的人们抒发思古幽情。

诸葛亮要在这片天然的优质练兵场，运用他潜心研究出来的一套独特阵法，将蜀汉军队打造成克敌制胜的劲旅。这套独特而有效的阵法，就是众所周知的“八阵图”。

诸葛亮北伐中原，是与强敌曹魏对垒决战。魏军自曹操以来，就以讨伐辽东收编来的乌桓骑兵军团作为全军的中坚力量，横行中原，所向无敌，号称“天下名骑”。而北伐蜀军的主体是步兵，骑兵数量本来就不多，加之秦岭的险峻又限制了蜀军骑兵北上。

因此，诸葛亮率大军一旦越过秦岭进入关中，就必须尽快解决如何有效抵御曹魏骑兵对自己的步兵发起强劲冲击的难题。他的解决办法主要有3方面：

一是精心设计连弩等远距离杀伤性武器，尽量提高其远距离的杀伤力。这样在敌军骑兵尚未接近自己的时候，即可造成其大量的伤亡。这些伤亡的人员、马匹，又会对后续的敌军骑兵队伍形成严重的阻塞。

二是在防御的战术上采取多种有效的办法，抵消敌军骑兵的强劲冲击力。现今在勉县定军山一带出土的四刺扎马钉，可以有效刺伤敌军骑兵的马掌。这种构思巧妙的利器，由4支尖锐的铜刺构成，随意抛在地上，总会有3支铜刺在下面形成稳固的三角支撑，而一支铜刺则向上，深深刺入敌军骑兵战马的脚掌之中，使得对方战马严重受伤而倒地，马背上的骑兵也会摔下马来遭受伤害。

三是在作战的阵法方面借鉴古代的车战之法以及早已有之的“八阵”阵法，将平时用来运送粮食、物资的车辆队伍，特别是专门制作的重载车辆“木牛”，加以创新性的设计改进，并装备诸葛连弩，使之在突然遭遇敌方的骑兵时，能够为自己的步兵队伍迅速提供有效的防护和阻击，于是便产生了著名的“八阵图”。

总之，通过以上快速而简便的操作，就能把蜀军以步兵为主的军团，变成一种原始状态的装甲兵团，诸葛亮堪称出类拔萃的军事发明家。

09

至于为何北伐最后会失败？其实战争不仅是军事上的较量，也是经济方面，特别是后勤的比拼。

蜀汉号称天府之国，农业十分发达，征集军粮并不困难，直到灭亡时，国库内尚有存粮40万斛。然而军粮容易得，运输却很困难。

李白有诗云：“蜀道难，难于上青天。”

诸葛亮北伐时，军队都布置在秦岭北麓的魏国境内，而蜀汉的粮食产地却是成都平原以及汉中平原。要把粮食运到前线，就必须翻越大巴山、米仓山、秦岭等山脉，山路险峻，难以行走。

蜀汉本来人口就不多，诸葛亮一方面要征募军队用来北伐，还要安排不少壮丁运输军粮。诸葛亮第二次、第四次北伐失败，都是因为军粮不继，才被迫撤退的，“亮复出散关，围陈仓，曹真拒之，亮粮尽而还”“亮复出祁山，以木牛运，粮尽退军”。这种限制非人力所能逆转，也最终成为诸葛亮一生的痛。

第六章 真相篇

周公恐惧流言日，王莽谦恭下士时

战国就已过时的战车为何会大量出现在秦兵马俑?

战车兵是中国春秋时期各诸侯国作战时的主力兵种，由于车兵在当时所具备的压倒性优势实在太过明显，人们在评价一国军事实力时，往往会以战车的数量为标准，如千乘之国、万乘之国。进入战国时期后，战车的作用与地位开始下降。但令人奇怪的是，在秦始皇兵马俑中，仍然有大量战车存在，这是为什么呢？难道是秦国的军事体系很落后吗?

01

春秋时期，战车兵是中国军队的主力兵种。史官们也偏好于用战车数量的损失来描绘一场战役的战果，比如艾陵之战齐国失去了“革车八百乘，甲首三千”。革车自不必说，是齐国战车中的一种，而“甲首”中的“甲”字就有意思了，是专指给战车配备的车兵，即车上的左右卫士加驾车的御者3人。

至于专门跟随战车作战的徒兵，还有那些被安排在军阵当中的普通步兵，根本不在损失统计范围内。这倒有点像古希腊、古罗马时期计算战损时，忽略轻步兵的情况，由此可见战车在当时的重要性。

有意思的是，从春秋进入战国后，在各种史料记载中，战争双方的战车战损率越来越高，这倒不是因为史官们集体抛弃节操开始商业互吹，故意夸大自家的战车数量。

不同于春秋时各诸侯国之间是以争霸为目的，战国时期杀人盈城、杀人盈野的兼并战争模式，让双方的冲突程度空前加剧，战争动员力也因此极大提高。

齐桓公时，齐国以兵车八百、精兵三万就能让各国跪下来唱《征服》，但到了春秋末年，随便一个幸存下来的小国都动辄能够动员以千乘为单位的车兵部队，战斗力崩坏得有多严重可想而知。

而且随着生产力的发展，昔日只能在战车后面吃灰的步兵，开始被更加可靠、廉价的铁质兵器和强弩武装起来。面对这些装备升级的老对手，原先可以在战场上嚣张驰骋的车兵已经不复往日的强悍，稍有不慎，这些“贵族老爷”就有翻车的危险。

其中最有代表性的当数公元前405年，三晋攻齐的廪丘之战，仅这一战，晋就“得车二千，得尸三万”。同时骑兵的出现也导致战车的机动性显得严重不足，如公元前541年，晋国防卫狄人的太原之战，笨重的战车根本起不到保护作用，最后晋将荀吴脑洞大开，“毁车以为行”，这才取得了战斗的胜利。

可以说，随着时间的推移，战车这种依靠冲击力和防护力碾压弱势步兵的战术单位，开始逐渐让出了战场主角的地位。

02

不过，这并不意味着战车就此离开了人们的视野，直到汉朝建立后，以匈奴为第一对手的大汉军队才真正让车兵成为历史。而在战国时代，即使是以“秦之锐士”闻名天下的秦国，战车仍然在军中占据一席之地。秦兵马俑中，就有一种名为轻车兵的兵种。

秦始皇陵兵马俑的3个陪葬坑（一共4个陪葬坑，但四号坑有土无俑，可能是因为秦末起义未能完工）中，共出土战车100余辆，它们并非平均分布的。

一号坑、三号坑的战车数量较少，尤其是规模最大的一号坑，仅出土战车8辆，根据战车上疑似钟鼓遗迹和鼓槌、鼓环来推测，这8辆战车应该是秦军用于调度军队的指挥车，并不直接参与战斗。也正因此，这些战车周围的兵俑所配备的武器多以长兵器等易于防守的武器为主，完全不同于周遭步兵阵中弓弩、短兵相参的排列。可见，除了指挥战车和周围的将领亲军外，秦军主力依旧是以步兵为主。

和一号坑、三号坑相比，出土战车数量最多的则是二号坑。二号坑虽然面积较小，但是考古学家根据出土兵俑的类型和配置，将二号坑分为4个不同的军事单元。

第一单元中是影视剧中秦军最令人印象深刻的弩兵方阵，第四单元则是秦国的骑兵部队，而秦国的车兵则列阵于第二、第三单元。最令人印象深刻的当数第二单元中的战车方阵了，和一号坑小猫三两只的样子不同，这里共有64辆战车，以“8×8”的方阵摆开。

二号坑第四单元还出现了6辆与骑兵配合使用的战车，这些战车是战国时期各国军事编制中经常出现的“厥车兵”。所谓“厥车”，其实就是专门用来补充战损单元的后备战车，他们往往会根据实际情况填补己方军队战阵的空隙，防止出现意外的破绽。

有人基于此将同坑的二单元战车也当作了厥车，这种猜想最大的问题在于：以目前出土的战车数量来看，64辆战车占兵马俑战车数量的一半还多，按照常理推测，即使秦军要留出补位的后备队，也不至于预留这么多。相反，另一种猜想可能更加靠谱一些：这些战车，即所谓的“轻车”。

03

轻车是与重车相对的另一概念，前文提到艾陵之战齐国损失的“革车”就是重车。一般来说，这类战车往往有步兵跟随，对于这些掩护战车的士兵数量，各国的资料不尽相同。就连一些古文爱好者极为熟悉的古书，在引注此类数据时也经常出现矛盾。

以《司马法》为例，它可称得上是春秋战国时期最重要的军事著作之一，据传，其原作者是助武王伐纣的姜尚。作为军事著作，其中自然少不了与战车有关的记载，但可惜的是，由于此书经过春秋战国时期齐国大夫们的“追论”“补完”，许多内容已经杂糅在了一起，一些资料内容甚至彼此矛盾，混乱不堪。

不过，大致分类的话，我们可以看到，重车往往会有数倍甚至数十倍于它的徒兵保护，而轻车则不同，除了上面所乘的甲士3人以外，再无其他辅助力量跟随。

也正是因为此，与春秋时期就大行其道的重车相比，轻车兵无须等待所属步兵的配合，能够更加迅捷地切入战场。《孙子兵法》行军篇中就曾经提及轻车的用法：“轻车先出居侧者，阵也。”

春秋时代，战车在作战时往往排列在战阵中部或中后部，身后跟随步兵，如楚国的“荆尸之阵”，就是将车兵置于主帅之后，前后翼为徒兵、役徒，这同样是为了车兵与步兵之间彼此掩护作战，而这种轻车侧翼排列的方式，显然与传统重车战法相悖。

但是，非主流不一定不好用，比如军事家孙膑，就极为擅长以轻车打破僵局。桂陵之战中，他麾下的轻车兵显然没有按照常规方式布阵，而是“西驰梁郊”，最终将庞涓引入伏击，并将其击败。

与重车作战时中规中矩的战法不同，轻车兵们的战斗方式显然更加激进和直接，他们承担的其实是后世骑兵所承担的陷阵和袭扰任务。

04

那么同时代的骑兵呢？

很可惜，虽然战国时期骑兵已经开始出现，但由于缺乏马镫、马鞍乃至马铠的辅助，这一时期的骑兵在作战时仍多以弓箭游击作战为主。

虽然相比于战车更加灵活，在地形更加复杂的战场上，骑兵经常能绞杀克制笨重的重车部队及其跟随的徒兵，但面对轻车兵，这种优势则开始缩减。冲击力的差别暂且不提，光是远程武器的投射能力，同一时期的骑兵就远不如轻车兵。

直到马鞍和马镫这两种马具出现，才使骑兵开始掌握冲击战术，另外，马鞍和马镫的出现对增强骑兵的远射能力也同样起到了巨大作用。

举个例子，真实历史上的董卓并不是《三国演义》里那个只知贪财好色的胖子，《三国志》对他的描绘是“膂力过人，双带两鞬，左右驰射”。重点就是这个“左右驰射”，是说他可以在马上左右开弓边跑边射。董卓“左右驰射”可不是为了秀操作，而是因为当时的骑兵在骑马作战时，骑射的攻击角度相当有限。

许多人可能觉得古代游牧民族的骑兵似乎真的人人都是天生的弓骑兵，比如安息射法、曼古歹战术，不都是以驰射作为基础吗?

可实际上，由于没有马镫、马鞍作为借力点，骑兵很难通过腰身的力量调整自己射击的方向。战国时期的骑兵在骑马时，往往只能向自己的正前方以及持弓的一面射箭，想要射击追击自己的敌人，就只能在拉开距离后掉转马头，使其正面或侧面朝向敌人再拉弓。可想而知，这种攻击方式有多麻烦和危险。

相比之下，战车作为一个稳定的作战平台，为站立在车内的甲士提供了发挥其射术本领的机会。

05

二号坑中的轻车兵战车，与我们传统印象中的战车不同。它们虽然保留了长兵器的设置，但是从其武器配置来看，已经不是春秋时期战车惯用的左射手右近战的战术安排了。左右两位护卫御者的甲士都配备了可以远程使用的弓箭，在火力上，这64辆轻车可算是普通战车的加强版。

同时，为了提高战车的冲击速度和转弯的灵活性，这些轻车也是全兵马俑坑中最为轻便和小巧的，宽度几乎只有一号坑中指挥战车的三分之二，这在一定程度上牺牲了战车甲士在作战时的腾挪闪躲空间和舒适性，但却提高了战车整体作战时的灵活性。

事实上，仅从战车的大小来看，由于主要目的是用于指挥而非作战，一号坑的指挥战车才是战国后期战车发展中的非主流。随着战车日渐式微，原先战车兵彼此间“错毂”冲杀的打法越来越少，减轻自重、提高灵活性才是战国战车发展的主流路线。

从目前出土的战车样式来看，远离中原腹心的楚国，其战车就远比中原诸国更加笨重，这是楚国战车发展速度较慢的体现，也正因如此，鄢陵之战时就有人评价楚国战车“王卒以旧……旧必不良”。

正是基于这一时期轻车兵相对于骑兵的种种优势，在战车日渐式微的战国晚期，秦国并未完全放弃战车这一兵种。相反，依靠机动性和火力优势，秦轻车兵成了秦军大阵中不可或缺的精锐力量。长平之战中，为了打开局面，白起指挥秦军诈败引赵军来攻，之后就是通过轻车、锐骑“张二奇兵以劫之”，这才截断了赵军的退路。

汉朝对匈奴首虏成千上万，为何明蒙斩首仅三五百？

在中国古代战争史中，有一个令人疑惑的现象：同为中原农耕政权和草原游牧政权的战争，为何汉武帝时期汉匈之间万人规模的大战动辄斩首成千上万，而明朝中后期明蒙同级别的大战首级数却只有几百？难道这也是因为上古史书好吹嘘，类似于动辄“披甲百万”，随便就能有几十万人大战？

01

元光五年（前130年），汉朝4万骑兵分四路出击匈奴，卫青一路“出上谷，至龙城，得胡首虏七百人”。

元朔二年（前127年），卫青出击楼烦、白羊王，“获首虏二千三百级”，“捕伏听者三千七十一级”。“伏听者”就是“伏於隐处，听军虚实”之人，也就是匈奴的侦察兵，这句用的词是“捕”，这些人应当是抓来的俘虏。那么此战汉军杀伤俘虏匈奴人合计约5400人。

元朔六年（前123年），大将军卫青再次带领10万骑兵出塞，“得首虏前后万九千余级”。

元狩二年（前121年）春天，骠骑将军霍去病率万余骑兵出击匈奴，“得胡首虏八千余级”。匈奴浑邪王率众来降，霍去病率军接应，浑邪王部下的很多匈奴人不愿降汉，纷纷逃离，霍去病当机立断，斩首八千。当年夏天，霍去病与公孙敖领兵数万，从北地进攻，“斩首虏三万二百级”，算上投降的2500人，总计约3.3万人。

元狩四年（前119年），汉匈漠北决战，卫青在漠北与单于遭遇，大败匈奴，“斩捕首虏万九千级”。霍去病与匈奴左贤王对战，“得胡首虏凡七万余人”，大获全胜。这次大决战，汉军“所杀虏八九万，而汉士卒物故者亦万数”。

天汉二年（前99年），贰师将军李广利领骑兵3万出击匈奴，打败匈奴右贤王，“得首虏万余级而还……汉兵物故什六七”。

当然，历史上汉匈之间还有其他大战，这里我们只选择史书有记载具体首级数的。可以发现，除了卫青第一次斩获700首级之外，其余每场战争斩获首级数都是动辄成千上万，令人触目惊心。

02

明中后期，明蒙万人规模大战的斩首数呢？

天顺三年（1459年），安边营之战，明将石彪率军击败蒙古2万人，斩首513级，生擒47人。

成化元年（1465年），数万鞑靼骑兵入侵辽河，明将郑宏率军击败之，俘虏11人，斩首5级。同年冬至次年三月，蒙古数万人大规模入侵延绥地区，明军出动2.5万人分数路堵截围剿，历时3个月，合计斩首30级。

成化六年（1470年），胡柴沟之战，明军1万击败鞑靼5000，斩首90。同年三月至七月，鞑靼数万人大规模入侵，明军集结6万人分路堵截，经过数月战斗，明军取胜，斩首106级，俘获甚众。

成化七年（1471年），鞑靼万人入侵，明军击败之，斩首91级。鞑靼不甘失败，再次发动进攻，又被明军击败，斩首83级。同年，鞑靼部2万余人入侵，明军在高坡击败之，斩首22级。

成化九年（1473年），明军先后在漫天岭和半坡峰大败蒙古，共计夺得牛羊8000余头，武器2500余件，但斩获首级不过157级。同年九月，明将王越率军万余，兵分三路突袭鞑靼老营，在红盐池大败敌军，斩首355级，获驼马牛羊器械无数。十月，韦州之战，明军大败鞑靼，斩首149级，夺回被掳百姓1934人，盔甲1610件，马骡牛羊众多。

成化十六年（1480年），王越率兵2.1万人，昼夜兼程奔袭威宁海子，大败鞑靼伊斯玛音部，生擒171人，斩首437级，获军旗12面，马牛羊驼合计7000余头，武器万余件。这是自开国洪武、永乐两朝以来，明军对蒙古取得的最好战绩，也是斩首数最多的一次。

03

同样是万人规模的大战，汉匈动辄斩首几千数万，明蒙别说过千了，斩首三五百就算是多的了。

那么，为何会出现这种局面呢？笔者分析有3个原因：

第一，数据注水，毕竟“破贼文书，以一为十”。

《史记》中记载的斩首数应该是注过水的，这可能不是司马迁的原因，而是原始报功奏折就已经注水了。

三国时期，魏将国渊平定内乱，斩首按照实数上报。对将领夸大战功心知肚明的曹操问为什么，国渊表示：“夫征讨外寇，多其斩获之数者，欲以大武功，且示民听也。河间在封域之内，银等叛逆，虽克捷有功，渊窃耻之。”就是说，内乱窝里斗实在没必要夸大战功，对外作战时为了宣传可以注点水。

可以想见，汉匈之战的战报，汉武帝恐怕也未尝不知这里面的水分，但为了夸耀武功，也就听之任之了。

第二，蒙古人有收拢同伴尸体的习惯。

蒙古入侵时，一般3人一组，每人配备2到5匹马。如果一人死伤坠马，同组的队友要及时收拢尸体到备用马上，这样做就是为了防止被明军割首级。在这种情况下，明军要想割取首级，就只能等尸体掉下来“捡尸”了。

蒙古人很热衷于帮助死伤的同伴，除了最朴素的同族之情外，还可以获得物质奖励。被救者回去之后，要把自己的战利品甚至家产拿出来和救助者平分，而要是救回来的是一个贵族，更是可以任意挑选此人的武器、装备、马匹、钱财。

比如俺答汗的儿子负伤坠马，就被手下拼死救了回去。除了护主心切之外，回去后的物质奖励也是一大动力。

这个习惯不光蒙古人有，清军也有。比如崇祯十三年（1640年）五月，明清松杏大战，明军集火攒射，将一名清军将领射落马下，“贼甚披靡，不敢停留，将贼尸拉驮”，仓皇逃命。七月，清蒙联军进攻中左所，明军一炮打死3名骑兵，“直见众贼下马拥集拉抬，其死尸尽被拖去”，明军只来得及抢到打死的马匹。之后又一炮打死几个清兵，尸体也是被立即拖走，明军想割首级都来不及。

还有一个战例可以从侧面证明蒙古人拖尸体的效率有多高。

成化十九年（1483年）七月，鞑靼小王子部3万余进犯，明军万余出击。明蒙双方在夏米庄爆发大战，作战两日一夜，其间战斗颇多反复，双方互有胜负，最终蒙古败退。此役明军擒敌一人，斩首17级，获马54匹。明军阵亡586人，伤1101人，战马损失1070匹。

小王子受挫之后，不甘失败，又进犯马铺山。明军连续出击，数日之内多次击败鞑靼，迫使对方撤退。这一波明军生擒一人，斩首15级，获马18匹，明军死亡2人，负伤224人，损失战马136匹。

蒙古输了，结果明军账面损失更大，这是不合理的。可以推测蒙古的实际损失肯定更大，也可见其拖尸体的效率之高。

04

第三，也是最重要的，是因为汉匈和明蒙的战略意图不同，导致两者的作战形式也不同。

汉武帝时期对匈奴是战略进攻，明中后期对蒙古是战略相持（防守）。

汉武帝时期追求的是歼灭战，以消灭敌人有生力量为主要目的。这种作战心态导致汉军作战特点是胜则大胜，败则大败。胜则斩首几千数万，一旦失败，汉军自己往往也损失惨重。

比如元光五年（前130年），汉军四路出击，结果两路失败，损失过万。太初二年（前103年），赵破奴率领2万骑兵出击，全军覆没。最著名的当数李陵，5000步兵就敢孤军深入，以至于遭遇优势敌人，全军覆没。究其原因，也是当时这种鼓励主动出击的风气所致。

而明中后期的明蒙之战，双方打的是相持战。这种仗的特点是：麻秆打狼，两头害怕。双方都没有勇气及决心与对方打战略决战，大部分时间都是拉开战线对峙，真正交手往往都是以小队斥候战的模式进行。

比如正德皇帝朱厚照御驾亲征那次，明蒙双方十几万大军对峙，最后明军不过斩首16级。即使按照前面分析的，蒙古人有夺回死去同伴尸体的习惯，但如果双方按照汉匈漠北决战的对抗强度打，假如蒙古死伤数万人，蒙古人总不可能高效到只在战场遗留16具尸体吧。更别提在这种惨败的局面下，恐怕也没人顾得上这事了。

所以只有一种解释：双方主力并未进行战略决战，很可能是以主力对峙，小分队在阵前打斥候战这种模式来战斗的。

05

西方也有类似的战争模式，比如发生在公元732年的普瓦提埃之战，当时数万摩尔人从西班牙入侵法国，围攻普瓦提埃。法兰克王国宫相查理·马特率军增援，摩尔人后撤。在接下来的6天里，摩尔人一路后撤，法国人一路追赶，但双方都没有立即进行战略决战的意图。这一阶段，双方之间的直接冲突以小规模斥候战、散兵战为主。如果不是摩尔人最后下定决心要跟法兰克人打一场决战，结局很可能就是双方一路斥候战，最后以摩尔人退回自己的领地而告终。

其实，即便是在以战略进攻为主旋律的汉武帝时期，也出现过万人相持却无果而终的情况。

天汉四年（前97年），李广利再度率军出征，与单于在余吾水进行了十多天的战斗，双方共投入二十余万人。此次战斗，史书中没有记载具体的伤亡斩首数字，推测可能是相持战，双方主力没有进行类似之前的战略决战。双方主力没有一决雌雄，只是因为另一路公孙敖的万余人被左贤王击败，汉军才选择撤退。

而在中晚明时期，明蒙双方唯一的一次决战是土木堡之战，几十万明军惨遭覆灭。但这次战斗从现有史料来看，也先最开始并没有与明军决战的意图。最开始是典型的相持战，双方几十万大军互相对峙，只有小规模的斥候战发生。如果不是明方昏着儿迭出，也先实在拒绝不了这份送上门的大餐，英宗的这次御驾亲征大概率会跟明代其他万人规模大战一样，双方对峙半天拉倒，各回各家。

不过，明朝也不是从开国以来就采取这种对决模式，如果对比明代开国与中后期的战略，就会发现，前者具有与汉武帝时期相同的特点，也是胜则大胜，败则大败。

这是因为明初对蒙古也是战略进攻态势，明军有决心也有能力跟蒙古进行战略决战，这一时期明军取得的战绩，丝毫不逊于汉武帝时期的汉军。

比如蓝玉的捕鱼儿海之战，明军俘虏蒙古王公贵族数千，军士男女770037人，马牛羊驼十五六万，果真配得上“大捷”的称号，而其原因无他，不过“攻守之势异也”。

安史之乱后的唐蕃战争，幕后黑手竟是他

提起郭子仪，大家的第一印象往往是其在平定安史之乱中立下的功勋和单骑退回纥的智勇，单骑退回纥前后，郭子仪所指挥的唐军与吐蕃的大战却相对关注度较低，但事实上，正是郭子仪的这一功劳，稳住了安史之乱后唐朝大厦将倾的局势，抵御住了吐蕃的狂攻侵袭，使唐朝在危机四伏的边患中暂时保住了政权。

01　安史之乱及之后吐蕃对唐朝的侵攻

安史之乱前，唐军对吐蕃取得了绝对优势，以河西、陇右节度使15万兵力为核心，安西、镇西、北庭、剑南节度使为羽翼，在多个战线压制吐蕃。

尤其在陇右一带，天宝十三年（754年），哥舒翰经多次会战，在九曲之地开洮阳、浇河二郡，并设置6个军镇，形成了对吐蕃的绝对威胁。

然而，随着安史之乱的爆发，半数以上的河西陇右军队返回平叛，又因错误指挥而多次被葬送。留守在原地的数万河西陇右军，也因为吐蕃切断后援，再加上自身内部指挥不统一而被逐渐消灭，天宝时期对吐蕃开边战争的成果毁于一旦。

在切断河西、陇右之后，吐蕃兵锋直指唐朝都城长安。如果唐朝不能做出

有效防御，那么，后果不止是迁都，恐怕整个潼关以西，都将落入吐蕃之手。

02　仆固怀恩叛变，唐廷西线防御瓦解

在平定安史之乱的过程中，仆固怀恩一门46人死于王事。不可否认，仆固怀恩确实为平定安史之乱立下了汗马功劳，此时的仆固怀恩也的确是唐朝的忠臣。

但是在平乱过程中，仆固怀恩军纪混乱，多次劫掠。同时，他和鱼朝恩联合排挤李光弼，导致邙山之战唐军战败。

在最后清剿史朝义残余势力的过程中，仆固怀恩手握朝廷主力军队，却在叛军元气大伤之时，放弃彻底消灭河朔割据势力的机会，甚至还建议唐朝采取妥协方针，给了安史残军喘息之机，留下了河朔三镇的遗留问题。

《资治通鉴》记载："怀恩亦恐贼平宠衰，故奏留嵩等及李宝臣分帅河北，自为党援。"中唐名将马燧也指出"今仆固怀恩恃功树党，李怀仙、张忠志、薛嵩、田承嗣分授疆土，皆出于怀恩，其子玚佻勇不义。以燧度之，将必窥太原西山以为乱，公宜深备之"。可见，仆固怀恩确有树党自固，威胁朝廷的嫌疑。

安史之乱后，唐廷对于功臣宿将也确实多有猜忌，比如郭子仪被罢免副元帅，李光弼屡遭谗言，来瑱被冤杀。但是对于手握重兵的仆固怀恩，唐朝可以说并没有什么亏待。首先授予仆固怀恩开府仪同三司、尚书左仆射，兼中书令、朔方节度副大使、河北副元帅、上柱国、大宁郡王的高位高衔；其次让其掌握朔方军，负责西部防务，抵御吐蕃；又赐予了1500户的实封（实封非虚封，含金量较高）。

仆固怀恩在和回纥可汗相会时，河东节度使辛云京因担心回纥生变，阻止其入太原城，因此仆固怀恩勃然大怒，多次上书请求诛杀辛云京。朝廷对此也是一再安抚，手诏请仆固怀恩和解，再次赐予了仆固怀恩500户的实封，同时授

予仆固怀恩太保、赐丹书铁券，并且在凌烟阁画像。还任命其子仆固玚为御史大夫、朔方行营节度使。

反观仆固怀恩，对于这些高规格的封赏却丝毫不领情，甚至因其与辛云京的矛盾一再怀疑朝廷。

令人啼笑皆非的是，仆固怀恩自己上书请求，“臣欲公然入朝，恐将士留沮。今托巡晋、绛，于彼迁延，乞陛下特遣一介至绛州问臣，臣即与之同发”。（《资治通鉴·卷二百二十三》）

仆固怀恩请求朝廷派使臣到朔方行营，和他一起入朝。可是当朝廷听从他的建议派宰臣裴遵庆前去好言相劝时，他却因为部将范志成的劝说而立即放弃了入朝，还反对派其子入朝——当初安禄山都将自己的儿子安庆宗质在长安。

更为过火的是，此时御史大夫王翊出使回纥返回长安，途经仆固怀恩防区，仆固怀恩因担心自己和回纥多次交流的事情泄露，直接将王翊软禁了起来。

从这几件事可以看出，仆固怀恩虽然对唐朝有大功，但是唐朝对仆固怀恩也算仁至义尽。仆固怀恩战后树党自固，多次私自联络回纥，软禁使臣，可谓飞扬跋扈。

仆固怀恩此时虽未直接反叛，但也开始面对吐蕃进攻按兵不动，这一行为使得唐朝西部边境门户大开，吐蕃的再一次大规模入侵也即将到来。

03　吐蕃攻克长安，郭子仪扭转危局

广德元年（763年），吐蕃征发吐谷浑、党项、氐、羌诸部，号称20余万，大举入侵。仆固怀恩所统率的数万朔方军，坐视吐蕃军队长驱直入。

同时，宦官程元振隐瞒军情，泾州刺史高晖（安史军降将）带泾州投降，主动为向导，带吐蕃军深入，过邠宁，渡渭水，直取长安。

只有渭北行营兵马使吕月将以2000兵力与吐蕃交战，奋勇抗击，击败了吐

蕃前锋军。然而由于兵力悬殊，在吐蕃主力再次进攻时，吕月将全军覆没。

而禁军不堪战斗，纷纷崩溃，唐朝已无机动兵力阻挡吐蕃。吐蕃过桥直入长安，立李承宏为伪帝。唐代宗也只能仓皇逃至陕州，百官惶惶不可终日。

正是在这种国家生死存亡的危急关头，才需要英雄挺身而出。郭子仪此时已年逾66岁，之前又因猜忌被免除副元帅之职。这次再次受命于危难之际，朝廷任命郭子仪为关内副元帅，出镇咸阳。

当然，郭子仪此时无兵无将，只能带20骑出发，在蓝田、武关一带收拢败兵，整顿军马，最后凭借自身的威望，收拢了4000多残兵，西征收复长安。

以郭子仪的4000多残兵，前去对抗号称20万的吐蕃联军，无疑是天方夜谭。不过吐蕃此时的处境也并非表面上那样顺利，虽然依靠叛徒高晖带路，直取长安，但是数万朔方军在其背后，即使在仆固怀恩的带领下按兵不动，可吐蕃也不敢确定他们会不会突然袭击。而凤翔、邠州等重镇并没有被吐蕃攻下，这几颗钉子也在时刻威胁着吐蕃军的后方。

郭子仪也利用吐蕃军的担忧心理，采取疑兵之计，命令左羽林大将军长孙全绪带200骑前去长安郊外，白天虚张旗帜，夜晚多燃火把，号称率领5万大军。他又派遣射生将王甫暗中入城，联系城中少年数百，夜间在朱雀街击鼓大呼，做出大军将要到来的样子。长安百姓也充当助力，宣传郭子仪大军很快就要到来。

吐蕃攻入长安后，先是劫掠财富，后又想掳掠长安人口西归，此时被郭子仪的疑兵之计欺骗，外加担心自己后方遭到袭击，顾不上掳掠人口便迅速撤退。郭子仪趁势率4000余人入城，仅用了半个月就迅速收复长安，使长安百姓免遭掳掠。

吐蕃军败退，唐军趁势追杀，而叛徒高晖也被潼关守将李日越斩杀。值得一提的是，李日越也是安史军降将，和高晖都曾经是史思明的手下。在史思明的军中，李日越、高晖并称万人敌，二人又先后降唐。高晖死于自己曾经的队友手下，实在是命运的巧合。

西撤的吐蕃转而围攻凤翔，节度使孙志直严防死守，镇西节度使马璘也带1000余骑从河西前来支援，穿过吐蕃大军，背城而战，俘斩千余。第二天，马璘又大开城门，上演“空城计”。吐蕃攻城不下，又担心城内埋伏以及援军到来，只得撤退。

吐蕃的这一次入侵并没有结束，而是暂时撤回河西，积蓄力量，卷土重来。为重整军队，唐代宗采纳颜真卿、李抱真的正确建议，任命郭子仪为朔方节度大使，前去收服朔方军几万人。

仆固怀恩也在这时正式叛乱，命其子仆固玚发兵攻太原，被辛云京出兵击败。仆固玚又转攻榆次，仍然不克，他辱骂士兵汉卒不能当骑兵，其倒行逆施早就引起了朔方士卒的愤慨，朔方士兵集体哗变，杀仆固玚。仆固怀恩的母亲也提刀欲杀怀恩，直呼“吾为国家杀此贼，取其心以谢三军”。

众叛亲离的仆固怀恩只能带300余随从北上渡河逃跑，前往灵州，以归镇为名，联系守将浑释之外甥张韶等叛徒，借机袭杀了浑释之，掌握了灵州军。

郭子仪也到达汾州，数万朔方军得知老帅郭子仪前来，痛哭流涕，全部归顺，唐朝最重要的防御力量也终于回到了自己手中。

04　吐蕃回纥发动最大规模入侵，郭子仪大破吐蕃

永泰元年（765年）九月，仆固怀恩以其灵州军，联合吐蕃、回纥、党项等部，集结30多万的强大兵力，兵分四路大举侵攻：吐蕃东境四节度尚结悉赞磨、尚悉东赞、尚野息及马重英率十几万大军，号称20万，从北路进攻奉天；党项帅任敷、郑庭、郝德等从东路进攻同州；吐谷浑、奴刺等附庸军，从西路进攻盩厔；而仆固怀恩的灵州军与回纥军联合，合兵十几万，在吐蕃军之后进攻。

此为唐朝安史之乱后面临的最大规模入侵，仆固怀恩勾结了所有能勾结的

部族，30多万大军兵分四路，意欲对唐朝进行致命一击。

为应对吐蕃的侵袭，唐军也早有准备：除朔方军、河东军等主力军外，唐代宗下令河北、中原、江淮各路藩镇出防秋兵支援，共计3.7万人。郭子仪调兵遣将，镇守泾阳，统率大局。

内侍骆奉仙、右金吾大将军李日越率禁军屯盩厔，抵抗较弱的吐谷浑等附庸军；同华节度使周智光屯同州，鄜坊节度使杜冕屯坊州，抵御战斗力中等的党项；而负责对抗吐蕃、回纥主力军的则是朔方军，浑瑊、白元光坚守奉天，直面吐蕃；李抱玉、白孝德分别镇守凤翔、邠州重镇，扼守要冲；马璘的镇西军兵马作为机动部队，支援其他军镇；李忠臣的淮西军屯东渭桥，李光进屯云阳，郝庭玉屯便桥，拱卫禁中；唐军朔方军配合诸道援军，数量在7万左右。在布防完毕后，唐代宗这一次没有选择逃跑，而是率北衙六军坐镇长安，表明抗击吐蕃的决心。

唐蕃首场决战发生在奉天（今陕西乾县），面对10万大军，浑瑊身先士卒，率200精锐铁骑冲锋陷阵。浑瑊生擒吐蕃将领一人，200铁骑在吐蕃军中冲杀一阵，竟然全军无一伤亡而还，奉天士兵士气大振。

吐蕃被浑瑊铁骑冲杀的灰头土脸，自然不能咽下这口气，全军发动进攻。白元光、浑瑊坚守阵地，同时浑瑊命令奉天城上的士兵配合城下，以投石车和弓弩远程大量杀伤吐蕃。吐蕃军伤亡惨重，仍然久攻不下。在吐蕃军还营的时候，浑瑊带兵发动夜袭，斩首1000余人，生擒500余人。在奉天城下，唐蕃大战200余回合，唐军斩首5000余级，消灭吐蕃1万余人。吐蕃伤亡惨重，暂停攻势，唐军取得了这场决战的首胜。

吐蕃攻奉天不克，移兵进攻醴泉，大肆劫掠百姓，焚烧房屋。党项也在同州一带烧杀掳掠。周智光率军出击，击败党项，获驮马军资万计，一路追击到鄜州（战后周智光居功自傲，劫掠百姓，公然造反，被郭子仪讨平）。

就在仆固怀恩和回纥合军进攻途中，仆固怀恩暴病猝死，这对唐朝来说当然是一个好消息。对仆固怀恩前来归顺的老母亲等家人，唐朝也采取了善待的措施。

吐蕃军在西撤途中恰好遇到回纥军，于是双方合兵将近20万，东攻泾阳，正是郭子仪所在的地方。

因为唐军分兵防守，郭子仪此时只有一万军队，他再次展现了过人的智慧和胆识。因为吐蕃、回纥都是由仆固怀恩所联系，仆固怀恩一死，双方本身的矛盾则难以调和，都想掌控联军的主导权。

利用这一点，郭子仪上演了经典的“单骑退回纥”的故事，这个故事家喻户晓，就不细讲了。回纥都督药葛罗见郭子仪来，就把责任都推到了死去的仆固怀恩上，与唐朝联合，反戈一击。

吐蕃收到回纥、唐朝联合的消息，匆忙撤退，然而郭子仪早就命白元光率精骑和回纥军追杀吐蕃，郭子仪率军后继。

吐蕃措手不及，在灵台西原遭到唐纥联军突袭，惨败而逃，又被一路追击到泾州东部。

此战，唐军和回纥军斩首吐蕃5万余级，俘虏近万人，解救被掳百姓4000余人。吐蕃对唐朝关中的侵攻，以唐军的胜利告终。

从安史之乱以来，吐蕃屡次侵攻，占据了唐朝大片土地，唐朝却无力还击。而这次以灵台西原—泾州战役收尾的决战，吐蕃遭受到安史之乱以来最惨痛的打击，被斩首以数万计，此后3年再没有发动大规模攻势，也开始遣使与唐朝修好。

在广德元年（763年）到永泰元年（765年）的3年间，吐蕃对唐朝都城长安持续发动猛攻，意图一举击垮唐廷。所幸在郭子仪的指挥下，唐军给予吐蕃重创，也让其占据关中的战略构想最终流产。虽然吐蕃对唐朝的进攻仍然凶狠，但是唐朝终于挺过了最艰难的时期，唐蕃战争也从此进入了新的阶段。

从汴京之围演变成靖康之耻的幕后真相

01

当提到导致北宋灭亡的靖康之变时，总有人会下意识地将此战的胜败归于金宋两国士兵战斗力的巨大差异。认为正是因为“女真满万不可敌”，所以在面对孱弱不堪的北宋士兵时，才能一次又一次地创造出后世难以想象的军事胜利。

可在冷兵器时代，士兵的战斗力也绝不仅仅体现于体格的强弱、战技的优劣。更何况，在靖康之变中，北宋朝廷同样征调了宋夏边境的西军以及其他边军部队。事实上，相较于“战斗力差距”这种万金油式的解释，靖康之变中北宋朝廷在军事调度上所显现的低效和无能，才是靖康之耻发生的根本原因。

靖康之耻的过程中，女真骑兵曾两度南下围困汴京。一次是宣和七年（1125年）十二月，一次是次年靖康元年（1126年）八月。两次围困战中，汴京城下，宋金两方的军事实力对比是不相同的。

第一次汴京之围时，完颜宗翰所率西路军被牢牢钉死在太原城下，未能进攻汴京。参与围城的金军，只有完颜宗望的东路军。根据抗金名臣李纲《靖康传信录》的记载，宗望麾下所统兵马只有6万，而北宋京师内禁军空编严重，仅存“卫士三万”。但由于较早地发布勤王诏令，靖康元年正月二十七日，抵达汴京城下的勤王军“集城下者二十余万”，其中不乏西北名将种师道所率精锐西军，以及两湖地区彪悍的刀弩手等部队。正是因为勤王军的巨大压力，攻城不力的宗望这才选择签订和约，领兵北归。

但第二次汴京之围的情况却发生了巨大的转变，曾经在太原城下裹足不前的金军西路军与东路军会师，根据《三朝北盟会编》记载，此战中仅汴京主战场的金军就已达10万之众。反观北宋，在第一次汴京之战中就死伤惨重的京师禁军，只能用城中乞丐、无赖凑数，而抵达京师的勤王军更是只有南道都总管张叔夜的3万人和王琼、郑建雄的8000兵马。双方的军事实力发生了巨大反转，这才导致徽、钦二帝被掳，北宋灭亡。

02

为什么两次汴京之战双方的军事实力对比差距如此之大呢?

事实上，与第一次汴京之围时的情况差不多，北宋朝廷在面对金人铁蹄再次南下时，同样诏令全国各地“守臣自将，倍道并行，星夜前来，殄灭虏寇”。尤其是在发现金人已经抵达开封城下后，更是以“军士复补官资，百姓免五年租赋”的优渥条件，号召全国军民勤王。

可问题也出在这里。第一次汴京之围时，为解京师之困，朝廷同样下旨诏令各地出兵勤王，据统计，此次勤王行动中，全国被动员起来的勤王军队至少有50万。

面对刚刚灭了辽国、凶名在外的女真骑兵，北宋君臣试图以庞大的体量迫使对手退却。这对于兵事不振的北宋而言，似乎是一种稳妥的选择。然而，这种尽起国中之兵的做法带来的后遗症也相当明显，除了河北路距离京畿较近外，其余诸路的勤王军距离汴京路途遥远，一路上的补给极为困难。

尤其是在金兵南下的危急时刻，北宋朝廷一方面建议勤王军自备粮草、武器等辎重，另一面也严令各地官员要保障勤王部队的后勤。但这种起于仓促间的命令只能是“意识流”的指挥，就跟电视剧里反派军队头目大喊“都给我顶住”一样，毫无指导效果。

其结果是，各地粮饷物资调配困难重重，矛盾不断。如西北种家军，这支久历战火的精锐之师，奉王命星夜兼程而来，在第一次汴京之围解除后，在宿将种师中的率领下，前往太原邀击金国宗翰部。

然而，这样一支有着重要使命的军队，却因为补给不至，“乏食三日”，每日仅能以一勺豆子充饥。最后，粮饷断绝、孤军深入的种师中部士气崩溃，他本人率领亲军与敌接战，身披数创战死。

要知道，种师中的哥哥种师道当时被任命为河北河东宣抚使，理论上是负责抗金调度的核心，都说朝中有人好做事，连种师中都不免因后勤无法保障而兵败身死，其他勤王军的境遇就可想而知了。

这倒并不是说当时的地方官员对于勤王一事丝毫不上心，恰恰相反，第一次汴京之围时，汴京并未被完全围困，朝廷政令基本通畅，因为办事不力被免职罢官的官员有不少。只是巧妇难为无米之炊，以当时宋朝地方的储备，想要负担这些勤王军的军事给养并不容易。

举个例子，神宗时期北宋曾经派遣5路大军讨伐西夏，有人说，这种分兵作战的方式在战术上绝对是一种智障操作，可是没办法，宋神宗时期北宋改变了军事部署，原本居重驭轻的方式下，京师军力最多，而为了对抗西夏，北宋调遣重兵至西北。就像馆陶人王沿评价的那样，西北以全国四成土地供养北宋七成军队，早已疲惫不堪。以这种补给水平，30万大军若是集中一路突破，那将是活脱脱的一场军事灾难。

勤王军的情况也类似，承平日久的北宋地方，并没有供给这样一支庞大部队的能力，一旦超过其承载极限的勤王军队同时到达，那么引起的负面后果不堪设想。

更吊诡的情况是，宋廷在勤王诏令中鼓励强盗、流寇们勤王免罪，以至于声势浩大的勤王军鱼龙混杂，一些地方官员不得不关闭城门，拒绝勤王军进城休整。在这种情况，这些军队的补给状况就更加难以保证了。

03

诚然，在理论上，宋廷通过系统规划勤王军行进路线，避免大军在地方过分集结扎堆，是可以减少或者避免军队缺衣少粮的情况的。

可这毕竟只是理论，这种精细的调度，并不是一个封建政权可以做到的。更何况，以当时的情况来看，不要说这种近乎微操的调度，宋廷对于自己所掌握的军队数都没有一个精确的认识。

《宋代军队数量考》的作者程明生认为，宋朝对于军队士兵数量缺乏最基本的统计，这不是说“吃空饷”这种历朝历代都有的积弊，而是说宋代甚至没有成体系地统计过自家的兵员数量，即使有一些统计，也因为口径不一，数据往往彼此冲突，难以为信。

《续资治通鉴长编》中就记载了一个看上去颇为奇怪的细节，宋神宗熙宁七年（1074年）二月辛未、乙亥、己卯三条中，光是河北军队数量就出现了七万、八万九千和九万三种说法，其中甚至有两个数据都是宋神宗本人提到的。宋代军队数量统计之混乱，可见一斑。

尚有锐意进取之心的神宗朝尚且如此，积重难返的徽宗、钦宗时期恐怕就更加一言难尽了，指望当时的大臣们在金兵南下的仓促时间内，精准调配各地勤王部队，也太强人所难了。

04

不过，以李纲等人为首的大臣们，即使真的想要居中调配，也是有心无力。

自金朝南下起的一年多时间，北宋朝廷一直缺乏一个可以统一指挥调度军政，抵抗金军的指挥机构。从一开始的亲征行营使司，到后来的京畿、河北、河东宣抚使司，再到最后大提举守御司和四道都总管并存，这些叫法各异的机构都缺乏真正意义上的独断权，就像钦宗皇帝继位之初说的那样，他力图确保的是“一尊元丰官制”的祖宗之法。

在这种环环嵌套、彼此牵制的情况下，如李纲、种师道等要员甚至不能节制姚平仲这样一位仅率3000军队的地方将领。

扑朔迷离的“姚平仲劫营”事件中，急于求成的钦宗皇帝越过李、仲二人，直接命令姚平仲夜袭金军大营，不仅损兵折将，还差点导致尚为康王的赵构被金军所杀（这似乎也是第二次汴京围城时，赵构领30余万兵马却对汴京置若罔闻的原因之一），这一事件也是靖康期间北宋混乱指挥调度局面的一个缩影。

在这场陷入罗生门的劫营事件中，钦宗皇帝本人的态度十分值得玩味。原本曾经因为金军围城惊恐异常的他，在勤王西军到来后终于决定与金军决战。不过似乎因为姚平仲本人的劝说，他决定行险一搏，利用姚平仲所部劫营。可在劫营失败后，面对金人的质问，他又将全部责任归于姚平仲、李纲等人。

这位最后身死五国城的皇帝，性格怯懦善变，在继位之初的3日内，就曾经在“御驾亲征”“南狩”“守京”等方案中反复横跳3次。

这种反复无常没有定式的性格特点，对于靖康之变的发生也有巨大的影响。第二次围城战发生后，宋廷之所以直到闰十一月十八日才开始“间使往诸道召勤王兵”，也与其本人在战和之间举棋不定有关。

正是因为宋廷的举棋不定，原本就因为第一次勤王而元气大伤的地方各军，直到此时才开始准备筹集勤王军队。然而此时，疲惫不堪又辎重匮乏的勤王军们，面对的是已经被金军团团围住的汴梁，而最善战的陕西勤王军，更是要首先面对堵截在潼关以逸待劳的5万金军。

总的来讲，面对金军的威胁，宋廷原本打算依靠各地勤王军队的体量对其进行震慑，可是，因为缺乏统一的指挥机构，这种粗糙的征集方式严重损耗了宋廷的战争潜力。同时由于宋钦宗本人对是战是和一直举棋不定，贻误战机，这才导致第二次汴京之围中北宋不仅兵员质量上处于绝对劣势，就连数量上都难以跟金军保持平衡。质量、数量完败的情况下，汴京沦陷、二帝北狩，也就是再正常不过的事了。

明朝后期为何兵变频繁?

谈起万历皇帝，很多人都能想到那句“明之亡，实亡于万历”。到了明朝中晚期，特别是万历一代，官员贪污腐化成性，党同伐异。各地追加赋税，民不聊生，导致各地民变四起。

其实，明代后期兵变才是心腹之患，据史料查证，明末兵变每年就有几十起，明政府也为此头痛不已。

那么，到底是什么导致明朝后期兵变不断？本文就以万历年间明缅战争后的金腾兵变分析一下这个问题。

01

缅甸地处东南亚中南半岛西部，与中国云南省交界，很早就与中国的官方和民间有密切往来。

中国史料对缅甸的印象是“地在云南西南，最穷远。有城郭庐舍，多楼居”，有时也称缅甸为朱波。

宋宁宗（1194—1224在位）时，缅甸与波斯等国向中国赠送过白象，与中国始有通贡关系。元代至元年间（1264—1294），世祖忽必烈屡派兵征讨之，最终又恢复通贡。

明朝建立以后，长期采取“怀柔远人”的政策，远国一来朝贡，薄来而厚往，凡愿维系表面上的“臣属”友好往来，即承认中国宗主国地位的，一概给予冠带，设立宣慰，维持官方关系。而实际上他们仍是一个独立王国，缅甸情况也是如此。

洪武二十六年（1393年）朱元璋闻缅甸使臣板南速剌不远万里来朝进献方物，厚赠之，次年即置缅中宣慰使司，以首领卜剌浪为使。

缅甸控诉百夷思伦发侵凌，明朝还遣使居中调停。永乐元年（1403年），缅甸另一首领那罗塔遣使入贡，“愿臣属中国”，乃赠冠服、印章，设缅甸宣慰使司，其地遂有两个宣慰使，但都保持良好的通贡关系，三年一朝，往来不绝。

洪熙年间，缅中宣慰使司逐渐消亡，只剩下缅甸宣慰使司。明朝的实际控制区也以此为界，在人们的意识中，缅甸已为外国，中间的过渡区域如木邦、八百等是一块缓冲区域，再靠内就是永昌、腾冲，已是明朝实际控制的内地区域。

02

明英宗正统年间，征麓川叛酋思任发，思氏为缅甸所获，拒不引渡，并以此要挟赏赐，索要土地，给双方关系蒙上阴影。其实缅甸本身也是一个分裂且动乱的国家，改朝换代颇为频繁，对明的关系也受其影响，时好时坏。

嘉靖初年，明朝边境的孟养宣慰司，以缅甸掳去首领思任发而结下怨执，孟养宣慰使思陆之子思伦，遂联合木邦、孟密，发兵袭缅报仇，破缅甸，杀宣慰使莽纪岁并其妻子，瓜分其地。

缅甸向明朝方面提出交涉，明朝命永昌知府严时泰、指挥王训调查此事，结果反被思伦赶跑。此事狼狈收场，不见下文，缅甸遂“大憾”，对明朝的态度也发生了转变。

缅甸虽亡，而莽纪岁的儿子莽瑞体却侥幸逃脱，投奔洞吾（东吁）其母舅家，洞吾酋长视为己子，悉心培养。

莽瑞体长大后，继职为洞吾酋长，“沉鸷善用兵”。他首先通过古喇内乱树立威望，附近部落望风畏服，莽瑞体南征北战，领土迅速扩大。

嘉靖十四年（1535年），莽瑞体灭白古，并击败插手内战的葡萄牙雇佣兵。4年后称下缅王。次年又侵暹罗（今泰国），挑起两国连绵不断的战争。

嘉靖二十年（1541年），他又屠马都八，将城中葡萄牙、意大利、希腊、犹太、亚美尼亚等十余国在缅商人的财富劫掠一空后予以斩杀。次年又屠卑谬，再入蒲甘，占领蒲甘后加称上缅王，基本完成了统一缅甸的大部分计划。

嘉靖二十三年（1544年），莽瑞体征服缅甸的掸族、蒲甘等重镇，建都东吁（洞吾），开创了缅甸史上第一个封建王朝——东吁王朝（1531—1752）。

遗憾的是，缺乏国际视野和国土意识，而且主权和疆域观念模糊的明朝，并没有意识到东吁王朝对国土的蚕食，这个不断提出领土要求的国家，终会成为心腹之患。

03

万历九年（1581年），缅甸的莽应龙死去，他的儿子莽应里继承王位。莽应里继承王位后，野心暴涨，不遗余力地向北扩张。

万历十一年（1583年），莽应里率领缅甸军攻陷顺宁、盏达，深入明朝国境几百里，兵力直指大理。缅甸军在拿下的城池中烧杀抢掠、无恶不作。万历皇帝闻讯，怒不可遏，迅速派名将刘綎和邓子龙前往云南进行围剿。

明军到了云南后，迅速召见当地土司，在当地土司的配合下，刘綎和邓子龙在攀枝花大破缅军，取得攀枝花大捷。

随后明军乘胜追击，老将邓子龙率领军队收复了湾甸、耿马。将门虎子刘綎也率领军队长驱直入，一路收复了蛮莫、孟养和孟琏。当地附逆的大小土司纷纷归顺明朝，明缅战争暂时告一段落。

本来，刘綎和邓子龙可以大胜而归，加官晋爵。没想到一件小事的发生，最终酿成了大错。

04

万历皇帝听到大败缅甸，龙颜大悦，认为这次大胜如此不费吹灰之力，原因实与刘邓二人连年大破缅军，使对方产生巨大的恐惧心理有关。于是万历皇帝对主将邓子龙、刘綎予以奖赏。

由于当时户部财政紧张，正月下达的犒赏迟迟不见踪影，这已经让常年在外征战的明军将士十分不悦，动乱一触即发。

到了当年四月，万历皇帝看到并未发放赏银，再次催促犒军，但这个时候户部依然借口云南矿银5万已用于湖广的采木，云南巡按李彦章提议说，云南路途遥远，运饷很难，平均运三四两饷银的代价就是折米一石，有点得不偿失，希望援引正统年间王骥征麓川之例，转饷于邻省贵州和两广。

于是兵部想了一个折中之策，打算用南京户部储银的10万两，作为犒赏云南部队的赏银，这一提议，万历皇帝认为很有道理，就批准了。

领导的出发点是好的，只可惜下面的人却把好事做成了坏事。

万历十三年（1585年）三月，刘綎手下金腾、武宁的募兵，因裨将廖文雅、王化龙克扣粮饷而发生骚乱。刘綎命令爱将张应龙处理，并提高赏银，说是先到领赏者多给银2钱，希望通过这样的方式来缓解冲突。

没想到，消息传出，其他将士闻讯赶来，围住张应龙索要银两，可怜的张应龙一时也拿不出更多的钱来，只好将自己口袋里的白银20两给了他们。

将士们索要银两不得，居然乘风举火，烧毁居民170余家，腾越知州抱印而逃。消息传到刘綎耳中，他知道这下闯了大祸，立即自蛮莫赶到现场，并以500名亲兵自卫，与乱兵相互僵持，乱兵被勉强劝回。

得知消息的金腾兵备副使傅宠、永昌同知陈克俊、通判陈晨、守备李应南商量追加犒军费用，除上次鼓噪主犯不给赏外，其余2700人于演武场颁发赏银。

开始，官员们准备每人赏银5钱，引起刘綎异议，认为给少了士兵肯定不依不饶，必请给足一两，于是共费银5000两左右，同时下发月粮。

出了这么大的事，巡按御史李廷彦马上上报此事经过，万历皇帝听到这个处理结果后十分愤怒，指责这些士兵恃功邀赏，胁增赏金，蔑视法纪。但云南实在太远，那些士兵也的确立有战功，最后处理的方案，仅对军中有关责任人以“抚驭失宜”的罪名处分，这件事就此不了了之。

05

其实，金腾兵乱的根源本在于赏功过迟、将领涉嫌贪污，但却暴露了明朝的症结所在。同时刘綎自己也暴露出致命的弱点——贪图钱财，事实上这不仅仅是他一人的弱点，也是整个明代武将的弱点。

《明史》记载：“綎，将家子。父显部曲多健儿，綎拥以自雄。征缅之役，勒兵金沙江，筑将台于王骥故址，威名甚盛。然性贪，御下无法。兵还至腾冲，甲而噪，焚民居。綎在蛮莫，闻之驰至，犒以金钱，始定。思顺恐祸及，叛归莽酋。诏革綎任，以游击候调。会綎解官至沾益，世曾喜，令与裨将刘绍桂、万鏊分道讨。綎直捣继荣寨，拔之，获其妻妾数人，继荣逸去。隆有义部卒斩继荣首以献，贼尽平。初，綎破继荣，有论其私财物者，功不录。”

日后，与刘綎一起抗倭的将领陈璘也有贪污腐化的嫌疑。在平定播州杨应龙时，陈璘曾向主帅李化龙行贿，结果遇上刘綎的家丁被李化龙打得抱头窜出，陈璘见状也立即狼狈而逃，一时间成为百姓饭后的谈资与笑柄。

其实刘綎为将，几起几落，但“性骄恣如故”，曾经因为小事对马湖知府詹淑拳打脚踢。之后在得知要征讨杨应龙时，又“逗留，多设难以要朝廷”，这与当时的社会风气有关。

自从北宋开国以后，重文轻武一直是历代统治者的不二法则。虽然在明初的时候，武将勋贵地位得到了提高，但是总体来说还是被压制的。即使在永乐时期，武将的地位也是受到压制的，到了土木堡之变后，武将集团受到毁灭性打击。

自此以后，武将处处受文官掣肘，很多武将都自称“丘八”，文官也看不起这些粗人，所以当时的风气就是不与文官搞好关系，可能无妄之灾就要从天而降。

加上万历以后的军纪败坏，为了向上行贿，武将的贪贿之风比起文官来有过之而无不及。而普通士兵当兵只是为了少之又少的军饷，当得知自己拼命拿到的赏银被推迟发放甚至克扣，自然也就触犯了他们的底线，兵变也就是旦夕之间的事了。

明帝国武将上层与士兵底层的矛盾，随着战争的频发也日益增加。这种现象不仅仅体现在西南战场，而是整个明朝都在上演。

在后金女真兴起后，明廷加派辽饷，而大部分军饷都被贪墨，所以可以看到明末兵变频繁就和吃饭一样，随时随地发生，明朝的战斗力量也就可想而知了。

帝国最高决策者面对兵变却是零容忍的态度，只会杀鸡儆猴，将领头闹事的斩首示众，发放贪墨军饷，以为就此了事。其实这种做法只是治标不治本，兵变也只是各种矛盾的一个综合表现。

就像黄仁宇先生所说：“明朝不能发挥本身力量，不能引用军事科技非止表现于一时一事，而有官僚组织和社会状态为背景，积习已成，明朝对后金的战争无非是一朝弱点无情的暴露。”

渔猎民族比农耕民族和游牧民族更适合当兵?

想必大家都听说过一句话，“女真不满万，满万不可敌”，这句话一开始是用来形容完颜氏建立的前金，但也常被用于形容后金。虽然此言颇有夸大其词之处，但也深刻体现出一个问题，即渔猎民族天然的兵源优势，使其一旦有强力领袖建立起军事化组织之后，很可能出现势不可当的情况。这是为什么呢?

01

李如梅评价努尔哈赤麾下的建州兵时，表示：“此贼精兵七千，而带甲首三千。若贼七千，足可挡倭奴十万。西北虽有鞑靼，皆不如此贼！”这只是努尔哈赤尚未统一女真的情况下，当女真统一之后，拥兵10万、战兵5万的后金八旗，其军事实力按照这个评价，就远在人口已经有1000多万的战国日本之上了。

但是我们必须注意到一个事实，女真领地包括今天的吉林、黑龙江和外东北，而日本的领土面积甚至不如黑龙江大，当然要远小于女真领地。

女真虽然只有不到百万人口，但其整合起来的军事资源是完全不可小觑的。在封建时代，军事资源和经济资源常常并不挂钩，如纬度高、地广人稀的地区，养马成本要远低于精耕细作的中原地区，而马匹正是极为重要的军事资源。

渔猎民族生活在高纬度地区，农业落后，广种薄收，需要大规模依赖渔猎行为来补充食物来源。其农业劳动时间短，就有大量的农闲时间用于军事训练。

与此同时，渔猎民族击熊格虎的围猎活动，也能起到军事训练的作用，并使得渔猎民族普遍骁勇善战，悍不畏死。

虽然具备这样的兵源优势，但渔猎民族在整合起来之前，仍然存在组织度低下、散而自战的弊端。因此明朝前期的女真已经有善战之名，但也不乏被朝鲜人打得狼奔豕突的战例，更不必说著名的“成化犁庭”。

由于地广人稀，渔猎政权很难成形。相比起游牧部落赶着马就可以合并，渔猎的马匹储量相对不足，这就导致他们分布在多个聚居点里，交流难、容易分裂。

02

渔猎民族的人均马匹占有量虽然不及游牧民族，但比起农耕民族又要大得多。以女真为例，虽然东北地区的养马条件不如蒙古高原，但区域广袤，人口稀薄，其马匹蓄藏数量相对人口而言仍然是惊人的。

当渔猎民族建立成形的军事化王朝之后，面对庞大富庶的农耕帝国，渔猎民族可以凭借马匹储量的优势，对农耕帝国频繁劫掠，获得的收益可以转嫁到军事成本上。

相比女真，战国日本的军队虽然也普遍军纪不佳，常常实施“乱捕”行为，但是本身经济发达程度远不如大陆上的明王朝，能够通过劫掠获得的收益很有限。更不必说日本还是多山地、多山城的地形，马匹储量又低下。因此织田信长的战术才能就算在努尔哈赤之上，也无法像努尔哈赤那样轻易练出数万精兵。

以资源论，蒙古高原因为地形缺乏褶皱，难以找到裸露的铁矿，而白山黑水并不缺乏以古代的条件也可以开采的铁石，东北密林又可以提供大量用于冶铁的炭，且东北丰富的人参、貂皮、东珠、鹿茸、乌拉草、大木等物产，也让渔猎政权很少因为启动资金的事情感到苦恼，因此成形的东北渔猎政权，无一不是以烧钱的重步兵、重骑兵著称。前金重骑兵（大名鼎鼎的铁浮屠）是中国历史上最强的重骑，而后金重骑虽然不如关宁铁骑，但也远胜蒙古重骑。

03

在后金崛起前夕，晚明商品经济的繁荣，使其对东北地区的人参、鹿茸、貂皮、东珠等贵重品的需求大增，巨额财富从关内流入东北，女真民众的人均生活水平大为改善，不至于像离散化时代一样，常常因为食物不足而忍饥挨饿。

这种情况下，渔猎民族蛋白质摄取比例高的膳食体系，就对身高增长更有优势，女真能够获得更多高大挺拔、体魄强健的兵源。

相比之下，众所周知，游牧民族如蒙古，凭借的更多是机动性，蒙古高原的生活条件远远恶劣于东北平原，且物产有限，经常挨饿，其人均体格很难对关内的农耕民族形成优势。

努尔哈赤建立八旗军事组织之后，女真民族的贫富分化快速加剧，大量底层女真民众破产，沦为农奴。满洲八旗在籍人丁数量迅速由萨尔浒之战时的10万，下降到皇太极时代的5万左右。

但这也意味着，后金八旗兵丁从一户供养一兵，转换为事实上的数户供养一兵的模式，出身中产阶级的战士能够完全脱产，不再有家庭生产活动上的顾忌，有充足的财力进行武装和训练，这一点与唐初的府兵制有异曲同工之妙。

不过，我们也需要注意到，这种高强度低成本的军事组织，能够维持的基础仍然是通过战争获取大量战利品，这样才能抵消庞大的军事开支、高强度训练的劳苦，以及战士对于死亡的恐惧。

从根本上说，这种体制的续航性其实并不好，以明末清初为例，如果李自成能够成功将清军挡在山海关外，并在后续有效阻止清军继续入关劫掠，清军必然因为缺乏战利品满足需求而崩溃。

在真实的历史上，清军八旗入关后跑马圈地，拥有了“铁杆庄稼”，但由于安逸的环境，以及以庞大帝国统治民族自居带来的“人上人”的自满心态，再加上不再有劫掠战争进行激励，八旗军的战斗力迅速衰退，在康熙前期的三藩之乱时，就已经高度需要倚仗汉军绿营了。

第七章 趣闻篇

东风不与周郎便，
铜雀春深锁二乔

士兵不穿盔甲行军？古代行军打仗到底是啥样？

01

在各种影视作品中，古代军队总是穿着鲜明的盔甲行军。《荀子·议兵篇》也说：“魏之武卒以度取之，衣三属之甲，操十二石之弩，负矢五十，置戈其上，冠胄带剑，赢三日之粮，日中而趋百里。”

要穿齐盔甲、带好武器还有3天的粮食，半天就行军百里，也就是50公里，这是什么概念？要知道，马拉松也不过才42.195公里，负重行军，还比马拉松跑得都远，是真的吗？

古代士兵是不是真的穿盔甲长途行军暂且不说，但还真有人穿着盔甲跑过马拉松。

2008年，在丹麦欧登塞的安徒生马拉松比赛中，一名叫彼得的丹麦选手穿着足有28公斤的板甲，花了6小时46分钟59秒跑完了马拉松，创下了穿板甲跑马拉松的纪录。

现在军队的训练中，负重武装越野也一直都是常见的训练项目，我军就有负重30公斤的25公里武装越野项目，所以，看起来，似乎穿盔甲行军并不是做不到的事。

但是，需要注意到，和现代士兵不同的是，在冷兵器时代，古代的军队更需要体力。现代士兵武装越野到达指定位置以后，在战斗中并不需要很高的体力，主要是卧倒射击，从体力角度来说，甚至可以说是在休息恢复武装越野消耗的体力。

然而，古代士兵在行军结束后，一旦开始战斗就要进行肉搏，这才是他们体力消耗的主要部分。所以实际上，古代士兵并不会穿着盔甲行军，因为他们需要尽量节省行军中消耗的体力，以保证在肉搏战中有足够的体力。

所以在古代，一般行军中，盔甲主要由牲畜或是民夫驮着，甚至一些精锐重步兵还有代步的马匹，就是俗称的骑马步兵，他们骑马行军，到达指定位置后，下马穿甲，列阵作战。

02

在古代，正常行军的话一天也走不了很长时间，如果不是急行军，一天行军时间通常不会超过6个小时。一般会起得比较早开始行军，等到了午后不久，就得开始安营扎寨了。不然拖到下午，一旦出现意外，天黑前没把营寨扎起来，防御工事都没建好，就等于给敌军送人头了。士兵在夜里毫无屏障地宿营，被突袭就非常容易造成营啸，导致大溃败。

古代军营和防御阵地的搭建也要比现代部队麻烦得多，辎重兵搭建帐篷，战兵也要出去砍伐木材搭建拒马、栅栏等，所以保存足够的体力是一件非常重要的事情。

而上面对魏武卒的那段记载，只是魏武卒的选拔标准，并非作战时也会穿着盔甲行军。毕竟古代一场仗打好几个小时甚至打一天也是正常情况，穿上盔甲走百里这个标准就可以证明士兵的体力很好，不会打起仗的时候没打几下就没力气了。

再说，一套盔甲造价不菲，尤其是春秋战国时期，生产力还很低下，自然是要优中选优，体格好的人才会作为精锐，配发盔甲。

正是因为行军时一般不穿盔甲，所以在遭遇突袭时，古代军队往往大败亏输——连盔甲都没穿，遭遇衣甲齐备以逸待劳的敌军自然难以抵挡。

03

如何避免被敌军偷袭也是行军中非常重要的一环，非常考验古代将领的能力。在古代，主要是靠广撒斥候来侦察敌情，探察是否有埋伏。即便是现代部队，侦察兵也是必不可少的。中国使用斥候侦察敌情、提供预警的历史可以追溯到商代。

其中比较著名的就是飞将军李广，他就非常重视斥候的作用。《史记》记载："及出击胡，而广行无部伍行陈，就善水草屯，舍止，人人自便，不击刀斗以自卫，莫府省约文书籍事，然亦远斥候，未尝遇害。"李广行军以及宿营都比较松散，但就是因为广撒斥候，所以从来都没被偷袭过。

和现在的侦察兵有些类似，斥候常常需要刺探敌方军情，还要抓俘虏来审问获取消息，可以说，两军大部队在未交战前，斥候就已经率先接敌交战了。所以无论是古代的斥候还是现代的侦察兵，都是精锐。

唐代的兵书《太白阴经》中，就提到了斥候侦察兵需要选拔精锐："於奇兵中，选骁果、谙山川井泉者，与烽子马铺土河，计会交牌，日夕逻候於庭障之外，捉生事，问敌营虚实，我之密谋，勿令游奕人知。其副使子将并久谙军旅、好身手者任。"

所以，往往在开战前的斥候战中就能看出双方实力。双方都会努力压制敌方斥候的侦察范围，绞杀甚至俘虏敌方斥候来获得消息，所以如果斥候身手以及数量不敌对方，在开战前就已经失去了先机。在日本奈良时期，现在被传得神乎其神的忍者其实就是斥候，不过只是侦察兵加特工而已。

04

在宋代的兵书中，大军行军中如何派遣斥候防备偷袭，如何传递消息，都有非常详细的记载。

《虎钤经》中记载，行军中一般是派遣24名斥候，分散探察8个方向，每个方向去3骑，相互距离一里地，相互之间依靠旗帜来传递敌情。如果是夜里行军，无法看清旗帜，就依靠敲鼓来传递消息。即使是白天经过山林，丛林茂密也看不到旗帜的话，也一样用鼓声来传递消息。

之所以选择用旗帜，主要是防止敌人听见鼓声，导致目标暴露，所以能用旗帜就不敲鼓。但是如果天气非常恶劣，风雨交加打雷闪电，鼓声听不到，旗帜也看不到，就只能自己骑马回来报告了。

同时因为主力部队大阵不能轻动，但也不能太过死板导致坐看战机丧失，所以大军出动还要配备数千名游骑兵作为机动部队，观察敌方情况，伺机而动。无论是绞杀对方斥候或是发现战机直接奇兵突袭，都是游骑兵需要做的事。

而作为防守方，一般需要派出人数更多的轻骑兵来探察敌情，这种游骑兵就直接干了斥候的工作，因为不知道敌人什么时候才会出现，需要较长时间的巡逻侦察，所以更要提早进行预警，留给己方充足的备战时间，这就难以依靠旗语或是鼓声来即时传递消息。所以如果派遣的斥候人数太少，一旦碰到敌军前锋，会被轻易绞杀或俘虏，导致传不回来消息。

最著名的斥候战，大概就是南宋猛将杨再兴的最后一战。他作为斥候，日常巡逻侦察敌情时，碰到了完颜宗弼的前锋部队。

杨再兴率领300骑兵巡逻侦查，遇到了数千金军的前锋游骑兵，双方立刻爆发了斥候战。杨再兴派人回去报告敌情，自己率领300骑兵打垮了数千金军前锋游骑兵，直接追杀溃败的金军前锋游骑兵到了金军主力阵前。

其实这时杨再兴已经可以撤退回去复命了，但是杨再兴想尽量扩大战果，挫挫金军的锐气，为己方争取更多的准备时间。所以他带着300骑兵，面对12万金军，依然发动了冲锋，并且杀死了一名金军万户长，百余名金军千户长以及2000余名金兵，他甚至试图在万军中直接斩首击杀完颜宗弼。

但是最终因为天降大雨，导致马陷小商河，杨再兴被乱箭射死，300斥候全部阵亡。

不过他给宋军争取到了足够多的时间，在他牺牲后，岳云和张宪率领的两支部队及时赶到战场，轻松地击败了已经被杨再兴杀到胆寒的金军。这大概就是所有的兵书都强调斥候主将要足够勇猛的原因吧。

大秦颁布“史上最严环保法”竟是为了养马？

长期以来，“苛刑暴政”都被认为是秦朝二世而亡的重要原因，比如司马迁就在《史记·李斯列传》中提到了一种令人骇然的秦法：“故商君之法，刑弃灰于道者。”《汉书·五行志》中也有记载：“秦连相坐之法，弃灰于道者黥。”

因为受刑之人是“弃灰于道者”，所以此法令也被称为弃灰法，有人还将其称为“史上最严环保法”。也有人认为弃灰法的存在，正说明古代人对于环境保护的重视。那么，事实真的是如此吗？

01

黥刑是上古五刑之一，又称墨刑，是通过在人脸上刺字并涂上颜料来施以惩戒。这虽然是五刑之中用来惩戒轻罪者的刑罚，但它所刺刻的记号同样是永久性的。

只是因为随意丢弃灰土，就被刻下这样的永久记号，怎么看也是一种十足的暴政。值得注意的是，从一些史料记载来看，弃灰法并非秦朝首创，早在殷商时期，商朝人就已经开始将弃灰法施行起来了，而且古人对于弃灰法的意义有不同的解释。

韩非子将这种轻罪重罚看作是一种威慑，《韩非子·内储说上七术》里就提到过弃灰法这个例子，他认为，想要让法令得到施行，就必须依靠重刑进行震慑，这也是法家的一贯态度。

孔子的观点听上去和韩非子的论断有些类似，他把弃灰法的颁布看作是施政者在立威："夫重罚者，人之所恶也，而无弃灰，人之所易也。"意思是，只要注意，不随意丢弃灰土，人人都可以做到，因此这种法令的推行并不会引发严重的后果，并且它的顺利施行还可以提高百姓对法律的敬畏。

除了从法律层面进行解释，也有一些比较接地气的猜测，比如有人从所弃之灰上做文章，觉得之所以要禁止弃灰是为了防止灰烬中有余烬未灭，在房子多为木质的古代，这种灰烬之火可能导致严重火灾。

另外还有人猜测这些灰是草木灰，是种植谷物庄稼的重要肥料，秦朝推行弃灰法，是出于其鼓励耕战的基本国策。

除了上述几种观点外，还有一种观点也很有意思，比如明朝人张萱和张燧就认为，弃灰法在秦国的颁布，可能与秦国注重战马的饲育有关。

02

张燧在《千百年眼》中猜测，马生性畏灰，秦国为了养马，这才制定了这种看上去不近人情又意义不明的峻法。注意，这里说的"马"单指刚出生的幼驹或者怀孕的母马。

《马经》记载，马驹如果吞吃了沾有灰土的牧草，就会迅速死亡，而母马的情况也差不多，一旦误食灰土，十有八九就会流产。根据现代生物学的分析，马驹刚刚出生，一旦呼吸系统进灰，发育尚不完善的肺叶很难将灰烬排出，就会窒息死亡。在古代，人们也经常会采用灰土来戕害马驹或让母马流产。

事实上，在先秦时期，人们就已经意识到"马性畏灰"这一特点，为了避免马匹因为误食灰土等物导致意外死亡，周朝对人们的活动进行了一系列的限制。

比如专门记录周礼的《礼记》中就曾经提到过“夏月毋得夜草做灰”，意思就是禁止人们在仲夏时期制作草木灰，而原因很有可能就是为了防止其飞散，继而影响到这一时节在野外放养繁育的孕马或刚刚出生的幼驹。之所以强调仲夏时期，是因为古人为保证马匹繁盛，春夏交界之际往往在野外放养马匹。

秦代马政更是分不同时节对饲马场所进行了分工，人工饲养为主的称为“厩”，放牧为主的则称为“苑”，这也从一个侧面证明秦代马政的成熟度。

03

在中国古代，马匹的多寡往往是一个国家军事实力的重要标志。秦国能够最终从战国七雄中脱颖而出，与其对马匹尤其是战马的培育有着密切的联系。

事实上，秦国嬴氏先祖本就以养马育马为业。根据《史记》记载，早在尧舜时期，嬴氏一族就专门“佐舜调训鸟兽”，马匹自然也是嬴氏先祖饲育的动物之一。

抛开这些源自上古时代的轶事不谈，秦国所处的地理环境也同样使其成为育马大户。《战国策》中苏秦曾经对秦惠王说：“大王之国，西有巴蜀、汉中之利，北有胡貉、代马之用，南有巫山、黔中之限，东有肴、函之固。田肥美，民殷富，战车万乘，奋击百万，沃野千里，蓄积饶多，地势形便，此所谓天府，天下之雄国也。”

可以说，秦国之所以能横扫六合，除了其历代统治者励精图治外，地理形胜的优势和丰富的农牧矿物资源同样不可或缺。譬如秦人东迁期间曾经被立为国都的雍、平阳等地，都曾经是适宜养马、牧马的地区。

另外，秦国与同样善于养马的西戎诸部关系复杂，两者之间既有冲突又有融合，在漫长的战争冲突和相互通婚中，善于骑射的戎族、白狄也成为秦人最重要的老师。《史记》在评价秦国崛起时，就注意到西戎和白狄对秦国军力的影响："秦马之良，戎兵之众……不可胜数。"因此，被诸国隐隐然排斥于华夏之外的秦国，依旧能通过军力获得一定的话语权。

04

和春秋时期依靠战车进行会战的打法不同，战国时期的战车需要依靠数量远多于自己的骑兵部队保护己方侧翼，同时依靠骑兵的数量优势构建远程火力。

另外，步兵也开始由车兵的从属转为战场主角，但战车并未被淘汰，只不过，因为战术方法的变化，车兵要想在日渐复杂的战场继续掌握主动权，骑兵的辅助变得必不可少。

除了辅助车兵外，骑兵有时还会独立成军作战，譬如长平之战，最关键的一点就是白起以"秦骑兵二万五千人绝赵军后，又一军五千骑绝赵壁间"，此举彻底断绝了赵括的后路，也逼迫赵军不得不在补给不足的情况下与秦军作战。

在战场上发挥巨大作用的秦国骑兵，离不开秦国马政的发展。这是因为，与车兵相比，骑兵对战马数量的需求更大。

周代就已经有针对马匹形体尺寸的分类："八尺以上为龙，七尺以上为騋，六尺以上为马。"而睡虎地秦简中对于骑兵用马的要求已经变成了五尺八寸以上，一般来说，战马高度以肩高为基准，对形体身高标准的缩水很有可能是战马需求量增加的结果。

05

回归主题，由于战国时期军事战争的模式已经远不同于春秋时期的会战模式，步兵、骑兵、车兵相互配合作战开始变成常态，因此各国对于战马的需求也越来越多。为了保持充足的战马数量，秦国才会制定种种马政来提高战马产能。

事实上，除弃灰法外，秦国还有不少与马政有关的法令，如龙岗秦简里就有数条专门禁止盗猎或杀伤马匹的律文："入禁苑中，毋敢擅杀……马牛杀之及亡之，当偿……"

除了上述两条外，龙岗秦简还严格规定，不得在马牛出现的场所设置捕兽夹等捕猎机关。

虽然龙岗秦简内容已经不全，但汉墓中曾经出土过一份与该条秦简内容类似的汉简，其处罚之严厉一点不逊于弃灰法："虽未有杀伤者，耐为吏臣妾。"吏臣妾指因为犯罪而终身被充作奴隶的人。

从这一点上来看，弃灰法与龙岗秦简中这条禁止捕猎陷阱的法令有异曲同工之妙。

由好变坏的世兵制

在大多数人的印象里，由于南朝普遍缺乏骑兵，因此在与北方势力的战争中经常居于劣势。这种说法的确有一定说服力，不过，将战争的胜败完全归于某一兵种的匮乏和缺失，也是一种唯武器论。和唯意志论一样，这种简单的分析方式并不可取。

南北朝时期的对峙对抗，之所以会以南陈被隋朝覆灭结束，原因是多方面的。除了兵种的短板外，从军事动员的角度来看，南朝兵制的日渐糜烂也是重要的原因之一。

南朝的正式兵制，被称为“世兵制”，是一种兵民各有户籍在册的兵农分离制度。顾名思义，所谓的“世兵”即世代为兵，一旦被编入军户，不仅本人要终身为兵，自己的子孙后代也同样要服国家的兵役。

这种世兵制制度不仅存在于南北朝时期，后来的元朝、明朝的军户制度，以及清代的八旗制度，也有着类似的特点。

那为什么这种制度会导致战斗力的迅速下滑呢？这就要从三国时期的兵制说起了，因为，世兵制的出现和东汉三国时期的几支精锐部队有一定的联系。

01

普遍认为，世兵制在三国时期的大面积推广与曹操有关。《三国志》记载，初平三年（192年），曹操“受（黄巾军）降卒三十万，男女百万余口，收其精锐者，号为青州兵”。

这种拣选精锐为军的模式，与东吴政权抽调山越民时“强者为兵，羸者补户”的编户方式类似。可见，这些投降的黄巾军中，除了那些被编选为兵的青州兵外，其余降卒是被分入佃户、民户或军户当中去了。

与“大戟士”“白马义从”“虎豹骑”这些名字不同，仅从名字来分析，很难得知青州兵究竟是用何种武器作战，甚至不清楚他们究竟是步兵还是骑兵。

史书中对于青州兵作战方式的记载，同样语焉不详，而我们如今形成的对于这支神秘军队的印象，大多来源于后世文艺作品的加工和二次创作。

事实上，这支从黄巾军降卒中拣选而来的部队，与其说是某种有着特定战术战法的特种精锐，不如说是一支有固定士兵来源的军团。

《三国志》中关于这支军队的记载并不算多，但从时间脉络来分析，自初平三年（192年）冬建立到建安二十五年（220年）正月曹操死后解散，这支部队已经存续了27年，再算上这些士兵早之前还参加过黄巾起义，其从军入伍的时间就更长了。

要知道，这支军队在曹操死后，因为“以为天下将乱，皆鸣鼓擅去”，最后不得已之下，曹丕“乃为作长檄，告所在给其廪食”，这才将这场险些动摇军心的哗变消弭于无形，可见，这时的青州兵依旧保留着极强的作战能力。这其实就是世兵制“父死子继”“兄终弟及”的制度特点。

02

需要注意的是，虽然世兵制正式创立与青州兵有关，但追溯到东汉建国时期，汉光武帝刘秀很早就已经开始使用这种世代为兵的军制了。

前面提到过幽州突骑在东汉建国后，被大量抽调至京畿补充北军五营和黎阳营。这些突骑士兵一旦被抽选为禁军，除其本人外，他的家眷亲属同样要随他一同前往京畿。

此举原因有三：其一，这是汉光武帝对于这些曾经在统一战争中为其效力的部下们的酬谢；其二，抽调他们及家眷亲属入京，也可以方便对这些士兵进行控制，提高其忠诚度；其三，这些士兵的子侄辈在他们上一辈逐渐老去后也可以接替他们服役。这可以视为是世兵制的雏形。

从当时来看，这种从“军二代”中征募士兵的做法，可以说是一种“双赢”。对于这些禁军而言，子侄辈可以通过这种途径获得更好的待遇和前途。对于统治者来说，这些自边地长成的“军二代”们大多受到过较完整的军事教育——尤其是马术、骑射之类的战技，依靠这种家庭教育的优势，他们成为汉朝不可多得的优质兵源。

建武六年（30年），刘秀“罢天下轻车、骑士、材官、楼船及军假吏，尽还民伍，唯更践如故”后，东汉王朝对于这些优质士兵就变得更加依赖。

不过，世兵制的缺陷也同样明显。以禁军突骑为例，他们的精湛技艺大多源自边地烽火的淬炼，一旦被迁入内地，不出三代，其战斗力就会大幅下滑，以至于东汉不得不频频抽调幽州突骑补充禁军。

03

当然了，三国至南北朝时期的情况就有些不同了，在战火频仍的状态下，世兵们自然谈不上什么“不识刀兵”，也没有什么“承平日久”的说法。但问题在于，从黄巾起义到群雄割据再到三国鼎立，由于动乱的持续，两汉时期的征兵体系受到了严重的破坏。

数量庞大的自耕农群体深受战火的影响，很多农民在不得已之下选择依附于地方豪强，成为“隐户”，不承担赋税和徭役。我们常说的三国时期人口锐减，并不全然是因为战争的死亡，这种隐户潮的出现也是原因之一。

在这些因素的重重叠加下，世兵制开始兴起。不过，从汉末到南北朝整段时期来看，这一过程是逐渐演化的。

由于原本的征兵制难以施行，各地军阀纷纷以募兵、收降等方式增加自己的军队。为了应对日渐紧张的局势，这些军阀自然不愿意轻易放士兵们解甲归田，对于士兵而言同样如此，动辄“鸡犬亦尽，墟邑无复行人”的乱世当中，当兵吃饷不仅是工作，更是一种保命求存之道。

在这种混乱状态下，世兵制开始被割据势力所青睐，相较于两汉时期限定时间的征兵制度而言，世兵制的人身依附性质更加浓厚。

以前面的青州兵为例，他们在曹操在世时为其出生入死，效犬马之劳，而等到其病故，就立刻准备自散离去。这种以某人为效忠对象的情况，在南北朝时期同样极为常见。

事实上，由于人身依附的日益强化，所谓“父死子继、兄终弟及”已经不仅仅针对士兵，将领们对于军士的掌控同样有了这种发展趋势。如三国时吴国的鲁肃，生前豢养着数量不小的私兵，死后这些私兵又以类似遗产的方式被其子鲁淑、鲁睦先后继承。

这是因为，自曹魏时期开始实行的给客制，打破了国家赐予的屯田客和军队间的身份界限，一些官员甚至从地方上招募壮勇为自己的私兵。如此一来，虽然壮大了地方军事力量，但由于其粮饷、兵器的补给仰赖官员本人，这些军事力量也被打上了深深的个人烙印。

这一时期，除了将领大臣外，世家大族们同样以这种方式培植自己的势力。由于土地兼并活动的影响，这些世家大族在大灾大乱之年，不仅没有因此而衰落，反而开始掌控起一支支不逊色于官方的武装力量。

04

如果仅仅只是征兵方式的改变，那么世兵制与征兵制的差异还不会那么明显，但自东汉末年至隋唐一统这300多年的战乱，让原本只是事急从权的世兵制逐步异化。

在一开始，被征募为世兵的多半是乱世中无处谋生的失地农民，他们因为战乱而流离，一旦被招募为兵，待遇尚可，不仅自身能够获得兵饷，其家人同样可以得到庇护。

比如曹魏政权，虽然规定以军属为质来防止军队叛乱，可从另一方面来说，这些军属至少能得到曹魏政权的官方保护。在杀人盈城盈野的三国时代，普通人还哪里敢有太多的诉求？可是，在当兵这件事上，从三国开始，魏、蜀、吴三大势力就不约而同地开始“内卷”了起来。

现在的打工人被“内卷”得狠了还可以有离开的自由，但对人身依附性质异常强烈的世兵军户而言，想要脱离军户身份，除了依靠国家的恩赏外，就只有叛逃一条路可选了。在无法离开这一体系的情况下，这些军户们一旦“卷”起来，是真挺可怕的。

兴平元年（194年），曹魏名将夏侯惇任陈留、济阴太守，为了应对境内骤起的蝗灾旱灾，他“身自负土，率将士劝种稻”。老板都扛锄头上了，大家也不好只站在后面助威了。

自此，军士们屯田耕战就逐渐从权宜之计变成了一种常态。他们不仅需要承担军事任务，还要在闲暇时屯田促耕。到了后来，为了增加粮食收入，国家大幅度提高征税份额。

原先租赁官牛耕地的军士军属，国家取六成为税；用自家耕牛耕地的收税更少，只需缴纳五成。到了晋朝，这种政策被“稍微”修改了一下：自家有牛的需要缴纳七成；而租牛耕地的更是只能自留两成，相较于原先的四成，收入直接对半砍。

05

这还只是体现在经济上的“内卷”。在社会地位上，军户们的地位更是一日不如一日。

为了扩充兵源，各势力间开始不断探索自己的下限。他们一开始的做法还较为含蓄，只是以类似于恩赏的形式免除部分奴隶的奴籍，再将这些人划为军户。如晋元帝司马睿就曾经“免中州良人遭难为扬州诸郡僮客者，以备征役”，或者如蜀汉、东吴一样，从更南端的少数民族中抽调士兵入籍。到了后来，由于抽不胜抽，统治者干脆强令罪犯投入军籍。

这种不考虑兵源组成，唯数量论的征兵方式，带来了极为恶劣的后果。原本世代为兵尚能称之为专业的军户之中，混入了奴隶和罪犯。这些新军户们对于作战一窍不通，却被强行投入战场，士气低落自不必说。

更重要的是，军户们的社会地位也因此日渐低下，在门第之风最为盛行的南北朝时期，军户已经沦落为社会最底层的阶级。这种因罪为兵的方式，被称为“谪兵”，可见在当世人看来，被投为军户已经是一种惩罚了。

由于军户地位的日渐低微，军户脱籍逃离的情况时有发生。刘宋时期甚至出现了所谓的“补士法”，《宋书》称“以罪补士，凡有十余条”。理论上来说，只有犯下这十余条罪状之一，才会被投入军籍。

但在实行过程中，为了能够快速补充兵源，普通人即使是犯下一些明显与“补士法”无关的小罪，也会被投入军籍。不仅如此，按照当时的规定，一人犯法，其家属也要一同被改为军籍。由此可见，当时统治者为了扩充兵源，已经到了丧心病狂的程度。

到了此时，原本自愿编户入籍的世兵制已经彻底变样，成了各势力扩充军队兵源的强制征兵手段。而社会地位日渐低下，生存又难以为继的军户们自然不愿意坐以待毙，军户成批逃亡的记载俯拾皆是。

《南史》中就记载了一个极具典型性的说法：“或有身殒战场，而名在叛目，监符下讨，称为逋叛，录质家丁，合家又叛，则取同籍，同籍又叛，则取比伍，比伍又叛，则望村而取。一人有犯，则合村皆空。”一旦有军户出逃，其家人、同籍、同村恐惧于“补士法”的连坐，直接全村一同逃亡。试想一下，处于这种状态下的军队，哪里还有战斗力可言？

06

其实，不仅南朝饱受世兵制崩溃带来的一系列问题，北方统治者们也曾经因类似的制度而备受煎熬。

以北魏为例，其六镇军卒同样也是世代为兵的镇民，自北魏文帝迁都以来，由于远离京畿，其身份地位大幅下降，以至于爆发了重创北魏的六镇之变，进而促成了东西魏的诞生。

然而，与南朝门阀贵族林立，沉疴难愈的情况不同，北魏自孝文帝改革以来，就逐渐以三长制替代原有的宗主督护制，而均田制的出现也让原本脱籍自保的流民隐户愿意重新编户入籍。

前人栽树后人乘凉，到了东西魏并立的时代，这些制度的确立和推行使得西魏宇文泰可以全力推行府兵制，它让西魏、北周、隋三朝均能以远超南朝的军事动员力应对日渐残酷的兼并战争。

这种国力上的巨大差距，才是南北之争最终以北吞南结束的原因。

古代的军用食品

在战争中，对军队来说最要紧的是什么？答案可能是纪律、装备或士气，其实，光士兵的基本需求——饮食这一项，就困扰了不知多少将领。俗话中的“兵马未到，粮草先行”也说明了这一基本需求的重要性。

01

每个人对于饮食的要求都不同，这与人的年龄、身高、体形、运动量和环境等因素有关。而且军人为了维持战斗力，军队的食谱不能单单只考虑到吃饱，吃得好对军队来说也极其重要。一支伙食均衡全面的部队，其士兵的身体素质肯定会比只吃大米和小麦的士兵要好。

罗马军队伙食的均衡性是非常出名的，罗马士兵平时每天都能获得163克的肉食，考虑到其还有家属要分配，每个士兵每天可摄入大约54克肉食，另外每个士兵都能分到110~190克的豆科食品，44毫升的橄榄油和540毫升的果醋（或果酒）。看到这里是不是觉得罗马军队的伙食极其豪华？有肉、有油、有果酒、有豆类，还有充足的主食。但是比起接下来我们要介绍的唐军伙食，那可是太逊色了。

唐朝为了解决军队伙食这一方面的问题，做出了极大的努力，可以说远远超过了他们所处年代的生活水平。

翻开著名的唐朝军事专著《太白阴经》，可以看到十分丰盛的伙食：“酒一人二升……羊一口分为二十节……牛肉代羊肉一人二斤……白米一人五合……薄饼一人两个……馒头一人一枚……蒸饼一人一枚……散子一人一枚……‘食毕’‘食罗’一人一枚……‘食羔’‘食羹’一人三合……菜一人五两……羊头蹄六百二十五具，充羹。酱羊猪肝六百二十五具，并四等充羹。盐三人一合……酱一人半合……醋一人一合……椒五人一合……姜一人一两……葱三人一两……”

可以看到，唐军有更多的肉、酒、调味料、主食和蔬菜，这些美味佳肴，是大唐综合国力的体现，是唐军制胜的一大秘诀，也是唐朝人的骄傲。

唐朝军队伙食这么好，哪怕在今天看来也不差，一个人能有两斤牛肉和两升酒（低度酒），还配有羊蹄猪肝。

上面说的唐军的伙食，出自《太白阴经·卷五》的《预备·宴设音乐篇》。那篇开头是这样的：“经曰：云上于天，需君子以饮食宴乐，用宣主君之惠、畅吏士之心。古人出师，必犒以牛酒，颁赏有序，殽席有差，以激励於众。酒酣拔剑起舞，鸣笳角抵伐鼓叫呼，以增其气。弦竹哀怨凄怆，征夫感而泣下，锐气沮丧，复安得而用哉！”

很明显，这是出征前的准备，吃顿好的，以便积攒体力，好为接下来的战斗做准备。

02

那么，唐军在真实战场上会吃啥呢？《旧唐书·郝处俊传》有这样的记载：“属高丽反叛，诏司空李勣为浿江道大总管，以处俊为副。尝次贼城，未遑置阵，贼徒奄至，军中大骇。处俊独据胡床，方餐乾粮，乃潜简精锐击败之，将士多服其胆略。”

也就是郝处俊在军队布阵都没完成的情况下，遭遇高句丽的突袭，当时他自己坐着马扎，正吃着干粮。

那么他吃的干粮长啥样呢？当时的干粮有类似馕的胡饼，还有麦饭。

胡饼可以参考明代的光饼，制作方法是：将圆饼以炭火烤炙，酥脆咸香，中戳小孔，以绳串之。方便士兵携带食用，类似今天的压缩饼干。麦饭就是用麦子蒸煮的饭，唐朝府兵就是自备麦饭9斗，口味就别指望了。胡饼放时间长了也特别硬，所以干粮并不好吃，只是方便携带，也方便随时吃。

03

明朝戚继光所著的《纪效新书》中，也有几种行军干粮的做法："一常日，每一名各将米二升，炒黄包裹，一升研为细末，一升另包；麦面二升，一升用香油作媒，一升蒸熟，六合用好烧酒浸，晒干，再浸，以不入为度，研为面，另包；四合用盐醋晒浸，以不入为度，晒研为末，另包。行军之际，非被贼围困至紧，不许用。"

这里提到几个关键词：炒黄、蒸熟、酒浸以及晒干，还提到了用盐和醋。从这些脱水杀菌等一系列的操作，可以看出戚继光要求行军干粮耐保存是首要的，然后需要有盐和醋，还需要用香油保证热量。

戚继光还提到，出兵随行，忘带干粮者如失军器同。除非被敌人围困至紧，否则不可以吃，说明这干粮是战斗情况下没法生火做饭才可以吃的。

04

除了明朝外，日本战国时期的足轻（日本古代最低等的步兵）也携带装着干粮的打饲袋，打饲袋里面有炒干的米。除了干粮袋，有的还携带面桶，基本上都是为了解决行军作战时的吃饭问题。

在此不得不提到抗美援朝。当年志愿军的食物，许多人都知道是炒面。那种炒面是70%的面粉，30%高粱或者玉米粉，加上少许食盐，炒熟后混合均匀而成，后来有段时间因为面粉不够就用黄豆粉代替。当年美军军官和士兵都尝过一口，表示完全没法吃。其实中朝边境上的仓库里食物很多，在没有战斗警报和战斗任务的时候，志愿军也能吃上正常饭菜，还有志愿军干部向朝鲜农民买猪，改善部队伙食的。

所以，真正影响前线伙食的，其实还是后勤运输能力和战场态势。

从这些行军食物的特点来看，干燥耐保存，吃起来方便是硬性要求，而且是不到紧急时刻不会用。军队为了防止士兵提前把口粮吃完，不会让这些军粮的口感很好，像光饼就非常硬，戚继光的炒米炒面从制作来看，口感也不会太好。还有日本的兵粮丸，喜欢看《火影忍者》的读者应该对其难吃程度有印象。

所以，行军的情况下想吃顿好吃的很难，尤其在作战状态下，有的吃就不错了。

为何居庸关才是天下第一关？

现在提起“天下第一关”，大家想到的可能是山海关。但其实“天下第一关”的殊荣，是随着时代的变化而变化的。在明中期以前，其实居庸关才是中原王朝对外的“天下第一关”，是长城防御体系中最为重要的关隘之一，为京城的西北门户。居庸关到底有何特殊之处，为何能够配得上“天下第一关”的雄称呢？

01

居庸关位于燕山山脉，现址在北京市昌平区西北40里处，它与山海关、松亭关等重要关隘一同扼守穿越燕山山脉的几条交通孔道，共同守卫河北地区，是阻拦塞北游牧民族南下的重要屏障。

宋人富弼在《读史方舆纪要·卷十》中曾言：“河北一路为天下根本，燕蓟之地，有松亭关、古北口、居庸关，比中原险要，所恃以隔绝匈奴者也。”其中居庸关近于燕京，在明代以后更是护卫着京师，成为“天子守国门”的国门。

“居庸”一词首次出现于《吕氏春秋》，距今已逾2000年的时光。元代户部侍郎李瓒便曾作诗道：“居庸自古号雄关，今日经临眼界宽，万仞巉岩看不尽，千寻峭壁画应难。”

居庸关处于太行山脉与燕山山脉交汇处，周围群山环伺，海拔在千米以上的高峰并不罕见，两脉之间仅有一条40里的长孔道可以穿过，名“关沟”。

从地理上来看，居庸关处于太行八陉之一军都陉之上。《淮南子》记载，“居庸岩险闻于古今，两山夹峙，一水旁流，其隘如线，其侧如倾，艰折万状，车马难行”。《水经注》中记载居庸关“绝谷累石崇墉峻壁，山岫层深，侧道褊狭，林障邃险，路仅容轨”。《读史方舆纪要》中有一段对于关沟之险的描述：“关门南北相距四十里，两山夹峙，下有巨涧，悬崖峭壁，称为绝险。”

02

历代关隘之设，往往看重当地的地理条件。关沟处于西山—军都山、太行山—燕山中间，是连通晋北至内蒙最为重要的孔道之一。关沟两侧悬崖高峙，是典型的峡谷地貌，行军时若不愿翻过千米高山，便只能从这一孔道中穿越。

作为自然屏障而言，关沟并没有想象中易于通行。由于居庸关两侧山岸是由地壳运动挤压产生的，因此关沟地形只是海拔上相对较低，实则高低落差较大、道路崎岖难行。不仅如此，其最窄处仅有数米空间可容通行。宋代的程大昌在《北边备对》中说，居庸关窄处“通行之地才阔五步”，仅容单车过隙。在这种特殊的地形中，后勤运输变得相对困难，而军队亦同样难以前行。

在相对位置上，居庸关距离北京不过一日步程，这使得居庸关可以背靠整个河北平原，获得足够的粮食与物资补给。在关键的水源上，当地拥有发达的水脉与奔涌的巨涧，无须另行补充。

从整体上而言，居庸关拥有优异的补给条件，而挂靠河北水系也可以让军队拥有极强的机动性，这无疑增强了其战略意义。尤其是战争的主要兵种从先秦以车、步为主，过渡到汉代以骑、车为主以后，这种战略意义更加凸显。

由于太行与燕山山脉的遮蔽，自秦以后，关沟成为塞北游牧民族南下侵略的主要孔道之一。关沟左右的群山环伺、地势较高，唯有关沟可通行，因此构建防御的关键，便是通过建设防御工事堵上这一漏洞，与周围的地理环境一同形成坚实的防御屏障，这也是构建居庸关防御体系的意义所在。既然居庸关防御体系是为了这40里关沟所置，因此必然会形成40里以上的纵深。

在历朝的不断建设中，居庸关和关沟的防御体系迅速强化，其范围并不止于居庸关城墙本身。由小至大而言，居庸关防御体系采取了居庸关城—居庸关沟—居庸关防区3个层级的梯形防御部署方案。

其中，第一个层级居庸关城位于关沟中部，控扼南北通路；第二个层级居庸关沟，则分布着5道以关城构成的防线，依次为岔道城—八达岭—上关城—居庸关城—南口城；第三个层级是由居庸关五关城延伸而出的军事控防区，它与当时中央政府的军事能力与政策有关。

中部的居庸关城是整个防御体系的中心，它依山而建，居高临下，在山脊之上矗立的城墙高险而不可攀，而东西两面高耸险峻的山体则为其提供了有力的天然屏障。

居庸关城依附的东西两山，虽有8条相对平缓的山沟可供敌人进军，但在这些路线上却又有高耸的敌楼作为防护，弥补了脆弱之处。不仅如此，从汉代开始，大型的机械弩、连射弩已应用于实战之中，据出土文物来看，有些连弩可以连续进行10次射击，甚至二矢、三矢并射，而宋明时期的火器更是威力卓绝。这些战争兵器在野战中未必能完全发挥效用，但在此处，高地带来的势能却大大增强了其威力。

此外，居庸关城还拥有岔道、八达岭、上关3座关城所组成的外围防线，这也为居庸关城提供了更加强大的防御力量。

03

居庸关并非一日建成的，史书记载中由中央政府主导的首次对居庸关的大规模开发，最晚起于汉武帝时期。

由于北部游牧民族入侵，汉武帝徙雁门、代郡、上谷三郡居民至居庸关地区避难。第一波大规模移民数量计6万，其后陆续还有小股移民移居当地。但这些移民并非朝廷军队，他们也是躲避战祸的难民，失去了在河东地区的祖业，根本没有生产资料得以维生。对此汉武帝想到了一个一举数得的方法，他让这些难民在上关、南口、八达岭（北口）修建关城，将关沟的南北两口以关城围住。

这一政策至少有4点好处：一来，修建关城可以将此40里关沟的缺口堵上，切断塞北游牧民族南侵的一条重要通路；二来，修建关隘劳民伤财，秦朝便为前车之鉴，由于征用数以百万计的民夫前往边界修筑长城防御工事，秦朝备受谴责，甚至埋下了灭朝的后果，但汉朝以移居难民为名，则可堵悠悠之口，甚至可以节省不少的费用；三来，朝廷不可能长期为这些难民免费提供衣食住行，修建关城相当于征用了这一部分劳力，并且合理地给予报偿；四来，在被关沟围住的区域之内，可免受游骑侵害而实行开垦与屯田，由于当地土壤肥沃，屯田的粮产甚至能够基本满足当地的粮食需求，为驻军提供反哺。

正是由于汉武帝时期的开发，居庸关自天然关隘中脱颖而出，成为集军事、后勤、生产、居住职能为一体的特别军事防区，其战略意义也进一步上升。

至北齐时期，齐显祖于天宝六年（555年）发动180万民夫修筑长城，将居庸关与长城其余部分连接起来，就此居庸关与长城防御体系紧紧结合在一起。

因为北魏所建设的长城军镇防御体系与居庸关防御体系有高度的相似性，因此纳入长城防御体系并未改变居庸关军事防区上述的性质与特点。

直到明朝大规模修缮新设以后，此5道防线所包含的隘口与堡城共计108处，远高于前代规模。

04

但居庸关的意义，从来就不只局限在地理与防御工事上。

在汉武帝时期、北魏时期以及明洪武时期所实行的3次针对居庸关的大规模建设，使居庸关陆续迎来了大量人口，而这些人口也同样是居庸关的重要组成部分。

将目光放置在长远的历史中，各个时期的长城防御体系都依赖于构建军事聚落。无论是汉朝、北魏还是明朝，为了解决戍边士兵的后勤供给，都在边境地区大规模开发屯田。而在居庸关，连同数十里外的河北平原在内，明朝在当地的数十万士兵竟能获得充足的供给，进而大大减少了后勤粮食等物资转运的运输费用，减轻了中央的财政负担。

除了上述职能外，居庸关还是自河北出内蒙高原的重要孔道，无论是出使还是经商，若要节约时间与成本，便必须途经居庸关，这无疑为居庸关带来了可以繁荣经济的契机。

另外，此时尚有各时期逐渐移居的住民对当地进行开发，其地理环境也获得了一定的改善，而交通职能也得以进一步强化。尤其在辽元统治时期，由于燕京至其首都往往需要途经居庸关，因此促进了其交通、城防与经济等方面的发展。

永乐八年（1410年）二月，朱棣第一次亲征漠北时，其50万大军便是自居庸关而过。可见在历代的改造中，对居庸关并非做单纯的防御工事建设，其内部的交通运输等条件都得到了很大的改善。

由于地理限制，居庸关的守军向来不用太多。明初居庸关守军定额为14246名，最多时也不过2万余士兵以及7000皇陵陵卫，再加上3000游兵，共计3万余人。

居庸关沟五城，最高指挥机关称为北察院，关沟之内设有校场、演武厅、草场、粮草以及军械库，这些设施能够提供士兵日常训练所需的场所，并且提供一定的军需后备。

此外，由于居庸关人口密集且组成复杂，城内除一应军需设施外，甚至还设有学社与书院供以教习，有寺庙与忠祠供以参拜，社区生态圈也相当完整。

05

到明代，广义上的第三层级的居庸关防区，是由居庸关沟向外围延伸拓展形成的居庸关戍守边界。

明代王士翘在《西关志·居庸卷之一》中记载，其边界“东至西水峪口黄花镇界九十里，西至坚子峪口紫荆关一百二十里，南至榆河驿宛平县界六十里，北至土木驿新保安界一百二十里”，以居庸关为中心构建的8道防线，跨昌平、隆庆、保安三州方圆数百里的区域。但实际上，戍守于京师的驻军也随时可以出发，配合居庸关防御体系的军事动作。

从作用来看，居庸关是集军事、后勤、屯田、居住、运输、经济等诸多职能于一身的复合型多功能军事防区，它不仅是河北的屏障，还反哺了河北一带很大范围内的土地与居民。

就其军事职能来看，历史上居庸关防御体系曾发挥出很强的军事作用，如在土木堡之变中，瓦剌也先便曾率领3万兵马侵袭居庸关，却被此地耸峻的高山与坚固的城防所阻，猛攻7日不克，被迫退兵。

居庸关起于关沟之间，地理环境极其恶劣。然而在历经王朝更迭、百代人2000年的建设中，居庸关五城百隘自山峦叠嶂之地矗立而起，与周围瑰丽而险峻的山势融为一体，成为河北平原最强有力的西北屏障，守卫着河北的百姓。

居庸关毫无疑问是人类历史上的一个奇迹，是百代人汗水所凝结而成的智慧与辛劳的结晶，是矗立于华北平原一道靓丽的雄景，无愧于“天下第一雄关”之称。

连弩的一生

01

提到连弩，可能大家第一个想到（或者唯一能想到）的肯定是在《三国志》和《三国演义》中赫赫有名的“诸葛连弩”，在科教频道和民间的冷兵器爱好者制作的短视频中，也往往会着重强调自己在“复原失传已久的诸葛连弩”。

在绝大多数人看来，连弩似乎就是由诸葛亮在三国时期发明的，在武侯星陨五丈原后就完全失传了。这个根深蒂固的错误印象在中国已经流传很久了。

事实上，早在战国早期连弩就已经出现了，如果仔细阅读战国史的话就会发现，“连弩车”并不是一个稀罕物件。在战国末期的许多城池防御和进攻作战中，这款武器几乎都会出现。在近现代的考古过程中，战国时期的连弩也偶有出土，一些博物馆和手工匠人亦有对其进行复原。

战国时期的连弩主要问题是体积和自重相对较大，使用难度也非常高，且对于披甲士兵缺乏威胁，但这并不影响连弩在秦与西汉的普及与装备——这一点从出土的《武库永始四年兵车器集簿》中就能看得出来，汉代郡级武库中多有连弩和连弩车，汉军对其的主要改进集中在射程和弩矢配重上。

随着中原王朝的快速扩张，来自中原文明的城市开始逐步控制化外之地和穷发之北的旷野。在那个烽火连天的年代，倾泻乱矢的连弩就此成为许多游牧民族和山民的噩梦。

就像蒸汽机不是瓦特发明的，但瓦特对蒸汽机的改进却催生了工业革命一样，诸葛亮没有发明连弩，但他对于连弩的改进也最终使得这款武器名垂青史。

东汉末期，农民起义与之后的军阀割据使中原地区的生产力出现了很大的倒退，大量缺乏政府制式铠甲的武装人员参与到遍布全国的大小战斗之中，连弩的速射优势也就体现得更为明显。

02

著名军事家、政治家和思想家诸葛亮充分认识到了连弩的价值，并根据需求对连弩进行了改进：他使用竹子取代实木制造非主要部件，使用金属制造核心部件，同时增加弩臂的张力，为连弩配置较长的全金属重矢，进而使自己的连弩手在能打能跑的同时，具备对抗穿着皮甲和粗糙铁甲的步兵与军队的可能性。

这些被诸葛亮进行了改进的连弩，被称为元戎连弩（也称损益连弩，不过诸葛亮改进的连弩应该不只是轻型这一种，从晋朝的记载上看，应该还有一种重型的需要人力或畜力牵引的大型元戎弩）。凭借来自连弩的技术优势，三国中硬实力最弱的季汉不但可以在面对强敌时自保，甚至还可以时不时对曹魏发起北伐。

在后三国时代，两晋和南北朝时期的各个政权也一直在仿制与量产改进型元戎连弩，不过由于文献的大量丢失，我们已经无法确认这一时期的发展系谱了。

随着动乱时代的结束，隋唐正规军的披甲率和铠甲质量，相比之前的时代有了明显的进步，轻型的元戎连弩已经无法对重型札甲构成威胁了，以至于唐末至五代残唐时，连弩已经很少被军队使用了。

宋代的龟缩政策和防御性作战思路让连弩再次“复活”，但它们还是无法有效杀伤已经逐步重甲化的北方游牧民族，仅能对抗一些缺乏防具的盗匪和叛乱分子。在一些“堡子”的私人武装团体和地方军队中，轻型连弩依旧有一定的存在价值。

在蒙古帝国入主中原后，来自北方草原的统治者们对这种巧妙的武器很感兴趣。一些蒙古军队甚至将汉人工匠与他们的连弩带到了中东，用于对抗和镇压当地的阿拉伯人，这一点在阿拉伯地区的历史中也有所记载。

03

到了明朝，小型连弩在军队中变得更加少见了，这和三眼铳类速射火器的出现关系较大。三眼铳的爆发力和破甲效果，实际上都要远在连弩之上，射速上也毫不逊色。

尽管被正规军逐步边缘化，但在民间，由木匠们制造的连弩却在不知不觉中流行起来。很多猎户使用这些粗糙的连弩狩猎，而一些镖局和民团也使用这样的连弩对抗盗匪，在《天工开物》中就有儿童使用连弩猎鸟的插图。

根据《武备志》的记载，这时的小型连弩较之前更为轻便，就连妇女和小孩也可以轻松使用。由于穿透力、致命性不足，通常民间都需要在连弩的箭头上涂抹毒剂以提升杀伤力。

在明末一片混乱的时候，明军和各路农民军亦有大量使用连弩扩充部队的情况，一些明军还曾经使用连弩杀伤过不少披甲骑兵的战马。

在清朝初期，随着火器的普及，连弩被进一步边缘化。但在民间，发射金属弹珠的弹弩开始出现，并被广泛用于狩猎。

随着乾隆朝之后对火器推广的抑制政策，以及对地方铠甲的管制政策，使地方武装人员的火器化程度和远程武器水平倒退了一大步。这无疑为连弩重新回到军队提供了一个新的机会：民团和地方军又拿起了极具中国特色的连弩。

到清中末期，由于三眼铳逐步退出武装序列，火绳枪、燧发枪的射速又依旧偏低，小型连弩的装备和使用量开始进一步增加。面对缺乏金属铠甲保护的士兵，连弩的威力可以被发挥到极致，在镇压农民起义和太平天国的战斗中，连弩手都曾或多或少地参与过战斗。许多团练也将连弩视为自己与对手短兵相接之前的“最后一轮输出”。

04

经过上百年的技术扩散，有关连弩的制造技术也被归入了老木匠的“诡工”范畴。许多来中国旅行的西洋商人和来中国教授作战技巧的军事顾问，对中国连弩的精巧设计都有很深的印象。

轻型连弩参与的最后一次大规模军事行动是第二次鸦片战争。在大沽炮台保卫战中，清军的连弩手曾在英军登城时，居高临下进行射击，但面对英军密集的炮兵火力，这些勇敢的士兵显然无力扭转战局。不过，正是因为这次战斗，西方世界对于中式连弩终于有了更直观的印象。

随着后膛快枪、加特林式机枪和哈奇开斯机关炮的普及，火器的射速彻底压过了连弩。

1880年前后，连弩彻底淡出了军队，但随着清末民初社会动荡的加剧，在许多难以购买或买不起枪械、因为地域限制导致火药容易受潮或枪械容易生锈的地区，连弩开始更广泛地出现在非官方武装人员的手中。

到了民国中期，绝大多数买不起洋枪的南方小地主，都以连弩和燧发枪作为自己武装人员的主要武器。

顺带一提，进入20世纪，越南还在继续使用从中国连弩发展而来的越南连弩，这些连弩采用报废的枪支零件制作了击发机，并使用半米多长的细长淬毒（煮熟发酵后的牛粪）竹箭，相关武器被使用到了20世纪60年代末，直到20世纪80年代才最终淡出历史舞台，成为躺在博物馆的历史文物中的一员。

从明代军港看明清海防的最大漏洞

作为曾经组建过庞大舰队下西洋，但同时又被倭寇大肆袭扰的朝代，明代的海防和海军建设，可谓是充斥着矛盾。本文跳过浩如烟海的史籍，从现存最完整的明代军港——蓬莱水城入手，管中窥豹，看看明代海防究竟是一个怎样的思路。

01

蓬莱水城又称登州水城、登州备倭城。明洪武九年（1376年），为了保护作为海路枢纽的登州城，免遭当时活跃的倭寇和高丽海盗袭击，明军在宋代供战船停泊的刀鱼寨基础上，建造了设施完备的军事要塞。

万历二十年（1592年），日本入侵朝鲜的万历朝鲜之役爆发，为了防范日本从海上发动入侵，当时明朝整个沿海地区都开始大规模整军备战。在这期间，水城也迎来了大规模改造，除了原本的夯土墙改造为夯土包砖外，部分明初城墙墙体也进行了大规模改造。

到了明末，随着西法党大臣孙元化担任登莱巡抚入驻登州，登州水城又模仿当时欧洲棱堡，建造了部分炮台。

如今的蓬莱水城，虽然不敢说是明朝建造的最优秀的海防要塞，但它至少包含了明初、晚明、明末三个时代的军事风格。而且作为明朝北方或者说整个明朝最重要的海防要塞之一，也能很大程度上反映出当时整个明代在应对海上威胁时的防御思路和实际的防御情况。

02

蓬莱水城的城墙，根据防御的方向，可以大致分为陆墙和海墙两大部分。

蓬莱水城最有名，同时也是著名的蓬莱阁所在的海墙部分，西端沿着海崖丹崖山走向修建，东段城墙则是建在较为平坦的沙滩和防波堤上。虽说这部分城墙的每一部分都是何时所建已经无从考证，但是从一些建筑的细节，也多少有些线索可寻。

首先是东端建在防波堤上的炮台，这个炮台虽然看起来平平无奇，但是将这个炮台单拎出来和功能类似的城墙结构做对比，就会发现它的特别之处。

比如，与功能类似的山海关老龙头，还有另一个胶东半岛上保存姑且还算完整的明代炮台——青岛古镇口铳城做比较，虽然它们都有海防炮台的作用，在造型上也都是典型的晚明时期空心敌台结构，但蓬莱水城的朴实无华，甚至有些简陋的炮台，显然和另外两者有着明确的区分，甚至也并非像普通马面和雉城一样，与城墙呈同一水平线的结构。

考虑到水城本身要拱卫作为重镇的登州，这个炮台又处在拱卫水门的关键点，明代的登州人当然不会在这里省钱。

不过，光从这些线索，还不足以论证这个炮台的身世，像这样风格不是很“明朝”的炮台，在蓬莱水城还不止这一处。在这个炮台南端，海门和蓬莱阁灯塔下方，都有着风格迥异的防御建筑。

这些突出的炮台不同于传统的马面瓮城，它们有着明确的交叉火力布局。而且有趣的是，和城墙主体相连的墙面宽大的炮台，颇为神似澳门的葡萄牙人在崇祯十年（1637年）修建的带有中国和欧洲防御建筑特色的澳门东望洋要塞。因此可以推断，虽然这些炮台可能也有一些是在万历年间修建的，但是另外一些应该在明末时期，被登莱巡抚、西法党成员孙元化和当时明廷招募的葡萄牙教官们进行了改造设计。

继续向西，便是著名的丹崖山和蓬莱阁。这一地区的城墙基本都是沿着丹崖山的山脊修建的，从而能够正对着俯瞰下方的沙滩和大海。虽然受限于角度，在城墙上往下观察的确会产生一些视线盲区，从而给一些小股敌人可乘之机。但考虑到从这里可以毫无遮挡地观察海面上的动向，敌人想要从海上进行偷袭，还是非常困难的。

再向西，便是蓬莱水城的最西端，同时也是西端陆墙的西北段。在这段城墙北端，也是一个非常类似东望洋要塞风格的城墙突出结构，而这个突出部分南面的城墙，不同于蓬莱阁海墙沿着山脊而建，而是以一个大直角走向，从丹崖山一直修建到平地。

这一段城墙的修建年代相对难以界定，但比较好推断的是这段城墙之所以修建成这个样子，一方面可能有交叉火力的考虑，但更重要的是像现在的环山公路一样，想运用这种类似“之”字形的走向，降低山地落差给城墙建造带来的难度。

不过，考虑到嘉靖到万历时期明朝修建的长城，基本都是非常耿直地沿着山地地势走向笔直地画出一条长线，也不排除这段有些取巧的城墙是在明初技术和人力都相对匮乏时修建的。

再接下来就是陆墙部分，陆墙东端曲折的城墙，应该是万历年间修整时新建的，而西端和南端振扬门段的墙体，走势修建较为笔直工整，是比较典型的明初时期的风格。

这种风格的城墙虽然看起来较为规整美观，但是这种城墙无法营造交叉火力，加之蓬莱水城这两段城墙也没有建造敌台和马面，让这两段城墙本就简陋的防御更是大打折扣，堪称整个蓬莱水城的“阿喀琉斯之踵”。历史上蓬莱水城遭遇的唯一的大规模战争——吴桥兵变，当时叛军正是通过南端振扬门攻破了水城。

03

说完蓬莱水城作为海防要塞的用途，就要说说它作为军港的作用了。实际上蓬莱水城本身在明代海运史上，就一直发挥着重要的作用。从明初开始，自胶东地区向辽东运送粮食布匹的胶辽海道的船只，就是从蓬莱水城起航的。从军港的角度来说，蓬莱水城倒是无可挑剔，不仅有几乎封闭的船舶停靠点“小海”，港外还有一道人工筑起的防波堤。可见明朝对海船运输方面，已经有较为科学的认知。

蓬莱水城作为明代军港和沿海防御堡垒的代表作之一，具有颇多值得称道的地方，但也有着明显的不足。

首先就是城墙，无论是上面分析的城墙修筑，还是整个蓬莱水城的火炮布置，都体现了一个问题，就是“重海轻陆”。虽然考虑到蓬莱水城南端陆墙距离登州府城不远，日常情况下，蓬莱水城并没有独自面对陆上攻击的需求，这种略带敷衍的城墙搭配也就无可厚非。然而这种惰性思维，在明清时期的海防敌台与要塞修建中却屡见不鲜，到了后来，以至于连洋务运动时修建的许多炮台，也同样存在着这样的问题。这些海防设施在面对外敌入侵时，遭遇了和蓬莱水城一样被敌军从陆墙攻破的尴尬命运。

其次是海门，蓬莱水城的海门建造得极为狭窄，大约只有十几米宽。考虑到当时北方主要使用的是一些较为细长的沙船，因此这个宽度倒也能够让这些三十多米长，但是只有几米宽的大船通过。

这种沙船技术的优点是建造和使用的经验都较为成熟，同时也能在近海多礁石的海域安全行驶。不过，明代的沙船虽然经过一系列改良，但抗风浪能力依然相对较差，以至于当时的胶辽海道是“岁由海道以达辽东，多为风波飘没，民被其害，而军不沾实惠”。

在这种情况下，蓬莱水城的船只建造也并没有多少技术进步，甚至没有不断补充船只，蓬莱水城内的水师也未能长期保持运输通畅和高强度军备。因而到了嘉靖年间，随着卫所兵制的进一步衰落，在辽东半岛和胶东半岛之间、登莱两府眼皮子底下的众多岛屿上，“亡命交匿于诸岛，时时出剽掠”。

总的来说，从蓬莱水城可以看出，明朝的大部分海防和海上力量的建设，依然是出于传统大陆强权对海洋进行的有限利用。这座经过不断修缮的海防要塞，没有经历过日军的战火，也没有遭遇后金的铁蹄，却被吴桥兵变的明朝叛军从南面的振扬门攻破，这可以说是历史给出的一个巨大的讽刺了。